儒道释疏观

儒家疏观 道家疏观 释家疏观

王文元 著

图书在版编目（CIP）数据

儒道释疏观 / 王文元著.
北京：北京燕山出版社, 2015.6
ISBN 978-7-5402-3845-2
Ⅰ.①儒… Ⅱ.①王… Ⅲ.①古代哲学－研究－中国
Ⅳ.①B215
中国版本图书馆CIP数据核字(2015)第112089号

儒道释疏观

作　　者：王文元
责任编辑：金贝伦
装帧设计：仙境设计
出版发行：北京燕山出版社
社　　址：北京市西城区陶然亭路53号（100054）
电　　话：010-65240430
印　　刷：北京九州迅驰传媒文化有限公司
开　　本：710mm*1000mm 1/16
字　　数：360千字
印　　张：21
版　　次：2015年9月第1版
印　　次：2015年9月第1次印刷
定　　价：58.00元

版权所有 盗版必究

儒道釋疏觀之
儒家疏觀

目錄

叙	一
正名篇	一
天道第一	二
禮義教化之由第二	七
孔子第三	九
禮容第四	十二
禮法第五	十六
人道第六	十八
序尊卑崇敬讓第七	二十
人第八	二二
貴賤第九	二五
義利第十	二七
功過第十一	二九
知行第十二	三一
品質第十三	三三
儉奢第十四	三五
文質第十五	三七
善惡第十六	三九
禮樂第十七	四一
表裏第十八	四三
博精第十九	四五
窮達第二十	四七

己身與天道第二十一 ……… 四九
能與不能第二十二 ………… 五十
老幼第二十三 ……………… 五二
爲與不爲第二十四 ………… 五三
等級第二十五 ……………… 五四
王制第二十六 ……………… 五六

人之要篇 ……………………… 五九

德與知第一 ………………… 六十
仁義第二 …………………… 六四
禮行第三 …………………… 六六
修身做人第四 ……………… 七十
齊家治國平天下第五 ……… 七三
學與思第六 ………………… 七五
象與體第七 ………………… 七七

道統篇 ………………………… 七九

聖賢國命第一 ……………… 八十
道統第二 …………………… 八三
祭統第三 …………………… 八五
人事第四 …………………… 八七
心傳第五 …………………… 八九

習性第六 …………………………… 九一
人類第七 …………………………… 九三

傳統篇 …………………………… 九五

聖人第一 …………………………… 九六
君子第二 …………………………… 九八
忠孝第三 …………………………… 一〇〇
敬老第四 …………………………… 一〇二
農功第五 …………………………… 一〇四
天人第六 …………………………… 一〇六
傳統第七 …………………………… 一〇九

天人合一篇 …………………………… 一一三

究天人之際第一 …………………………… 一一四
合與分第二 …………………………… 一一五
陰與陽第三 …………………………… 一一七
天地五常與人間五常第四 …………………………… 一一九
變與常第五 …………………………… 一二一
簡易與駁雜第六 …………………………… 一二三
好生之德第七 …………………………… 一二五
天人合一第八 …………………………… 一二七

跋 …………………………… 一三一

叙

　　華夏學術，觀其大義，儒、道、釋耳。儒家重生，道家法自然，釋家重死，雖各有偏私，合而三才［注］天地人。備矣。三才備而萬物齊焉。荀子曰："處于今而論久遠，疏觀萬物而知其情。"［注］《解蔽》。此疏觀之由緒也。時間之魔不擇食，尤物難逃其口，故愚以爲以傳統之法疏觀傳統之精，［注］以今之法術治傳統之學術，經久必失。乃是保全國故之不二法門。

　　俞扁之門，不拒病夫，［注］典出柳宗元《與太學諸生喜詣闕留陽城司業書》。孔孟之門，不拒赤子，余是以造次作程，［注］作程猶作楷模。有自大之嫌，故曰造次。尋蹤于六藝，馳思于五德，樂事［注］典出《禮記·王制》："無曠土，無遊民，食節事時，民咸安其居，樂事勸功極言以事功爲樂。于披鏡，［注］典出唐太宗《帝範序》：所以披鏡前蹤，博采史籍，聚其要言，以爲近誡云爾。勤勤于樹藝，［注］典出《孟子·滕文公上》：後稷教民稼穡，樹藝五穀。續種國學，光大華威，承先賢萬世之功業焉。

　　蠻夷結繩記事之時，華夏已育人于未形，禁欲于危微，追道之高塵，效天之無欺，思想所致直指心源而不加害于天。以今觀之，人文教化何其高尚也。追悼良時，心存目憶［注］心存目憶典出南唐后主《昭惠周后誄》。愈憐今人重利輕義，以履作冠也。

　　今值叔葉，［注］叔葉猶衰世。儒者雖夥，然各各倍譎［注］各持一見，更相立異，更有不敬聖賢者。且不乏造作訛言者，其異之巨，令國人每每莫知所從，實與無等類。余雖遲鈍，亦知淺理：泱泱之國而無文教，何以物物乎？〔注〕物物猶主宰萬物。巍巍之民而無禮義，何以相與乎？且夫紈綺染汙，〔注〕誣孔子"民可使，由之不可，使知之"爲"民可使由之，不可使知之"；誣朱熹"存天理滅人欲"爲反人類，不知天理乃指妻子與五穀菜蔬，人欲乃指妾小與山珍海味也；誣"禮不下庶人，刑不上大夫"爲造等級隔閡，不知正欲憫庶人而施屋刑于大夫者。文物盡毀，何以誇先君？爲德不卒，〔注〕言事功不能善始善終。弗若無爲。華夏後裔，匹夫亦有興國之責，況國士乎？

人無不求松喬，〔注〕松乃赤松子，喬乃王子喬，皆仙人也。松喬喻長壽。道之傳獨不求松喬乎？吾之惑也巨矣。或見余爬梳典籍便蜀犬吠日，〔注〕蜀犬吠日少見多怪。排訾〔注〕詆毀。諷余復古。古人有仁義之心者，皆遵道守真。諷我者不諳遷蘭變鮑之理也。〔注〕典出《孔子家語·六語》：與善人居，如入芝蘭之室，久而不聞其香，即與之化矣；與不善人居，如入鮑魚之肆，久而不聞其臭，亦與之化矣。儒家，化芝蘭之香者也。今人不繩祖武，不求義但求利，出力皆爲養蕞爾之身，以禽息鳥視〔注〕養尊處優。爲樂，非入鮑魚之肆不知其臭而何？雖然，余不甚憂。人無長貧，有窮〔注〕困窮。有通〔注〕顯達。國學豈無？或疑：以足下之才，能承起衰救弊之任乎？余必曰：不聞陶弘景言乎！我自不能作仲尼，而能教人作仲尼，猶管仲不能自霸，維能使齊桓霸也。

河水乾涸泣不能益；腹中空乏說不能飽。雖然，大丈夫既處際傳統衰微之世，必不甘做看客。與其以淚解涸弗若以筆代口，以字療疾，〔注〕閑饑難忍。故以文字療之。冀以螢之微光，增輝日月。〔注〕曹植《求自試表》。待國學華國，〔注〕令國家榮耀。余夙願償，心兵息，必笑震地輿矣！〔注〕地輿猶大地。

王文元
己丑仲夏

正名篇

天道第一

　　道者關乎天之命運也。夫道，聖人謂之天命；[注]直覺所得之天道，或曰中庸之天道。西夷謂之天極。[注]邏輯分析亦即一分爲二所得之理。天命可近之而令其親人，而天極不可近，近則凶。"中國無哲學"說所據者不究天極也。殊不知不究天極者惟恐因之引發凶事也。[注]不祥之事。

　　天不變道亦不變，[注]董仲舒《春秋繁露》變者惟人心也。[注]欲變心隨，心變物更。尊天道而治心，此儒家所倡也；蔑天道而禦之，此西夷之理性也。儒家文教受之于天，西夷理性成之于己，此二者之大分也。受之于天者，必有天啓，故有河圖、洛書（龜書）。河圖告國人以天道，洛書告國人以治道，周公、夫子化之，遂成中國千年之人文傳統。名中國爲者，崇敬中庸之道也。崇敬中庸之道者，北辰[注]猶北極星。中而不移也，中者貴，不移者貴——此中國文教之源，亦儒家文教之源也。[注]《論語·爲政》："爲政以德，譬如北辰，居其所，而衆星共（拱）之。"

　　河圖、洛書之類非元敘事①，非假亂力而造神怪，[注]此大異與基督教者。乃是人事託于天意，以求名正言順也。[注]《論語·子路》子路曰：

---

① 元敘事：也叫元虛構、元小說，它通過作家自覺地暴露小說的虛構過程，產生間離效果，進而讓接受者明白，小說就是虛構，不能把它當作現實。

"衛君待子而爲政，子將奚先？"子曰："必也正名乎？"子路曰："有是哉，子之迂也！奚其正？"子曰："野哉，由也！君子於其所不知，蓋闕如也。名不正，則言不順；言不順，則事不成；事不成，則禮樂不興；禮樂不興，則刑罰不中；刑罰不中，則民無所措手足。故君子名之必可言也，言之必可行也。君子於其言，無所苟而已矣。"

觀星辰而後有河圖，觀河圖而後有易，讀易而後知天道，知天道而後人道［注］天爲主，人爲賓，此人道之大指也。生，知人道而後人文教化興焉。

河圖生八卦，八卦重六十四卦，六十四卦衍傳辭，傳辭成《周易》，《周易》定儒家之大經。《周易》爲羣經之首者，天、地爲人所思所想之首事，天地定而後謀人事也。

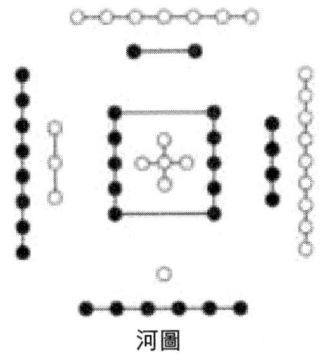

河圖

河圖無言，言盡在圖中。

虛者爲陽，實者爲陰。——此河圖義一也。

一三五七九爲奇，二四六八爲偶。奇偶舛互，虛實渾淪［注］迷蒙狀。——此河圖義二也。

五爲奇數之中，故處河圖之中。其義陽居中［注］陽乃是創世主導者。——此乃儒家男尊女卑之濫觴。——此河圖義三也。

十分爲二，分列五（中）之兩側，呈拱衛之狀，喻等級與主從關係。——此河圖義四也。

以數目增益爲準，陽數由小至大左旋，陰數由小數至大數右旋，［注］陰數，負數也。絶對值大者爲小。恰與宇宙旋轉方［注］方猶方向。相侔［注］天體順時針旋轉，地球逆時針旋轉。——此河圖義五也。

數，左多于右［注］左右乃是就河圖而言。上多于下［注］儒家據此而定倫序。——此河圖義六也。

義理寓于數［注］河圖告後人者義理也，非僅象數也。南宋蔡沈《洪範皇極·內篇》："物有其則，數者盡天下之物則也。事有其理，數者盡天下之事理也。得乎數，則物之則，事之理，無不在焉。"此似西方邏輯實證主義者之言矣。——此河圖義七也。

八卦括天地間之大者之切要者之用以養命者八：［注］乾、坤、震、離、坎、巽、艮、兑是也。乾生、［注］天有好生之德，故敬之。坤載、［注］坤厚德載物，故委順于天，以使天與地和合。震動、［注］震者龍也，主者王點頭也。離附、［注］火不能自燃，必假于物。人不能獨生，必假于羣。儒家之禮，離也。坎險、［注］地能載物無險，水未必，故有險。儒家不伐自然者，非不好財貨，是懼險而不爲。爲則悔。所謂易有六爻，三爻爲悔。巽入、［注］天地間有風，爲使氣流通令均也。人倫亦然，風聲使善心傳播令均也。艮止、［注］高山景行，不越先賢，可使教化之流布細如常川，澤萬世而不竭。兑澤。［注］人畜見澤無不兑（悦），是澤養命也。澤有盡日，故不能不節儉。寧窮己身而不敢害澤也。

萬物生必有所載，有所載必有動靜，動靜必附于體，有險有澤，澤而入，險而止。"生"、"載"、"動"、"附"、"險"、"入"、"止"、"澤"，重六十四卦象，凶吉泰否、利害福禍定矣。據以體天格物，［注］以天爲極，然後格物究理。避凶就吉；尊卑既定，各就其位。［注］《周易·繫辭上》：天尊地卑，乾坤定矣。卑高以陳，貴賤位矣。動靜有常，剛柔斷矣。方以類聚，物以羣分，吉凶生矣。在天成象，在地成形，變化見矣。是故剛柔相摩，八卦相盪。鼓之以雷霆，潤之以風雨。日月運行，一寒一暑。乾道成男，坤道成女。乾知大始，坤作成物。乾以易知，坤以簡能。易則易知，簡則易從。易知則有親，易從則有功。有親則可久，有功則可大。可久則賢人之德，可大則賢人之業。易簡而天下之理得矣。天下之理得，而成位乎其中矣。乾易［注］平易。坤簡［注］簡約，此自然之大理，順之飛龍在天，［注］飛龍在天乃是乾卦九五爻辭。逆之亢龍有悔。［注］亢龍有悔乃是乾卦上九爻辭。乾易故人不能蠡測其深廣，［注］西夷以邏輯實證主義揭示天之秘密，必用小智而得大禍。坤簡故人不能侈而違其則。

孔子之代表作，非《論語》，非《春秋》，非《禮經》，《周易》而已。《易傳》凡六千二百言，其價遠在老子五千字文之上。［注］《道德經》之貴柔雖好卻見小，弗若《易傳》之貴簡，《道德經》之貴無雖初心甚善，弗若《易傳》之敬天也。

《易》者易也，陰陽兩涵，災而變複，［注］變複猶消除災異使復原。福而禍端，不得其常，是以象數論者［注］如漢之孟喜、焦延壽、京房、鄭玄、虞翻，唐之李鼎祚，宋之陳摶、劉牧、周敦頤、邵雍、朱震，清之惠棟、惠言、焦循。接踵，《易》之樹旁枝愈多。［注］卦變、互體、五行、八宮、納甲、爻辰、卦氣、飛伏、世應、旁通、圖書學之類皆旁枝也。旁枝多樹愈繁茂。雖然，過則不堪其負矣。故有人攻詰：易經卜筮也，卜筮小伎也。

曰：樹之本在樹幹，易之精在義理。卜筮一人之私事小伎也；卜筮眾人之公事乃是大事。故雖易可占，善易者不占今茲之事，［注］是故荀子曰善易者不占。占千年、萬年之事也。［注］是故《易》乃羣經之首。譬如亢龍有悔是說現代化之怪獸有如亢龍，雖一時逞能于太空，［注］太空燥而無水，是謂亢。太空船，其非亢龍乎？至于悔，早晚而已。終折于浩漠。故曰：西方之邏輯理性乃是一時之學，華夏之道德之學乃是長久之計。待地球養命之物類用盡，邏輯理性再無別用，有用者惟國學耳。

聖人作《易》，有仁人之心，順性命之理，［注］《說卦傳》：昔者聖人作《易》也，將以順性命之理。是以立天地之道曰陰與陽，立地之道曰柔與剛，立人之道曰仁與義。兼三才而兩之，故《易》六畫而成卦，分陰與陽，迭用柔剛，故《易》六位而成章。雖有害而不違，［注］男尊女卑有害于女人，卻不違性命之理。此乃是儒家義理之根基。世界萬物，其用不壹，難免得于此而傷于彼，西夷以"平等"爲由而齊之，是逆性命之理也。西夷之"民主"，人主天下事之謂也。華夏之"君主"，名人主而實天主也。［注］君代表天意，不能任由人意。天主人事［注］君主代天主人間之事。孰與人主人事［注］民主。合天道？余必曰：天主人事遠勝民主人事。［注］人能主事，不能主欲，欲大必傷天，傷天又殃及人矣。西夷以開啓"鵠鑰"［注］古昔禁門之鎖。爲能，華夏則以守鵠鑰而不啓之爲務。以《易》觀萬物，易于天經［注］天經猶天之常道。而不能任由己意，獨人可決于己乎？《易經》未濟卦上九爻辭曰：有孚于飲酒，無咎，濡其首，有孚，失是。［注］《象》曰：飲酒濡首，亦不知節也。言飲酒（欲）無咎，過則有咎也。六十四卦最終告世人者：成功不必在我（人），［注］一言以蔽之，科學之弊在於在我（人）也。在仁也，在天人合一也。

　　義理乎？卜筮乎？決于讀《易》者，［注］《繫辭上》：《易》有聖人之道四焉：以言者尚其辭，以動者尚其變，以制器者尚其象，以卜筮者尚其占，是以君子將有爲也。讀其義則義理之說，讀其數則象數之說，豈有定端乎？［注］定端猶定準。

禮義教化之由第二

　　初民不知造人者至竟誰何，不知人至竟因何而生、因何而死，更不知義方何在，有何義務……

　　心者心思、心志也，〔注〕《孟子·告子下》："故天將降大任於是人也，必先苦其心志。"思者思理也。心思造於境而不由己造，思理〔注〕思維能力。造於己而無關乎天人之際。故理性可以自生，教化萬萬不能自生也。

　　禮義教化源于易。近取諸身，遠取諸物〔注〕《周易·繫辭下》。乃是直覺具象認知之法，與理性認知之法立異。〔注〕爲釋家天臺宗以直接進入悟境，稱爲直入。爲聖人取法，〔注〕取法猶效法。謂之具象也。先民用此法者，以爲物實不可知故也。西夷理性主義者以爲物物可知，故格物以戡天；〔注〕竊人之財謂之盜，盜天地之寶，反以爲己力之功。厥心著實可惡。華夏先民以爲物物誠有不可知〔注〕自然之大命可知，微細之處與宏大之處則不免迷茫。者，唯恐忤逆，故以禮待天，以義待我，以仁待萬物。先民不知何以有人類，人何以在此地，何以蒙天之覆與地之載，更不知如何感恩。於是備宗器以祀天地，畏神道〔注〕神道者，神妙莫測之自然之理也。而布教化。正所謂人文來自天文，信仰來自敬畏也。天無私故無差池，人有私故常乖違，故而承大〔注〕承奉天道。和一〔注〕與天同心。爲人之急務。先民深諳此理，故而以禮載此理，以義達此衷。先民誠敬天愛人者矣。

春秋，九家〔注〕儒家、道家、陰陽家、法家、名家、墨家、縱橫家、雜家、農家。以道家、墨家爲最顯。盍各〔注〕盍各猶各抒己見。反去禮義愈遠者，判正〔注〕判別是非曲直。之度量〔注〕度量猶標準。不一故也。若九家皆以天人合一爲度程，〔注〕度程猶標準。則皆歸于儒家矣。

一言以蔽之，儒家念兹在兹者一天，二人，三天人合一，詎有他哉？

孔子第三

中國以孔子表徵華族文教之祖者有三：孔子大造［注］大造猶大功。其一也；孔子大德其二也；孔子傳其三也。大造載於書契，大德載於口碑，傳載于史，無可疑者。初，華夏書傳而名隱，口碑之用遠彰於後世。孔子之事蹟、之學術、之行檢、之爲人處世彰明較著，無可訟者。至於死後是非、榮辱毀譽、褒貶升沉，［注］升沉猶登進與淪落。無關乎孔子本人。［注］後人以孔子死後論其生前是本末倒置也。

孔子有大造于華夏，後人以"至聖先師"譽之，名實相副，不差累黍。數其大造：完［注］保全。周禮其一也；緒六藝［注］整理。其二也；救禮樂其三也；撰《十翼》其四也；建杏壇其五也；傳弟子其六也；踐其言其七也；傳名檢［注］名留於後以爲後人式。其八也；盡人事［注］人事猶人力所及之事。其九也；定儒學使人文教化有宗，其十也。儒者人之需也，華夏民人精神有所養，需求有所應，摶成一族，綿延數千年，其中有孔子之大造也。

孔子德配天地，學究天人者，在於其不與天地比德，不以身世害學，不與世俗爭高下。孔子未必司牧高手，然善自牧也，司牧之師易得，自牧者難求也。孔子立學立德，此千秋之功業，其恆久不衰，王亦不能比肩也。

世人常稱孔老，然其異判然，不可不察。以治學而論，孔子所治者無私學也，老子所治者公中有私也。孔子治學非爲揚名發譽，教授非爲顯己之能，從事［注］行事。非爲沽名釣譽。先達至境而後成至聖也。設無孔子，定無儒家，無天人合一，無數千年之文化傳統。

晏子以禮儀繁縟而遠之，是不知孔子以禮治國之初心也。［注］聖人豈不知周禮繁瑣乎？雖然，禮禁乎未然，法施于已然。"法之所爲用者易見，而禮之所爲禁者難知。"（司馬遷《太史公自序》）莊子以"無爲"爲由而毀瑕五倫［注］《莊子·外篇馬蹄》："及至聖人，蹩躠爲仁，踶跂爲義，而天下始疑矣；澶漫爲樂，摘僻爲禮，而天下始分矣。……道德不廢，安取仁義！性情不離，安用禮樂！五色不亂，孰爲文采！五聲不亂，孰應六律！夫殘樸以爲器，工匠之罪也；毀道德以爲仁義，聖人之過也。"莊子弗若祖君彥遠矣。祖云："禽獸之行，在於聚麀；人倫之禮，別於內外。"是不知五倫之用也。［注］五倫之用：一爲求生全，二爲求生民，三爲求生理。王充疑而問孔［注］《論衡·問孔》："世儒學者，好信師而是古，以爲賢聖所言皆無非，專精講習，不知難問。夫賢聖下筆造文，用意詳審，尚未可謂盡得實，況倉卒吐言，安能皆是？"是不知凡聖之分別也。劉知幾以孔子專斷而惑經［注］世人以孔子固天猶縱，將聖多能，便謂所著《春秋》善無不備，而形審者少，隨聲者多，相與雷同，莫之指實，權而爲論，其虛美者有五焉。是不知孔子斷于天也。今人以孔子不借伎巧［注］伎巧猶今之科學技術也。索物華天寶而謗其人①，是以精神信仰在野，聲色犬馬在位，［注］典出祖君彥《爲李密檄洛州文》："君子在野，小人在位。"故以孔子所著經典與數學、物理學比類，曰：孔子無理性之思理，讀之，信之，誤國誤民云云，不知大象難以與跳蚤較力、人類不能與日月競走也。若斯之類，煽訹民心，妖言惑眾，致使天人易位，［注］以天爲壑，奉行人

---

① 吳虞喊出"打倒孔家店"口號。魯迅在《在現代中國的孔夫子》一文中說：總而言之，孔夫子之在中國，是權勢者們捧起來的，是那些權勢者或想做權勢者們的聖人，和一般的民眾並無什麽關係。然而對於聖廟，那些權勢者也不過一時的熱心。因爲尊孔的時候已經懷著別樣的目的，所以目的一達，這器具就無用，如果不達呢，那可更加無用了。在三四十年前，凡有企圖獲得權勢的人，就是希望做官的人，都是讀《四書》和《五經》，做"八股"，別一些人就將這些書籍和文章，統名之爲"敲門磚"。這就是說，文官考試一及第，這些東西也就同時被忘卻，恰如敲門時所用的磚頭一樣，門一開，這磚頭也就被抛掉了。孔子道人，其實是自從死了以後，也總是當道"敲門磚"的差使的。

本主義。陰陽逆序，[注]以"男女平等"取代男女之防。暴殄天物[注]以至於人有萬金之用，地無三代之藏。俾人愈富而天地愈窮[注]天地窮踧必不養人。終至天人背離，文明毀于一旦，文化大廈崩淪。[注]崩淪猶倒塌毀壞。今不復興周孔之業，更待何時？

禮容第四

禮乃義之經，義乃易之序。萬物易而不違天道，人則之，分而不間其親，合而不害其性。此禮之大理也。

《周禮》名禮，實人類法典之濫觴，天官［注］天官冢宰（大宰），統領六官。地官［注］地官（大）司徒，掌理土地、人口、教化、產殖、賦稅。春官［注］春官（大）宗伯，掌理祭祀典禮。夏官［注］夏官大司馬掌理武事統帥軍隊，小司馬副之。秋官［注］秋官大司寇掌理司法刑罰，小司寇副之、冬官［注］冬官掌理考工，掌理百工之事。皆約束于瀍，［注］今作法。條分縷析，無有遺漏。

問：《周禮》是法家典籍乎？

答曰：非。《周禮》之法非常法，乃是講理［注］理亦禮。之法，以天理與性命之理判正，故法與禮每每合轍而不背。［注］譬如，禁言年齒于人前——似法似禮，非法非禮，又法又禮。雖然，用世不失法禁與教化之功用也。常言憲政出于西夷，［注］英格蘭創其先河。不知華夏憲政之雛形定于三千年前。［注］《周禮·天官冢宰第一》：大宰之職，掌建邦之六典，以佐王治邦國。一曰治典，以經邦國，以治官府，以紀萬民；二曰教典，以安邦國，以教官府，以擾萬民；三曰禮典，以和邦國，以統百官，以諧萬民；四曰政典，以平邦國，以正百官，以均萬民；五曰刑典，以詰邦國，以刑百官，以糾萬民；六曰事典，以富邦國，以任百官，以生萬民。斯時之華族也，以八法[注]《周禮·天官冢宰第一》：一曰官屬，以舉邦治；二曰官職，以辨邦治；三曰官聯，以會官治；四曰官常，以聽官治；五曰官成，以經邦治；六曰官法，以正邦治；七曰官刑，以糾邦治；八曰官計，以弊邦治。治官府，[注]八法為考核官吏而制也。以八則[注]《周禮·天官冢宰第一》：一曰祭祀，以馭其神；二曰法則，以馭其官；三曰廢置，以馭其吏；四曰祿位，以馭其士；五曰賦貢，以馭其用；六曰禮俗，以馭其民；七曰刑賞，以馭其威；八曰田役，以馭其眾。治都鄙，[注]一乃為防厚祭祀而輕民生，二乃為防官制膨脹民不堪負，三乃為防私結黨羽反叛朝廷，四乃為防任人唯親疏遠賢士，五乃為防濫徵稅賦釀成民怨，六乃為防重法輕禮人心不古，七乃為防賞罰不均權威盡失，八乃為防徵兵無度農功荒廢。以八柄[注]《周禮·天官冢宰第一》：一曰爵，以馭其貴；二曰祿，以馭其富；三曰予，以馭其幸；四曰置，以馭其行；五曰生，以馭其福；六曰奪，以馭其貧；七曰廢，以馭其罪；八曰誅，以馭其過。馭羣臣，[注]吾尤重其五之老老、六之奪貪官不義財、七之罷罪臣官、八之誅殺害羣之馬。此四者亦今之急務也。以九職[注]《周禮·天官冢宰第一》：一曰三農，生九穀；二曰園圃，毓草木；三曰虞衡，作山澤之材；四曰藪牧，養蕃鳥獸；五曰百工，飭化八材；六曰商賈，阜通貨賄；七曰嬪婦，化治絲枲（麻）；八曰臣妾，聚斂疏財；九曰閒民，無常職，轉移執事。任萬民，[注]九職之序一糧二菜三林四牧五工六商七織八用九閒者，民以食為天也。工商織用，有則充備，無亦可活；糧菜無則生活無以為計。此世間第一真理也。雖然，科學主義者反其道而行，以工商用為先，農反居末，致使今人雖腰纏萬貫，卻不得不食非食（三聚氰胺之類），飲非飲（工業廢水之類）。此乃久不習《周禮》故也。以九賦[注]《周禮·天官冢宰第一》：一曰邦中之賦，二曰四郊之賦，三曰邦甸之賦，四曰家削之賦，五曰邦縣之賦，六曰邦都之賦，七曰關市之賦，八曰山澤之賦，九曰幣餘之賦。斂財賄，以九式[注]《周禮·天官冢宰第一》：一曰祭祀之式，二曰賓客之式，三曰喪荒之式，四曰羞服之式，五曰工事之式，六曰幣帛之式，七曰芻秣之式，八曰匪頒之式，九曰好用之式。

節財用，以九貢《周禮·天官冢宰第一》：一曰祀貢，二曰嬪貢，三曰器貢，四曰幣貢，五曰材貢，六曰貨貢，七曰服貢，八曰斿（遊）貢，九曰物貢。致邦國之用，以九兩《周禮·天官冢宰第一》：一曰牧，以地得民；二曰長，以貴得民；三曰師，以賢得民；四曰儒，以道得民；五曰宗，以族得民；六曰主，以利得民；七曰吏，以治得民；八曰友，以任得民；九曰藪，以富得民。系邦國之民。〔注〕九兩者乃是九種和協上下之法。師長以賢德受尊、儒士以學問服眾、朋友因信用得譽——此三者乃化爲華夏經年不衰之文化傳統。若斯之類，治而不強，約而不束，獎掖刑罰，體天順性，使民不敢逞能於天，不能妄爲於人。

《天官冢宰第一》曰：正月之吉，始和布，治于邦國都鄙，乃縣治象之法於象魏，使萬民觀象，挾日而斂之。乃施典于邦國，而建其牧，立其監，設其參，傅其位，陳其殷，置其輔。〔注〕和布者乃宣佈也；治象之法乃書於木板之法典也；象魏乃宮之門闕也；牧乃州長（西周，國有九州）也。法典出於卿大夫之手而入于萬民之目，政出於牧宰而議于士。——此誠現代民主之嚆矢也。

或疑：《周禮》偽作，乃是空造。

余通讀《周禮》再三，未覺其空，但覺其實，未覺其假，但覺其真。華夏三千年禮法社會，正《周禮》之實踐也；中國之禮法有別于西夷之法制者，於《周禮》一書可盡窺之矣。法網似密不能捕狡魚，〔注〕日本之三浦和義、美利堅之辛普森與謀殺戴安娜者是也。禮容〔注〕禮制儀容。似疏，可以濾心君而避大禍也。世間萬象，人活絡不羈，法拘文〔注〕拘泥于法律條文。不活，以拘物治活人，大者或可使歸命，小者斷難免漏略〔注〕漏略猶疏漏。也。廌〔注〕亦作豸、解豸、解廌。獨角鹿，神獸，可辨是非、斷曲直。去而有法。〔注〕法之原字爲"灋"。神獸去，權以水代廌斷是非曲直焉。水非靈物，無口無嘴，弗能告人以是非，能告者惟水準之象也。雖然，代廌斷訟者人也，人非神獸也，故每欲水準而不能也。——此華夏先民之所以重禮者。禮，從體從履〔注〕行走之體態。從示，從豊。〔注〕注視祭器之神態。行以禮，視以禮，無不能者，習以爲常，訟必少而斷必平。放縱惡習然後繩之以法，誠事倍功半之治術，華族遠之也。

禮法第五

灋者，神治也。廌[注]能斷訴訟之神獸，一説神鳥。去，人代其斷獄也。書之"法"者，言廌去以水爲鏡而判正。華夏文明始于神靈崇拜之宗教，人言之低，我以爲高。西夷棄宗教而行法制，是不進而退也。

禮制者，假神而治也，示祭器于廌，靜心澄慮，令廌復活于心。廌實無也，懼而生于心，中心有之，若其實有。馮友蘭氏以爲禮乃是宗教詩化之產物，[注]參閲馮氏《中國哲學簡史》。高于宗教，吾甚以爲然。

法治者，言法治實人治也。法度規範出于時輩之手，令其去私從公誠強人所難也。縱然識略高士[注]高士猶高乎世俗者。志士仁人亦不能高蹈，[注]高蹈猶行之遠也。況生殺予奪，存乎一念，本非人所能也。若夫殺人者以命抵命，此灋與禮所共識。惟法不然，以刀殺人者誅，馭者赦，殺人遺驗[注]驗猶證據。者誅，不遺者赦，觸法條者禁，不觸法條者由，使人人皆知遵法規而不知守做人之道也。今人知畏而不知恥，害而不授柄于人，法律主義使然耳。莊子云，夫爲天下者，亦奚以異乎牧馬者哉？亦去其害而已矣。[注]《莊子·徐無鬼》。法誠不能杜絕害馬矣。

《周禮》者，名法而實禮也；禮者涵法而補其不足。[注]法能治人，不能使治合于天理；禮能治人，亦能使治合于天理。法能懲惡，不能止惡于未蒙；禮能止惡，亦能止惡于未蒙。不習《周禮》而言法與禮與不知岐黃而行醫侔矣。

　　禮制者，以涵法之禮治國，以有情之理治學，〔注〕有情之理者，禮也。以"禾刀"之利〔注〕禾刀爲利，謂農事之利。富民。不戡天以求財貨，不以進取爲由索地之藏，不以求福祉爲名乖違天之初衷。此禮制之大經也。

　　國學者，禮、理、利之學也。〔注〕存天理滅人欲而後行禮，行禮而後得禾刀之利，禾刀之利萬年不竭。今說及國學，非言往昔章句也，言治國治人之大經也。西夷以邏輯理性判〔注〕判猶辨別。今與昔、新與舊；華夏以直覺理性惟判善與不善、美與不美而已。善與美，今昔無分也，新舊無分也。是以言國學並非復古，是複善複美也。

人道第六

儒者，人之需也。

友詰："儒學無益于索人之所需，寧遠之。"

余問："何爲需？"

友曰："需者，雨而[注]"而"讀"能"，義亦能。雨而乃是能以雨滋潤大地，使人得生也。也，天能雨，故天雨乃是第一需。[注]《周易·需》：象曰："雲上于天，需。"推廣之，人類之需者，於人則益[注]富饒，富足。出《呂氏春秋·貴當》：如此者，其家必日益。生；於國則強立。[注]恃強而立于世界民族之林。

余曰："儒學誠不能強立，不能益生。雖然，人有內需[注]食、衣、性、住、行及索餘所需者。內需亦有別：人不能一刻不呼吸吐納，故空氣乃第一需；人不能三日不飲水，故水乃第二需；人不能周不食，故食乃第三需；人不能終年無居所，故居所乃第四需；餘不足道。有外需。[注]教化、正名、狎戲及其求名于衆。無教化不能別禽獸，故教化第一；不正名不足以分善惡，故正名第二；狎戲第三。《荀子·儒效篇》：秦昭王問孫卿子曰："儒無益于人之國。"孫卿子曰："儒者法先王，隆禮儀，謹乎臣子而致貴其上者也。人主用之則勢在本朝而宜。不用，則退編百姓而愨，必爲順下矣，雖窮困凍餧，必不以邪道爲貪。"一如六禮［注］冠、昏、喪、祭、鄉、相見。而七教、八正也。［注］飲食、衣服、事爲、異別、度、量、數、制。［注］《荀子·王制》：天地者，生之始也；禮義者，治之始也；君子者，禮義之始也；爲之，貫之，積重之，致好之者，積重之始也。內需養生。雖然，生乃是天地之大德，［注］《荀子·王制》：天地之大德曰生。德雖需于外，重于內也。誠如董仲舒所言："以仁治人，以義治我。"治人治我，皆人之需也。外需［注］《禮記·學記》："玉不琢不成器，人不學不知道。是故古之王者建國君民，教學爲先。《兑命》曰：'念終始典于學。'其此之謂乎！"極言人需教化之切。可求于儒也。內需揆一，內外之需不二。仁智互見，渾漫難辨，不能不正其名還其義也。"

友曰："願一言以蔽之。"

余曰："禮誠養心而不養欲，故不可求全責備之。"

序尊卑崇敬讓第七

人倫因地而異，西夷好自由［注］自然不自由，獨人自由，終不能久長。華夏重倫序，［注］自然有倫序，人間效法之，可久長也。世人不能定其優劣，能定其優劣者惟天數也。

余曰：儒家正名禮。［注］天下可以有真禮，絕無真平等。無差別曰平等。螻蟻亦有差別，何況人乎？佛教以無高下淺深之別為平等。是借平等而令人相愛相憐。南史梁武帝紀曰："幸同泰寺，設平等會。五燈會元曰：'天平等，故常覆。地平等，故常載。日月平等，故四時常明。涅槃平等，故聖凡不二。人心平等，故高低無諍。'""序尊卑之制，崇敬讓之節"；［注］《禮記·經解》："恭儉莊敬，《禮》教也。"詩三百經夫婦，成孝敬，厚人倫，美教化，移風俗［注］夫子曰："《詩》三百，一言以蔽之，曰'思無邪'。"——此教化也。儒家正名政，使君臣進退有所軌，［注］軌猶遵循。《論語·為政》：為政以德，譬若北辰，居其所而眾星共之。民酬酢往來有所規，［注］《論語》《孝經》皆規也。弟子有所從，［注］《禮記·學記》：凡學之道，嚴師為難。師嚴然後道尊，道尊然後民知敬學。……大學之禮，雖詔於天子，無北面（師見天子，天子面東）所以敬師也。人死盡仁義禮知，［注］《禮記·喪服四制》：喪有四制，變而從宜，取之四時也。有恩，有理，有節，有權，取之人情也。恩者，仁也；理者，義也；節者，禮也；權者，知也。仁義禮知，人道具矣。老有所養，[注]《禮記·喪服四制》小有所託，夫婦有所安，[注]夫唱婦隨，夫榮妻顯，故無爭也。今者倡夫妻平等，去夫婦差別，不知差別去否，知爭益甚也。昔，女人以伏低做小爲恥；今，女人以做小爲榮。今之男女平等果勝于昔乎？余甚疑之。理[注]天理，事理。有所理，[注]梳理。《禮記·仲尼燕居》：禮也者，理也。男女有所別，[注]男女無辨則亂生，故《禮記·曲禮上》曰：男女不雜坐，不同椸枷（衣架），不同巾櫛（梳子）；不親授。嫂叔不同問。男女有別，于男人不利，女人大受益焉。今除男女藩籬，惟男人受益也。辱與殺有所擇，[注]《禮·儒行》：儒者可親而不可劫也，可近而不可迫也，可殺而不可辱也。故明王鏊受辱且殺時曰："士可殺不可辱，今辱之且殺之，吾尚何顏居此。"捨生取義者，禮也。義與樂有所依歸。[注]《禮記·樂記》：故商者，五帝之遺聲也，商人識之，故曰商。齊者，三代之遺聲也，齊人識之，故謂之齊。明乎商之音者，臨事而屢斷；明乎齊之音者，見利而讓。樂者禮也，屢斷者智也，讓者德也，合之而免其孤。華人因禮而文明焉。無禮，何樂之有？①

　　人道與畜道有別者，人心有所求，而畜所求唯物而已矣。

---

① 錢穆《國學通論》：喪葬之禮廢，則死生不再有和合，死以後則盡歸上帝天堂。而子孫養老之禮亦將隨之而廢。子孫養老之禮亦漸廢，而父祖育幼之禮亦將隨以廢。亦有人言，美國社會乃幼童之天堂，中年人之戰場，老年人之墳墓。

人第八

儒家正名人，[注]《論語•衛靈公》："君子求諸己，小人求諸人。"《中庸•第二章》："君子中庸，小人反中庸。君子之中庸也，君子而時中；小人之反中庸也，小人而忌憚也。"中庸乃是天下第一美德，惟華夏最盛，惟君子最鐘。《論語•顏淵》："君子成人之美，小人反是。"以德分人：一曰聖人、[注]通達事理且德高望重者曰聖。二曰賢人、[注]德才兼備者曰賢。三曰大人、[注]位尊或年長者曰大。四曰君子、[注]有德之人曰君子。五曰小人。[注]無德謂小。① 聖人、賢人曰大人儒，[注]《荀子•儒效篇》：儒者在朝則美政，在野則美俗。行不正之儒者爲小人儒。大人儒以"人義"[注]父慈、子孝、兄良、弟弟、夫義、婦聽、長惠、幼順、君仁、臣忠。疏人情，[注]喜、怒、哀、懼、愛、惡、欲。制人妖，[注]人爲之禍害。令人文[注]《周易•賁》：《彖》曰：觀乎天文，以察時變；觀乎人文，以化成天下。寓于命；制六藝，[注]《周禮•天官•保氏》：乃教之六藝，一曰五禮，二曰六樂，三曰五射，四曰五馭，五曰六書，六曰九數。定五事，[注]

---

① 直到十六世紀，西方才效仿中國用禮區分人，把人分爲貴族與平民，後演化爲資產階級、中產階級與無產階級。西方完全以財產取人，這一原則至今不變。這正是世界趨向拜金主義的第一要因。以德論人，這是極其寶貴的文化傳統，也是世界最寶貴的文化財富之一。

古人修身之五事：貌、言、視、聽、思。寓美、善于教；分人畜，守人本，[注]孟子以守身爲本。令禮儀寓於形；[注]《禮記·冠義》：凡人所以爲人者，禮儀也。禮儀之始，在於正容體，齊顏色，順辭令。容體正，顏色齊，辭令順，而後禮儀備，以正君臣，親父子，和長幼。昌國運，去民憂，令禮儀寓于君之好惡。[注]《禮記·樂記》：詩云："肅雍和鳴，先祖是聽。"夫肅肅敬也；雍雍和也。夫敬以和，何事不行。爲人君者謹其所好惡而已矣。和鳴孔（甚）易，誘民孔易，若斯，治大國若烹小鮮也。人能弘道，非道弘人，王弼注曰："才大者道隨大，才小者道隨小，故不能弘人。"命道寓于人事。[注]儒家將人比之于道，入世而盡人事也；不比之于天，敬天而不與之齊。敬君子，遠小人焉。[注]《論語·爲政》："君子周而不比，小人比而不周。"《詩經·小雅·青蠅》："營營青蠅，止于樊。豈弟君子，無信讒言。營營青蠅，止於棘。讒人罔極，交亂四國。營營青蠅，止於榛。讒人罔極，構我二人。"《孟子·滕文公下》：富貴不能淫，貧賤不能移，威武不能屈，此之謂大丈夫。命華夏有人極[注]做人之準則。荀子分君子與小人最詳，[注]《荀子·不苟篇》：君子易知而難狎，易懼而難脅，畏患而不避義死，欲利而不爲所非，交親而不比，言辯而不辭，蕩蕩乎其有以殊於世也。君子能亦好不能亦好……君子寬而不慢，廉而不劌，辯而不爭，察而不激，寡立而不勝，堅彊而不暴，柔從而不流，恭敬謹慎而容，小人反是。並有治心之術，[注]《荀子·修身篇》：血氣剛強，則柔之以調和；知慮漸深，則一之以易良；勇膽猛戾，則輔之以道順；齊給便利，則節之以動止；狹隘褊小，則廓之以廣大；卑濕重遲貪利，則抗之以高志。君子必讀，小人亦必讀。做人，無非義與利而已。[注]《荀子·修身篇》：志意修則驕富貴，道義重則輕王公，內省而外物輕矣。《傳》曰：君子役物，小人役于物。此之謂矣。身勞而心安，爲之；利少而義多，爲之。事亂君而通，不如事窮君而順焉。正義利而後，有先覺後覺而已，豈有他哉。[注]《論語·憲問》：見利思義，見危受命，久要不忘平生之言，亦可以爲成人矣。修身[注]《大學》：古之欲明明德于天下者，先治其國；欲治其國者，先齊其家；欲齊其家者，先修其身；欲修其身者，先正其身；欲正其身者，先誠其意；欲誠其意者，先致其知。致知在格物。①……自天子以至于庶人，壹是皆以修身爲本，其本亂而末治者否矣。者必達矣！荀子以人所以爲人，以其有辨，〔注〕人之所以爲人者何也？曰：以其有辨也。饑而欲食，寒而欲煖，勞而欲息，好利而惡害，是人之生而有也。……人之所以爲人者，非特以二足而無毛也②。以其有辨也。夫禽獸有父子而無父子之親，有牝牡而無男女之別。故人道莫不有辨。辨于禮也。

---

① 此處的格物不同於西方的格物。西方格物是人對物的認知（理性認知）；中國的格物是人對人情事理的認知（直覺或經驗的認知）。
② 有人以爲人是無毛的動物之類的比喻爲古希臘哲學家所獨擅。這不符合實際情況。可以認爲荀子的比喻比西方哲學家深刻得多。

貴賤第九

儒家正名富貴與貧賤〔注〕《論語·季氏》："不患貧而患不均，不患寡而患不安。蓋均無貧，和無寡，安無傾。夫如是，故遠人不服，修文德以來之，既來之，則安之。"《論語·學而》："子貢曰：'貧而無諂，富而無驕，何如？'子曰：'可也。未若貧而樂，富而好禮者也。'"語指心源矣。人生之意義在樂與禮，此實可玩味終生也。乃以德業判，故不以物貧爲恥，〔注〕《論語·里仁》："士志于道而恥惡衣惡食者，未足與議也。"《孟子·公孫醜下》："無處而饋之，是貨之也。焉有君子而可以貨取乎？"不以物富爲榮。〔注〕《孟子·滕文公上》：賢君必恭儉禮下，取于民有制。陽虎曰："爲富不仁矣，爲仁不富矣。"余欲益一言：人富則天窮，人窮則天富；余寧而長久，不富而短世焉；寧務德以求安，不物競以求樂也。德業之富貴者每處于下流，故不染指財貨，以保心寧。〔注〕《論語·先進》：季氏富于周公，而求也爲之聚斂而附益之。子曰："非吾徒也，小子鳴鼓而攻之，可也。"碩儒者，貧于生計而留詩文于後，後世不知其物窮，知其學富五車，此非大富邪？財貨之富貴，人皆欲，雖然，不能皆得。禮儀、道德之富貴未必人皆欲，雖然，人皆可得，在欲得否。華人之長技正在貴賤觀異于世人：鐵樹爲貴，曇花爲賤，故寧令榮光長世〔注〕綿續久存。《左傳·

僖公十一年》：不敬則禮不行；禮不行則上下昏，何以長世？不求極服〔注〕極美之服裝。宋玉《神女賦序》：其盛飾也，則羅紈綺繢（繪）盛文章，極服妙采照萬方。短爇，是貴真如〔注〕真如乃佛教用語。真者真實之義，如者如常之義，諸法之體性離虛妄而真實，故云真，常住而不變不改，故云如。鄙妄欲也。

今人以儒家不能令民享榮華富貴爲由攻訐之，不問天之窮富，重人〔注〕偏人猶見聞孤陋者。而輕天，不足與論道也。

或曰：孔子未曾不言富貴，〔注〕《論語·里仁》：富與貴是人之所欲也，不以其道得之，不處也。貧與賤，是人之所惡也，不以其道得①之，不去也。雖然，孔子所言之富貴非常言也，且偶言之。

---

① 此處"得"疑是筆誤，應爲"取"。

義利第十

儒家正名義利。[注]《論語·里仁》："君子喻于義，小人喻于利。"《孟子·梁惠王上》：何必曰利？亦有仁義而已矣。王曰"何以利吾國"，大夫曰"何以利吾家"，士庶人曰"何以利吾身"上下交爭利而國危矣。……苟爲後利而先義，不奪不饜。未有仁而遺其親者也，未有義而後其君者也。義，寰宇之內皆宜者也；利，填一己之欲壑者也。儒家之義利觀，一言以蔽之：去欲，存義，求和而已矣。人與天和，人與地和，人與道和，人與人和，生人與鬼[注]逝者。和，人與未生者和，華夏遂和寧焉。義者宜也，義則宜，不義則不宜，行不義之事必亡。[注]《孟子·告子下》："爲人臣者懷利以事其君，爲人子者懷利以事其父，爲人弟者懷利以事其兄，是君臣、父子、兄弟終去仁義，懷利以相接，然而不亡者，未之有也。"余益一言：懷利以待自然，懷利以處道，懷利以相接而不亡者，未之有也。今之失和，病在不義，義之不行，病在縱欲，欲之亢進，病在受物之學。[注]諸如物理學、化學、天文學。而棄人之學。[注]諸如儒家之學、道家之學、佛家之學。人無度求利於人，必受不義罵名。人無度求利于天地，非但不受罵名反得譽。何也？物之學以人爲馭物者也。人之學則不然，人與天合一，人與物平等也。[注]張載以人與物壹，皆爲氣，人所爲者立德而已（《正蒙·西銘》）。朱子轉爲人與物理壹，詞易義未易。朱熹《朱子語類》卷四："問：理是人、物同得于天者，如物之無情者，亦有理乎？曰：固是有理。如舟衹可行于水，車衹可行于陸。"朱熹之"理"含"義"也。物亦講理，人不以義取物，物必壞敗，使人不得。聖人、賢者之遠利近義，非公心使然，亦有私心也，近欲去欲則明則通，〔注〕周敦頤《通書》：物欲則靜虛動直。靜虛則明，明則通。不明不通不能立德，不立德，生命了無意義。〔注〕《周濂溪集》卷一：唯人也，得其（無極）秀而最靈。形既生矣，神發之矣，五性感動而善惡分，萬事出矣。聖人定之以中正仁義而主靜，立人極（人極猶爲人之準則）焉。

西夷重利令人成靈長王，華夏重義使人爲自好〔注〕自好言能自潔其身。王，人欲率百獸舞乎？欲自好以別於生類乎？此儒家與工具理性主義①之分也。

---

① 工具理性：法蘭克福學派代表人物霍克海默和阿道爾諾提出的概念，由馬爾庫塞做了進一步發揮，亦即"技術理性"。在他們看來，人類理性的發展經歷了辯證的過程。文藝復興時期，理性曾經作爲啓蒙運動的旗幟，把人從中世紀神學的束縛下解放出來。但是到了發達資本主義社會，資本主義異化現象日益嚴重，理性也被物化爲純粹的科學技術研究方法，成爲達到實用目的的手段並進而成爲奴役人的工具，這種理性就是"工具理性"。工具理性代表著可怕的科學技術統治，扼殺了人類理性的主體性和創造性，使國家利用技術和生產效率就能征服社會上的一切離心力量，從而造成"合理化"的官僚主義極權社會。

功過第十一

儒家正名功過，［注］《孟子·公孫醜上》：人告之以有過則喜。……舍己從人，樂取于人以爲善。王者承天意以從事，不以人之能爲功，君受命于天而王天下，不以天之過爲過。［注］董仲舒《堯舜湯武》，董仲舒釋天多有偏，然此語中正不偏。儒家正名人與己，［注］《論語·顏淵》："己所不欲，勿施于人。"此寰宇通行之"黄金法則"也，今仍不失其效。《論語·學而》："不患人之不己知，患不知人也。"此所謂慎獨是也，做人乃自做，非做于人也。而後及人與天。［注］董仲舒之人副天數不可全信，亦不可不信。

孔子困于陳蔡，惶惶如喪家之犬，［注］《史記·孔子世家第十七》，後人以爲功；嬴政"奮六世之餘烈，振長策而禦宇内"，［注］賈誼《過秦論》。後人反以爲過。［注］法家以爲功者，儒家不以爲功。儒家以爲功者，法家不以爲公。桀紂雖爲王，無功；高祖雖初爲亭長，後功高蓋世。［注］《孟子·離婁上》：桀紂之失天下也，失其民也；失其民者，失其心也。得天下有道，得其民，斯得天下矣。得其民有道，得其民，斯得民矣。得其心有道，所欲與之聚之，所惡勿施爾也。

天子之功過皆由史官定，此風可追三代焉。［注］《禮記·玉藻》：動則左（大）史書之，言則右（內）史書之。禦瞽幾（幾通稽）聲之上下。① 年不順成，則天子素服，乘素車，食無樂。② 爲人君者，有功則褒之于史，有過則貶之于史，過大殺之非"弒君"，殺獨夫也，所謂"民爲貴，社稷次之，君爲輕"者。或曰：民爲貴口說而已。曰：非也。君昏且獨，民必揭竿而起。故此權最重。故曰民爲貴。何以殺君？其昏且獨，顛覆社稷也。故曰：社稷次之。人君位已極，有下而無上。故曰君爲輕。［注］《荀子·大略》：天之生民，非爲君也；天之立君，以爲民也。功乎？過乎？人君不得不思，民可殺昏君，不得不防。有天爵有人爵，天民天爵，人民人爵。［注］《孟子·告子章句上》："有天爵者，有人爵者。仁義忠信，樂善不倦，此天爵也。公卿大夫，此人爵也。"中國帝王敬天愛民，非向善也，非懼天也，敬天愛民以做天人，謹言慎行以合天爵也。人君天爵孰與人君人爵易過？余必曰：人爵也。③ 再者，民位低，君不能輕也。［注］《周禮·天官塚宰》："以官府之六聯合邦治：一曰祭祀之聯事；二曰賓客之聯事；三曰喪荒之聯事；四曰軍旅之聯事；五曰田役之聯事；六曰斂弛之聯事。"關乎民生者半矣。由此可見君不敢輕民也。

---

① 三代時以樂聲表明政治清明，哀聲表示政治昏亂。
② 天子通過自懲表示由自己來承擔政治昏亂的責任。這個傳統一直流傳至明。
③ 可以換一個問法：君主制優越抑或民主制優越？我的回答是前者優越，道理很簡單，前者服從天（規律），後者服從人民的欲望。雖然前者可以給人民帶來現實利益，但是很不利于人類與自然長期和平相處。

知行第十二

儒家正名知行［注］《論語·公冶長》："始吾于人也，聽其言而觀其行；今吾于人也，聽其言而觀其行。"《論語·學而》："巧言令色，鮮矣仁。"《論語·泰伯》："子曰：邦有道，危言危行；邦無道，危行言孫。"《論語·里仁》："君子欲訥于言而敏于行。"《論語·里仁》："古之言之不出，恥躬之不逮也。"令華人"敏于事而慎于言"［注］《論語·學而》。知人論世［注］《孟子·萬章下》而不偏。朱熹以知先行後。［注］《大學章句·補格物傳》："所謂致知，言欲致吾之知，在即物而窮其理也。蓋人心之靈，莫不有知，而天下之物，莫不有理。惟于理有未窮，故其知有不盡也。是以大學始教，必使學者即凡天下之物，莫不因其已知之理而益窮之，以求至乎其極。至于用力之久，而一旦豁然貫通焉，則眾物之表裏精粗無不到，而吾心之全體大用無不明矣。"此論與康德氏之先驗理性逼肖也，康德知朱子乎？朱子之"知"無所不包，"行"則指道德踐履而已，不行伐德害天之事。以千年論，朱子誤國矣；以萬年論，朱子矯人類之失，調天人之際，救藥危世矣。強王守仁"知行合一"遠甚［注］《傳習錄上》："大學指個真知行于人看，說，如好好色，如惡惡臭。見好色屬知，好好色屬行，祇見那好色時已自好了，不是見了後又立個心去好。聞惡臭屬知，惡惡臭屬行，祇聞那惡臭時已自惡了，不是聞了後立個心去惡。"非也，知自然屬道德，以其知车利，屬科學技術，不侔也。知而後言，人之本性也。雖然，不能不辨。若夫位卑言高，〔注〕《孟子·萬章下》位卑言高，罪也。於政治非也，於學術是也。〔注〕政治乃天下人之政治，天下興亡匹夫有責，不言，國家亡矣。學術乃學術家之事，人皆言，學將不學矣！眾人不言學，學術自繁榮；庶民皆言政，政治難昌明。至於信義，信與恭足矣。〔注〕《論語·學而》：信近於義，言可複也。恭近於禮，遠恥辱也。因不失其親，亦可宗也。今，世之危局，因不知天而致矣，"知行合一"之禍也。不正知與行之名，可乎？

儒家正名知與行，聽其言而觀其行，〔注〕《論語·公冶長》：始吾於人也，聽其言而信其行；今吾於人也，聽其言而觀其行。行不至則學止。故曰：學者，始于聞而止于行也。〔注〕《荀子·儒效篇》：不聞不若聞之，聞之不若見之，見之不若知之，知之不若行之。學至於行之而止矣。行之明也，明之爲聖人。知與行分離，學不能精進，人不能敏捷；〔注〕《論語·爲政》：學而不思則罔，思而不學則殆。，知與行合，若不著不察，亦不能得道也。〔注〕《孟子·盡心上》：行之而不著（明白）焉，習矣而不察焉，終身由之而不知其道者，眾矣。儒家之行，不惟爲，亦含不爲也。〔注〕此與道家無異。

或問：知孰與行先？余必曰：羣動〔注〕羣動猶動物。陶淵明《飲酒》詩之七：日入羣動息，歸鳥趨林鳴。行而後知，人倫〔注〕人倫猶人類。知而後行。故夫子曰：朝聞道，夕死可矣。〔注〕《論語·里仁》聞道，人之所求也；行，使人愈欲聞與知——斯已矣。

品質第十三

孔子曰：學而時習之，不亦說乎。此金石之論也。博聞強志弗若舉一反三，多學少習弗若少學多習，此萬世不更之理也。

古人重質［注］質猶物之本體。今人重數，古人事事求其中，今人事事致其極。若夫財賄，萬不爲多，億猶嫌少；若夫岑［注］岑，小而高之山。樓，百仞［注］古以八尺（一說七尺）爲一仞。不爲高，千仞猶嫌矮；若夫小妾，多多益善矣。

多未必吉，少未必凶。《易經·益》："上九：莫益之，或擊之，立心勿恆，凶。"此所以孔子刪《詩》者，所以老子以區區五千言釋道者，所以王充著作僅傳《論衡》餘皆不傳者，［注］王充一生著書四部僅《論衡》傳世。所以許慎惟傳《說文》餘皆不傳者，所以古書字數寡而言簡意賅者。吾聞古人作文寧簡約勿冗長，古人著書常因不能悅己而棄之。［注］許慎著書多部，僅留《說文解字》一書，餘皆焚之。李白作《蜀道難》，自讀而灰念，欲焚之，幸爲賀知章所留。孔子之《繫辭》不過五千言，老子之《道德經》亦不過五千言，已達意矣。今人非百萬言不能達其意。何邃今文動輒萬言，幾［注］幾猶近。十萬言不鮮，幾百萬言不怪乎？以夥顯能，以數邀功，此其一；寫則寫家，輟則除其名籍，欲保寫家名分，不可不日日筆耕，不惜做文抄公，此其二。

不寧唯是，歌女常出新歌，舞者常出新舞，郎中常出新方，即使盜賊亦常出新技……今人之事故，［注］事故猶事變。古人不及其萬一。噫！吾知今人不能仿宋元瓷器者矣！

儉奢第十四

儒家正名儉奢。〔注〕《論語·述而》："奢則不孫，儉則固。與其不孫也，寧固。"人奢則天窮，人儉則天富。華人寧以儉而求天之常富。此民族之胸懷，小人豈知乎。《論語·泰伯》："邦有道，貧且賤焉，恥也；邦無道，富且貴焉，恥也。"何謂有道？不偷自然也，不暴殄天物也，不寅吃卯糧也。

華夏主天人合一焉。〔注〕《周易·乾·文言》："大人者，與天地合其德，與日月合其明，與四時合其序，與鬼神合其吉凶，先天而天弗違，後天而奉天時。"《孟子·盡心上》："盡其心者，知其性也，知其性則知天矣。"孔孟皆言人非獨善其身者，善天地而後善己也，知（克）己而後知（用）天者。曾子曰："始死之奠，其餘閣（餘閣者剩飯剩菜也）也與。"天人合一之約既佈，天子乃不食孕牲，〔注〕《禮記·郊特牲》："天故子牲孕弗食也，祭帝弗用也。"君子雖窮不鬻祭器，雖寒不衣祭服，爲宮室不斬墓木。〔注〕《禮記·曲禮上》。法家亦尚儉，農、牧、漁、林皆有約法。〔注〕秦簡《秦律·田律》：春二月，毋敢伐材木山林及雍（壅）堤水。不夏月，毋敢夜（野）草爲灰，取生荔、麛卵鷇①，毋敢毒魚鱉，置穽罔（網），

---

① 鷇：讀扣。待母哺食的幼鳥。

到七個月而縱之。……邑之近皂及它進禁圈苑者,麛時毋敢將犬以之田。①如此自覺,世所罕有,究其緣由,儒家崇儉禁奢之故也。余讀詩每先讀《賓之初宴》,習誦荀子"節用裕民,而善臧[注]臧通藏。",是不忘先人惜物而財[注]財猶節制。之良風美俗也。②

---

① 這個秦簡是 1975 年 12 月,在湖北云夢縣發現的。是世界上最早的保護自然生態以保證可持續發展的法律文書。春天禁止伐木、禁止堵塞水道、禁止燒草、禁止採集植物嫩芽或捕獵幼獸、禁止毒殺魚鱉、禁止張網捕鳥、禁止在幼獸繁殖時帶獵犬打獵……目的都是爲了有利于長久的生產與收穫,有利於可持續發展。《唐律》《清律》中都有類似的條款,直到清末中國人還嚴格執行這些法規。

② 我曾寫過一篇題爲《絕妙好詩》的文章。文章中說:"《賓之初筵》乃有一無二之絕妙好詩。首尾悖悖,讀之絕倒,先惹人笑,後引人思。賓之初筵,主客秩秩,牲幣楚楚,酬酢繹繹,伴有射、舞、笙樂,百禮齊備,溫良恭讓,滿座君子,無逾矩者。──僅讀此,孰料場景反易,樂悲顛倒乎? ──及醉,醜態畢見:籩豆覆而人僛僛,君子幡幡然小人。始若處女,後如脫兔矣。每讀此詩,未嘗不歎世事之變。文王、武王'賓之初筵'也,及辛,不仁不義,不禮不教,已非同類。孔子、孟子'賓之初筵'也,及胡適之,瓊漿已成鴆酒,孰敢飲之? 忠孝,本'賓之初筵',及二十四孝圖愚孝也。古詩,'賓之初筵'也,及新詩,無韻無律,無趣無味,無風無格,徒詩名矣!"

文質第十五

儒家正名文與質，［注］《論語·雍也》："質勝文則野，文勝質則史。文質彬彬，然後君子。"此話雖言做人，可旁類作文。作文之道，文與質而已。① 夫子曰"言而無文，行之不遠"，立作文之儀準也。華夏文章數千年未出軌，孔子功績也。做人則文質彬彬，［注］食飲衣服、居處動靜有形制，方能合于禮，合于禮方能文質彬彬。作文則文質兼備。［注］顏之推《顏氏家訓》："文章者，原出五經。而柳子厚論文亦曰：本之《書》，以求其質，本之《詩》，以求其恆；本之《禮》，以求其宜；本之《春秋》，以求其斷；本之《易》，以求其動。"曹丕以爲文章乃是經國之大業，不朽之盛事。曹植言文章雕蟲小技者，泄私憤也，不足爲憑。道德文章實乃華夏第一尤物，雖近受重創，終有復興之日。

儒家正名與古今。［注］《論語·學而》："慎終追遠，民德歸厚矣。"德由古人來，今人不能隨意造作，此不必爭也。是爲續傳統也。孔子好古，［注］《論語·述而》：我非生而知之者，好古，敏以求之者。韓愈《師說》：古之聖人，其出人也非遠矣，猶且從師而問焉。今之眾人，其下聖人也亦遠矣，而恥學于師。是故聖益聖，愚益愚；聖人之所以爲聖，愚人之所以爲愚，其皆出於此乎？是爲

---

① 作者將文與質的關係轉變爲寫作兩要素：(1) 如何寫？(2) 寫什麽？(2) 難於 (1)。

使制度風威原始要終也。［注］《禮記‧玉藻》：見於天子，與射，無說（脫）笏，非古也。小功不說（脫）笏，當事免則說（脫）之。既搢必盥，雖又執於朝，弗又盥矣。朝規皆以古制爲準也。如是則小人不敢妄動。古之人不以今爲勝，不以昔爲劣。［注］醫者無不尊古之郎中。（《禮記‧曲禮下》：醫不三世，不服其藥。）學者無不尊古之賢哲，孔子以夢周公爲大吉，敬仰之故也。華夏大"人類"而小"人"；乃有仁人之心者矣。子不語怪、力、亂、神，雖然，敬"語怪、力、亂、神"之先王。［注］《禮記‧表記》：子言之："昔三代明王皆事天地之神明，無非卜筮之用，不敢以其私，褻事上帝。是故不犯日月，不違卜筮。卜筮不相襲（重複）也。大事有時日，小事無時日，有筮。外事用剛日，內事用柔日。不違龜筮。"子曰："牲牷禮樂齊，是以無害乎鬼神，無怨乎百姓。"荀子法後王，雖然，以先王之言爲禮。［注］《荀子‧非相篇》：凡言不合先王，不順禮儀，謂之姦言。雖辯，君子不聽。溫溫恭古人，［注］《詩經》："溫溫恭人，惟德之基"。惟德之基矣。今貴于古者，非古人賢今人愚故，古之欺世之言不傳、今之欺世者眾如螻蟻故也［注］《荀子‧非十二子篇》：假今之世，飾邪說，文姦言，以梟亂天下，使天下混然不知是非治亂之所存者。有人矣。縱情性，安恣睢，禽獸行，不足以合文通治。然而其持之有故，言之成理，足以欺惑愚眾。余之好古，非好死人，是不忘三本［注］《荀子‧禮論篇》以禮有三本："地者生之本也；先祖者類之本也；君師者治之本也。無天地惡生，無先祖惡出，無君師惡治。"今人棄三本而逐私利，廢君師而自自恣，失人之義而近獸也矣。《荀子‧禮論篇》：禮者，謹于治生死者也。生，人之始也；死，人之終也。終始俱善，人道畢矣。故君子敬始而慎終。終始如一，是君子之道，禮儀之文（形式）也。夫厚其生而薄其死，是敬其知而慢其無知也。是姦人之道，而倍（背）叛之心也。也。

善惡第十六

儒家正名善與惡［注］《論語·子路》：子貢問曰："鄉人皆好之，何如？"子曰："未可也。""鄉人皆惡之，何如？"子曰："未可也。不如鄉人之善者好之，其不善者惡之。"《孟子·離婁下》："以善服人者，未有能服人者也；以善養人，然後能服天下。"孔孟高論，異曲同工。初聞之，以爲孔孟以寶石病黃金，細思則有所發蒙，善亦有上善下善之分，聖人求上善，庶人求善而已，無論上下也。不以求真爲務。或曰：此華人所愚鄙者。余以爲此正華人之長技也。揭示自然之真而奪其材，材必有盡，人安得久活？以善心待自然，雖資用寡，可長久也。故君子以禮、刑、命防惡，［注］《禮記·坊記》：子言之："君子之道，辟則坊（防）與！坊民之所不足者也。大爲之坊，民猶逾之。故君子禮以坊德，刑以坊淫，命以坊欲。"以術、［注］《荀子·非相》：術正而心順之，則形象雖惡而心術善，無害爲君子也。友［注］《孟子·萬章下》：一鄉之善士，斯友一鄉之善士；一國之善士，斯友一國之善士。揚善。人之價值取向，美與真、善與惡而已。善寓于美，非善弗美；［注］善物寓于美形，善心寓于美禮。故物不善則不美，心不善則非禮。惡寓于真，非真不惡。［注］工具理性求真，真予人以利，利爲害于人，故曰惡。善與美使人有所失，因惡之；真與惡使人有所得，因愛之。儒家不以利決取捨，故近善與美而遠真與惡。除惡必善，善生惡無。［注］王守仁《傳習錄》卷下：若惡念既去，又要存善念，即是日光之下，添燃一燈。人性善，故有性命之學；人性惡，故有禮教。是故無所謂性善亦無所謂性惡也。

俗客不解仁人之心，反詈儒家迂腐，是不分善惡也。章太炎先生求真史者[1]，不知真必致惡，以科學之真攻訐歷史之若實若虛，歷史必成鏡花水月，雖真而不存［注］歷史虛无主義者苛求歷史之真，乃至以出土之物爲判，斷歷史之有無，其害不小。焉。

---

[1] 胡適在《研究國故的方法》一文中說："在東周以前的歷史，是沒有一字可以信的。以後呢？大部分也是不可靠的。如'禹貢'這一章書，一般學者認爲是可靠的。用歷史的眼光看來，也是不可靠的，可以斷定它是偽的。在夏禹時，中國難道竟有這般大的土地麼？四部書裏的經史子三種，大多是不可靠的。我們總要有疑古的態度才好。"

禮樂第十七

儒家正名禮與樂，［注］《禮記·樂記》："樂由中出，禮自外作。樂由中出，故靜；禮自外作，故文。大樂必易，大禮必簡。樂至則無怨，禮至則不爭。揖讓而治天下者，禮樂之謂也。暴民不作，諸侯賓服，兵革不試，五刑不用，百姓無患，天子不怒。如此，則樂達矣。合父子之親，明長幼之序，以敬四海之內。天子如此，則禮行矣。"樂者由內而外，禮由外而內。故《禮記·檀弓下》曰：人喜則思陶，陶斯詠，詠斯猶，猶斯舞，舞斯慍，慍斯戚，戚斯歎，歎斯辟，辟斯踴矣。雖言踴，亦及樂矣。令欲斂于內，情發于外。尋常學者以爲禮樂皆治人者加于人民者，命其聽受。非也！天高地下，萬物散殊，而禮制行矣。流而不息，合同而化，而樂興焉。春作夏長，仁也；秋斂冬藏，義也。仁近于樂，義近于禮，［注］《禮記·樂記》。使人喜怒哀樂合度中節，禮樂豈加于人乎？［注］《禮記·樂記》：樂者天地之和也；禮者天地之序也。和故百物皆化，序故群物皆別。樂由天作，禮以地制。

禮去人之野，樂去人之淫；［注］《禮記·樂記》：土敝則草木不長，水煩則魚鱉不大，氣衰則生物不遂，世亂則禮慝而樂淫。是故其聲哀而不莊，樂而不安，慢易以犯節，流湎以忘本。廣則容奸，狹則思欲。感條暢之氣，滅平和之德。是以君子賤之也。禮關乎政〔注〕《禮記•藻記》："至于八月不雨，君不舉（舉：殺生），年不順成，君衣布搢本（本：竹笏）①，關梁（橋）不租（收稅，山澤列而不賦，土功不興，大夫不得造車馬。"嗚乎！禮關乎政，更關乎天人之和，天人之和！樂關乎教。禮樂之用各異；〔注〕《禮記•樂記第十九》：樂者爲同，禮者爲異。同則相親，異則相異。華夏因之而同異皆備也。樂也者施也，禮也者報也。〔注〕《禮記•樂記》二者兼顧，華夏有自愛、〔注〕禮則誠，誠則相愛。自省焉。〔注〕《論語•學而》：吾日三省吾身：爲人謀而不忠乎？與朋友交而不信乎？傳不習乎？今，鄭樂氾濫，雅樂銷聲，是惡紫奪珠〔注〕《論語•陽貨》：惡紫之奪珠也，惡鄭聲之亂雅樂也，惡利口之覆邦家者也。也。

---

① 《禮記•玉藻第十三》："笏：天子以球玉，諸侯以象，大夫以魚須文竹，士竹本象可也。"

表裏第十八

儒家正名表與裏，以表爲先。〔注〕《孟子·告子下》："有諸內，必形諸外。爲其事而無其功者，髡未嘗睹也。"此論與亞里斯多德氏不謀而合。君子雖求于實，必見于表。〔注〕《禮記·玉藻》：古之君子必佩玉，右徵角，左宮羽。趨以《采齊》，行以《肆夏》。周還中規，折還中矩。進則揖之，退則揚之，然後玉鏘鳴也。故君子在車，則聞鸞和之聲，行則鳴佩玉，是以非辟（邪惡）之心無自入也。子則慎獨，〔注〕《禮記·中庸》：莫見乎隱，莫顯乎微，故君子慎其獨也。備則反身，〔注〕《孟子·盡心上》：萬物皆備于我矣。反身而誠，樂莫大焉。皆先表而後裏者。〔注〕日月則先高而後有光輝。誠如荀子所言："珠玉不睹乎外，則王公不以爲寶。"〔注〕《荀子·天論篇第十七》。譬如學問，問者表也，學者裏也。〔注〕《論語·爲政》："學而不思則罔，思而不學則殆。"思者，自問也，省吾身也。不問，不省必殆必驕也。《論語·公冶長》："敏而好學，不恥下問，是以謂之文也。"知此者萬，行之者一。此孔子之所以偉大者。無問而學，似學而非學者也。禮義者，表乎？裏乎？余必曰：先表而後裏。〔注〕猶先禮儀而後禮義。逾越禮儀而求禮義，聖人〔注〕《書·洪範》：於事無不通謂之聖。聖人亦有別，有聖之清者，有聖之任者，有聖之和者，有聖之時者。或可，常人則不能。荀子非相［注］《荀子·非相》：術正而心順之，則形象雖惡而心術善，無害于君子也。甚爲無理。術正固然心順之，形象妙好［注］有君子之風。心術安能不善乎？站有站相，坐有坐姿，動則中規，靜則中矩，斯君子矣。或曰：禮令人徒有其表，並無其裏，行禮者面雖恭儉，［注］恭敬儉約。心則他念，禮誠僞矣！余必曰：不然。心面不一人之常也。禮教但求面容順比［注］順比猶和順親近。而不求心合于面也。［注］合于面者聖人也，聖人幾何？故退求其次，面容順比者君子矣。

博精第十九

儒家正名博與精，以博學廣聞爲通，[注]司馬遷以精通六藝爲通。班固以糾極師法爲通。以專于一術爲精。[注]《禮記·學記》：大德不官，大道不器，大約不信，大時不齊。有大德者遊刃其職，有大道者，遊刃其學，此博之力，非小器之才所能者。[注]《孟子·離婁下》："君子深造之以道，欲其自得之也。自得之，則居之安；居之安，則資之深；資之深，則取之左右逢其原，故君子欲其自得之也。"東坡簡約之，曰"博觀而約取，厚積而薄發。"(《雜說·送張琥》)博則學者，[注]無所不問無所不學者曰學者，故晉侯謂子產"博物君子"，班固贊陳湯博達，陸九淵贊黃舜咨博洽。精則專家。[注]如工商末業。通功易事，餘皆不問。學者每自詡專家[注]沈約《到著作省表》：臣藝不博古，學謝專家。以示謙遜。[注]今人不知就裏，反以專家爲高，是未見滄海而言湖泊大也。國人遠科學而近人學者多矣，科學專而人學博乃其一也。[注]今科學之專，已非某某物理學家、某某化學家可蔽之，物理學家又分力學家、熱力學家、分子物理學家、量子物理學家，每支又有細分，細分者又有愈細分者，殊難窮盡。以國學喻文，以科學喻武，文則博達，武則拔艱也。[注]《論語·子罕》："博我以文，約我以禮。"《論衡·效力》："故博達疏通，儒生之力也；

舉重拔艱，壯士之力也。"儒家經典首推五經，《易》博于天地，《詩》博于七情，《書》博于三代，《禮》博于曲、冠、昏、喪諸儀式，《春秋》博于義，所以然者，儒玄必近道也。〔注〕《文苑英華》三八二：有精深之學，實究儒玄。

窮達第二十

儒家正名窮與達，［注］《孟子·盡心上》：士窮不失義，達不離道。窮不失義，故士得己焉；達不離道，故民不失望焉。古之人，得志，澤加于民；不得志，修身見于世。窮則獨善其身，達則兼善天下。故士大夫非但不懼窮，且笑迎之，視窮爲達之前緣，［注］佛家以爲凡事皆前世之緣。《孟子·盡心上》：天降大任于是人也，必先苦其心志，勞其筋骨，餓其體膚，空乏其身，行拂亂其所爲。所以動心忍性，曾（增）益其所不能。欣然受之。窮未必不義，［注］顔淵窮迫，義士也。既義，不必在意窮與達也；達未必義，［注］李斯達，不義也。既不義，不必言其達也。以仁辨之［注］《論語·里仁》：不仁者不可以久處約，不可以長處樂。仁者安仁，知者利仁。君子仁，故窮而志愈高潔；小人不仁，故窮必犯上違禮，行雞狗之事。故君子憂道不憂貧。［注］《論語·衛靈公》："君子謀道不謀食。耕也，餒在其中矣；學也，祿在其中矣。君子憂道不憂貧。"或曰：人皆不耕，焉生？曰：君而外，國運在于臣與國士，臣與國士謀道，雖祿高利國亦多，故無可厚非者。孟子之勞心勞力之論理有同然。患無鴻鵠之志，而不患不達。［注］《孟子·公孫醜下》："五百年必有王者興，期間必有名世者。由周而來，七百有餘歲矣，以其數則過矣，以其時考之則可矣。夫天未欲平治天下也,如欲平治天下,當今之世,舍我其誰也?吾何爲不豫哉?"此心智達也,心智達則身達也。達豈能出此豪言乎?孔子以人生之成敗不由鬼神,孟子以成之由不知,[注]《孟子·梁惠王下》:"行,或使之;止,或尼之。行止,非人所能也。"故人須待時。雖然,國士入世無論天時,窮達系天,事功出于己。知命者必不立岩牆之下。(《孟子·盡心上》)皆的論也。

己身與天道第二十一

　　儒家正名己身與天道，[注]《孟子·盡心上》：天下有道，以道殉身；天下無道，以身殉道。未聞以道殉乎人者也。，令華夏有正氣焉。[注]古有文天祥《正氣歌》詩：辛苦遭逢起一經／干戈寥落四周星／山河破碎風飄絮／身世浮沉雨打萍／惶恐灘上說惶恐／零丁洋裏歎零丁／人生自古誰無死／留取丹心照汗青。己身與天道者，生與義也，生與名[注]名檢。也，身與身後也。人有身後乎？儒家以爲似無實有。尋常論者每詬病華夏無宗教，人生拘囿于生年①云云。此說差矣！宗教無常名，以有神爲準的[注]準的猶標準。則佛教亦非宗教，[注]佛教乃無神之宗教。以託處[注]託處猶寄生。來世爲準的則道教非宗教，[注]道教修練今生。以貴神賤己爲準的則基督教非宗教。[注]基督教以人乃是神之後裔。人格自具神性。……無常命之宗教矣！證儒家是宗教否，無可無不可也。儒家固無神，固無託處來世，固無貴神賤己之意識，然其由神定名檢之高下，以名託處來世，貴名而甚于身。此三者兼具，縱無宗教之名，有宗教之實矣。寰宇之內，重死後名節如華人者絕無僅有也。

---

① 馮友蘭的觀點比較具有代表性。他在《中國哲學簡史》一書中說："大眾拋棄了宗教，也就拋棄了更高的價值。他們祇得被圍于現實世界之中，而與精神世界隔絕。幸好除宗教外，還有哲學能夠達到更高的價值；而且這條通道比宗教更直接，因爲通過哲學達到更高價值，人不需要繞圈子，經由祈禱和儀式。人經過哲學達到的更高價值比經由宗教達到的更高價值，內容更純，因爲其中不摻雜想象和迷信。將來的世界裏，哲學將取代宗教的地位。這是合乎中國哲學傳統的。人不需要宗教化，但人必須哲學化。"

能與不能第二十二

　　時間不曾以一瞬，［注］典出蘇軾《前赤壁賦》。《論語·子罕》亦云：子在川上曰："逝者如斯夫！不舍晝夜。"人何奈？孔子主固［注］《論語·述而》：奢則不孫，儉則固。與其不孫也，寧固。而不主随，醉于事功而不甘與時消息。孔子鑄成偉業，是孔子之胸襟能抱時［注］《論語·述而》：君子坦蕩蕩。而不爲時所棄。此孔子之大德大智使然。

　　有能必有不能。不能者可歸於禮義。［注］《論語·顏淵》：禮勿視，非禮勿聽，非禮勿言，非禮勿動。。此亦人人皆能之事，能與不能在於教化之佈施。教化寓於生活諸事，［注］《論語·泰伯》：動容貌，斯遠暴慢矣；正顏色，斯近信矣；出辭氣，斯遠鄙倍矣。籩豆之事，則有司存。此人人皆能也。

　　不知鬼神，不知所來，不知死，［注］孔子曰："不知生，焉知死。"餘皆可知也。［注］王守仁《傳習錄》：人心是天淵，無所不賅。原是一個天，祇爲私欲障礙，則天之本體失了。……如今念念致良知，將此障礙窒塞，一齊去盡，則本體已複，便是天淵了。……一節之知，即全體之知；全體之知，即一節之知。總是一個本體。可知者，有也，能也。朱熹、王陽明諷釋氏諸法皆空［注］《朱子語類》卷百二十六："釋氏說空，不是便不是，但空裏面須有道理始得。

若祇說到我是個空，而不知有個實的道理，卻做甚用！譬如一淵清水，清冷徹底，看來一如無水相似，他便知道淵祇是空的。不曾將手去探是冷溫，不知道有水在裏面，釋氏之見正如此。"又，王守仁曰："仙家說到虛，聖人豈能虛上加得一毫實？佛家說到無，聖人豈能無上加得一毫有？但仙家說虛，從養生上來；佛家說無，從出離生死苦海上來。卻于本體上加這些意思在，便不是它虛的本色了，便于本體有障礙。聖人祇是還它良知的本色，更不著些子意思在。……天地萬物，俱在我良知的發用流行中，何嘗又有一物超于良知之外，能作得障礙？"（《全書》卷三）是張皇儒家入世之說也。

老幼第二十三

儒家正名老與幼是愛憐之。［注］《孟子·盡心下》："老吾老以及人之老，幼吾幼以及人之幼。"愛憐之意躍然紙上。孤、［注］少而無父謂孤。獨、［注］老而無子謂獨、矜、［注］老而無妻謂矜、寡，［注］老而無夫謂寡。老占其三。人皆有幼，不夭皆有老，故愛老幼是愛己也。人生由幼至老，不可倒披，［注］倒披猶倒轉展開。少得愛多，老必得少；少年爲尊，老必窘辱。［注］窘困受淩辱。老人受病衰之欺，本已風燭殘年，不敬，使愈病癒衰，實非人道；少年得愛于怙恃［注］怙恃猶父母。愛已厚，複加必驕。古人諳此，故以戒尺去少年之驕，以手杖加老人之尊。［注］《禮記·王制》：五十杖于家，六十杖于鄉，七十杖于國，八十杖于朝。。今人視戒［注］以戒尺告誡。爲觸犯人權，以杖策［注］杖策猶拄杖。杜甫《別常征君》詩："兒扶猶杖策，臥病一秋強。"爲辱，懼人言老，老令人生厭故也。西夷人老苦不堪言，［注］向有西夷少年之天堂、中年之戰場、老年之墳墓說。今東方之國與其合契，是華人之恥耶。

爲與不爲第二十四

儒家正名爲與不爲［注］《孟子·離婁下》：人有所不爲也，然後可以有爲。與道家"無爲而治"、醫家"有病不治常得中醫"頗可參互。老子"無爲"言于天子也，孟子"有所不爲"言于常人也，醫家"有病不治常得中醫"言于患者也。爲使造作［注］造者作、製造、創建也。與養［注］養者養蓄也，保養也，貯存也。張弛有度。爲者造作也，不爲者養也。世之競術無非德、力、富。［注］《荀子·議兵篇》：凡兼人者有三：有以德兼人者，有以力兼人者，有以富兼人者。不造物類不得力與富，不養道德無以馭力與富。華族重道德者，非不能以力兼人，非不能以富兼人，是不爲也。法家主以力兼人，墨家主以富兼人，皆不爲國人所取者，力不能長久，富不能恆久與天地共舞也。華族以德兼人，雖力不強，民不富，德化足以爲寰宇備一說，使資源盡絕之時人類能以農事續其命。①

---

① 英國查理斯大王子鄭重告誡世人，如果一百個月內人類仍不行動，地球環境將遭受毀滅性打擊。

等級第二十五

儒家正名等級［注］《禮記·玉藻》："君與尸行接武，大夫繼武，士中武，徐趨皆用是。疾趨則欲發而手足毋移。"接武繼武、中武乃行步之規制，步隨身份，不能逾矩。或曰："此乃蔑侮人權，何必言其好？"余必曰：等級既存，又不能除之，不如加之威嚴使眾人服。天子死曰崩，諸侯死曰薨，大夫死曰卒，士死曰不祿，庶民死曰死……強等級權威而無害也。實出無奈，使和合耳。［注］和合本佛教用語，指形成心、色等諸法之因緣，能彼此和合之性質。亦即有為諸法生起時，必須由眾多之因緣和合集會之特性，稱為和合性。此處借用之表示陰陽結合，達到和諧。自然有高低，［注］《周易·繫辭上》：天尊地卑，乾坤定矣。人不能無分也。［注］《荀子·富國篇》：人之生不能無羣。羣而無分則爭，爭則亂，亂則窮矣。故無分者，人之大害也；有分者，天下之本利也。唯兩弊相權取其輕。諸如養老［注］夏商周三代宴老者之年中行事。之禮……似此分別，詎止無害，不可愛乎？分之利人皆得，不為不公也。［注］老雖有罪而不加刑，雖老者得利，人皆有老，故無不公。《禮記·曲禮上》："八十、九十曰耄，七年曰悼。悼與耄雖有罪不加刑焉。"謀于長者，必操幾杖以從之。華夏等級不惟以官爵分，亦以學與德分。孔子罷司寇而無官爵，後人賜素王、聖人之稱，位階之高雖天子亦敬之也；屈原雖被放逐，死後居詩祖高位；蘇東坡居官屢不如意，筆耕卻每獲碩果，後人冠以文豪；曹丕權位高于曹植，然今人多有知植而不知丕者。儒家之等級多由名檢〔注〕猶名節。而來，名檢則由道德而來。〔注〕故曰道德文章。此類等級惟恐不多也。至於宗法〔注〕華夏封藩建衛以降，國則天子——諸侯——大夫——士——庶人；家則以嫡子爲大宗，以庶子爲小宗。之利弊，豈能以常理論之？設無宗法，民人更不知天尊與人貴〔注〕人不貴天凶，不能生全。更不知長尊與幼尊，〔注〕無分則無尊，長幼分析，尊自生。聽更不知聖人何以與民人異，〔注〕聖如其字所示耳所聽、口所說皆天人合一者，"王"，貫通天地人三才者。更不知參差合而爲齊。〔注〕《說文解字》說："齊，禾麥吐穗上平也。象形。"段玉裁注："禾麥隨地之高下爲高下，似不齊而實齊，其參差其上者，蓋明其不齊而齊也。引申爲凡齊等之義。"若禾苗生來自齊，天下不必有教化矣。

王制第二十六

儒家正名王制［注］《禮記》《荀子》皆有《王制篇》。新王新制，一王一制，非王制也。而定四殺，［注］《禮記·王制》："析言破律，亂名改作，執左道以亂政，殺。作淫聲、異服、奇技、奇器以疑衆，殺。行僞而堅，言僞而辯，學非而博，順非而澤以疑衆，殺。假于鬼神、時日、卜筮以疑衆，殺。此四誅者，不以聽。凡執禁以齊衆，不赦過。"此孔子殺少正卯之由也。奇技、奇器者，科學技術也。行四術，［注］四術乃詩、書、禮、樂也。立四教，［注］按照節氣教授課程，春秋兩季教授《禮》《樂》，冬夏兩季教授《詩》《書》。又，以文、行、忠、信爲四教。敬四德，［注］《周易》以元、亨、利、貞爲四德；後多以孝、悌、忠、信爲四德。張四維，［注］禮、義、廉、恥。誠四勿，［注］非禮勿視，非禮勿聽，非禮勿言，非禮勿動。崇四靈，［注］《禮記》以麟、鳳、龜、龍爲四種靈物，加以崇拜，後人沿襲此風。分四民……［注］《穀梁傳·成西元年》："古者有四民：有士民、有農民、有工民、有商民。"又《國語·齊語》："四民者，勿使雜處。"又嵇康《與山巨源絕交書》："故四民有業，各以得志爲樂。"西夷尊商重工，華夏尊士重農，西夷富強而失大順，華夏雖貧弱而合天常。又何所慕乎？賞罰分明，［注］《荀子·王制篇》：無德不貴，無能不官，無功不賞，無罪不罰。朝無幸位，民無幸生。尚賢使能，等位不遺。貴賤不遺，學而優則仕。〔注〕三代無科舉，乃以德定爵，以功定祿。恆守道德之義，不失天人之際，〔注〕天道與人道之關係。受天物〔注〕天之所賜，禽獸、鳥類諸物。而不加欲，令中庸而不偏頗。西夷豈有我樂乎？

余鄙夷美利堅之民主者，其一力致富〔注〕以致富爲惟一追求，推行GDP主義，二柄〔注〕二柄猶賞罰由法，〔注〕法律主義。三儀〔注〕天、地、人。不和，〔注〕人與生態環境不和，"四殺"俱全，〔注〕精神頹廢。五祀〔注〕禘、郊、祖、宗、報五種祭祀。俱沒，〔注〕自私自利。六藝荒疏，七德〔注〕尊貴、明賢、庸勳、長老、愛親、禮新、親舊不張，八政〔注〕一食、二貨、三祀、四司空（土建工程）、五司徒（民事賦稅）、六司寇（刑罰獄訟）、七賓（朝覲）、八師（軍事）不齊，九族〔注〕高祖、曾祖、祖、父、自身、子、孫、曾孫、玄孫。無譜，十義〔注〕父慈、子孝、兄良、弟悌、夫義、婦聽、長惠、幼順、君仁、臣忠。無蹤。若此之類，人近之我遠之也。

人之要篇

德與知第一

大學［注］大學猶博學。之道在明明德。［注］《禮記·大學》："大學之道，在明明德。在親民，在止于至善。知止而後有定，定而後能靜，靜而後能安，安而後能慮，慮而後能得。物有本末，事有終始。知所先後，則近道矣。"言明德者，德明而可見也。博學在德而不在聞，此儒家之獨見也。初，余以似佛、道之玄言而疑之。待余因明明德而耳順，始信。設無明德昭耀，余必以假知爲真知，以聖愚爲聖人矣。故知德者大學，明道者真知。知自知人，故授知于聖人、賢者、君子；道自明道，故傳道于明人心之危、道心之微［注］《荀子·解蔽》：故道經曰：人心之危，道心之微。者。法家禦臣民，道家禦道，名家禦名實，陰陽家禦自然，雜家禦眾議，墨家禦同，［注］《漢書·藝文志》：墨家者流，蓋出于清廟之守。茅屋采椽，是以貴儉；養三老五更，是以兼愛；選士大射，是以上賢；宗祀嚴父，是以右鬼；順四時而行，是以非命；以孝視天下，是以上同。兵家禦馬戈……禦心者惟儒家耳。禦臣民，受益者一人，無益于被禦者；禦道，終不得全道。［注］非常道不可禦也。禦者必非常道。禦名實，必致無可議者；［注］羅素與維特根斯坦氏，禦名實之高手也。其果，世界僅存"原子"，形而上學亦銷鑠矣。禦自然，固可嘉，雖然，禦而不知所以禦，非上禦也；禦眾議，誠令學問愈深愈廣，雖然，不能發明人心也；禦同者不誠豈能達同乎？至于禦馬戈之類，不足議也。

夫獅吼虓闞[注]虓闞，猶虎吼。者，欲知不能，發洩以慰心期[注]心期猶嚮往也。也。人，動弗若獅猛，臥不如虎威，欲知不能，惟收斂威猛，屏氣息聲以明明德，誠惶誠恐以求天啟也。直其心[注]德乃悳也。直心爲德。而後得也，獅虎所知甚寡，不能直心之故也。人可博知者，能直其心也。儒家以修身爲人之首事者，不直其心不知義方，[注]義方猶做人之正途也。，不知義方不能行義務。[注]義務猶合乎正道之事。不行義務則發威猛而複歸獅虎矣。

華夏重學，源遠流長。古昔教學，以德爲先，藝術次之。論學取友謂小成，知類通達謂大成。[注]《禮記·學記》：古之教者，家有塾，黨有庠，術有序，國有學。比年入學，中年考校。一年視離經辨志，三年視敬業樂羣，五年視博習親師，七年視論學取友，謂之小成。九年知類通達，強立而不反，謂之大成。夫然後足以化民易俗，近者說服，而遠者懷之，此大學之道也。記曰："蛾子時術之。"其此之謂乎？

孔子教學，以習爲要[注]《論語·學而》：子曰："學而時習之，不亦說乎。"者，一時之學非真學，"時習之"乃是真學，故以"習"保"直心"之常態也。

孟子論學，以義理爲本，[注]口之于味也，有同嗜焉；耳之于聲也，有通聽焉；目之于色也，有同美焉。至于心，獨無所同然乎？心之所同然者何也？謂理也，義也。深得孔子真傳矣。理與義何以得之？不時習之不得也。

荀子傳道，以參省爲要。[注]《荀子·勸學篇》：故木受繩則直，金就礪則利。君子博學而日參省乎己，則知明而行無過矣。何謂參省？時習之也。

董仲舒複歸孟子，畢其生求同然，[注]《漢書·董仲舒傳》：春秋大一統者，天地之常經，古今之通誼也。今師異道，人異論，百家殊方，指意不同，是以上無以持一統，法制數變，下不知所守。臣愚以爲諸不在六藝之科、孔子之術者，皆絕其道，勿使並進。邪辟之說滅息，然後統紀可一，而法度可明，民知所從矣。

雖屢遭詬病，其合理性千年未曾動搖也。理義存於心，心直理義見，若甲見甲之理，乙見乙之理，其非理矣！

儒家之道統爲韓愈首倡。［注］《原道》："堯以是傳之舜，舜以是傳之禹，禹以是傳之湯，湯以是傳之文、武、周公，文、武、周公傳之孔子，孔子傳之孟軻。軻之死，不得其傳焉。"韓愈以傳道爲己任。［注］《與孟尚書書》：釋老之害過于楊墨，韓愈之賢不及孟子。孟子不能救之于未亡之前，而韓愈乃欲全之于已壞之後。嗚呼！其亦不量其力，且見其身之危莫之救以死也。雖然，使其道由愈而傳，雖滅死萬萬無恨。道統論亦遭詬病，愈亦未達其願。雖然，余仍視愈爲聖人。儒家之學若無統緒，後人必自以高者自居，前車必覆矣！

周敦頤以誠爲治學之本。［注］《通書·誠上》：誠者聖人之本。"大哉乾元，萬物資始，誠之源也。"學之要在于去欲，［注］《通書·聖學》：聖可學乎？曰：可。曰：有要乎？曰：有。請問焉。曰：一爲要。一者，無欲也。無欲則靜虛動直。用詞有異，意未脫直心也。

張載分學問爲"聞見"與"德行"，［注］《經學理窟》："聞見之善者，謂之學則可，謂之道則不可。"《大心篇》："德性所知道，不萌于見聞。"極褒德性［注］《神話篇》：窮神知化，與天爲一，豈有我所能勉哉？乃德盛而自致爾。而貶見聞。［注］《語錄》：今盈天地之間者皆物也。如祇據己之聞見，所見幾何？安能盡天下之物？其志不在韓愈之下。［注］張載《近思錄拾遺》：爲天地立心，爲生民立命，爲往聖繼絕學，爲萬世開太平。

二程主張形而上爲道，形而下爲器，［注］氣聚而成器，故器者氣也。《遺書》卷一：形而上爲道，形而下爲器。須著如此說。器亦道，道亦器。但得道在，不系今與後，己與人。《遺書》卷二：所以陰陽者道也，陰陽氣也。氣是形而下者，道是形而上者。道在器（氣）上，此不易之論也。二程之"物我合一"［注］《遺書》卷二：學者須先識仁。仁者渾然與物同體。義、禮、智、信皆仁也。識得此理，以誠敬存之而已。不須防檢，不須窮索。……此道與物物對，大不足以名之。天地之用，皆我之用。……《訂頑》①意思乃備言此體，以此意存之，更有何事？乃發揚天人合一也。較之天人合一，雖未進亦未退也。

① 《訂頑》即《西銘》。

朱熹之認知觀始于道德，［注］《語類》卷九十四：事事物物，皆有個極，是道理極至。蔣元進曰：如君之仁、臣之敬，便是極。太極本無此名，祗是個表德。中于格物，［注］《大學章句·補格物傳》：所謂致知在格物者，言欲致吾之知，在即物而窮其理也。蓋人心之靈，莫不有知，而天下之物，莫不有理。惟于理有未窮，故其知有不盡也。是以大學始教，必使學者即凡天下之理，莫不因其已知之理而益窮之，以求至乎其極。至于用力之久，而一旦豁然貫通焉，則眾物之表裏精粗無不到，而吾心之全體大用無不明矣。終于道德踐履。［注］即存天理滅人欲也。朱熹所言天理，仁、義、禮、智、信也；朱熹所言人欲非常欲，男女則妾小也，飲食則饌饈也，官位則無功而超遷也。

王守仁治學始于治心，［注］《紫陽書院集序》：德有本而學有要。不于其本而泛焉以從事，高之而虛无，卑之而支離，終亦流蕩失宗而無得矣。是故君子之學惟求得其心，雖至于位天地育萬物，未有出于吾心者也。致良知［注］《傳習錄下》：無善無惡是心之體，有善有惡是心之動，知善知惡是良知，爲善去惡是格物。而後得真知，反之不得真知。［注］《傳習錄上》：從冊子上研究，名物上考索，形跡上比擬。知識愈廣，而人欲愈滋；才力愈多，而天理愈蔽。王守仁倡知行合一，朱熹倡知先行後，皆統于德，故無異。李贄以良知爲童心。［注]《焚書》卷三《童心說》：童心者，真心也。若以童心爲不可，是以真心爲不可也。夫童心者，絕假純真，最初一念之本心也。若失卻童心，便失卻真心；失卻真心，便失卻真人。人而非真，全不復有初矣。

仁義第二

"直"發明仁心①，"德"催生義舉，［注］用心事道，自古如斯，謂之德。此華夏人學之根本。"直"濛濛不彰，仁令心開目明，［注］《顏氏家訓·勉學》："夫所以讀書學問，本欲開心明目，利于行爾。啓直于心底。——此所以儒家重教者。教［注］此謂爲人處世教育，學問不在其列。止于啓直，至于義舉之有無與多寡，教不及，及者"學"也。［注］《禮記·學記》："君子如欲化民成俗，其必由學乎？"化向［注］接受德化而歸順。而後"直"複生焉。由是觀之，後世雖屢論仁義，不能取代孔子之說也。

何爲義？不壹［注］壹猶統一。不移［注］移猶變。爲義。不壹者，世役［注］白居易詩《觀稼》：世役不我牽，身心常自苦。紛雜，難應之以常法，故須自決其行，自負其責，不能推奪。不移者，良風美俗世代傳之也。行權［注］

---

① 孔子認爲孝悌乃人之最原初的、最真切的自然感情（血親之情），孔子把這種真情實感叫做"直"，順此真實的自然感情行事者，謂之"直者"，仁者必須首先是直者，不直而虛僞造作，則不仁。孔子的"仁"原來始于人之自然感情。人之自然感情必然講孝悌，這就使"仁"德有了一個始點。"仁"出自"直"，出自真情。"人之生也直"。"直"，乃人生來如此，乃人生之必然，"仁"德似乎就建立在"直"（真實的自然感情）這個必然性的始點之上。所以孔子說：仁遠乎在？我欲仁，斯人至矣。一個有真實感情的人祇要有仁的想法就可以做到仁。而一個無真實感情的不直之人，雖行禮樂，也祇能算是不仁。事實上，親人隱是一回事，刑法有情無情是另外一回事。多數隱的人是隱不了的。而大義滅親的效果還不如由親人與司法一個唱白臉一個唱紅臉效果好。王莽有過大義滅親的壯舉，但卻包藏著機心。當然，"直"祇是根源，回答"仁"德本身的根源、基礎問題。孔子認爲要行仁，還需要把這種血緣親情推而廣之，以及於他人，這才算是實行了"仁"，故曰：仁者"愛人"。

權宜行事。不壹，良知不移；世風不壹，傳統不移；經典不壹［注］儒家經典有六經、五經、九經、十三經。仁義不移；義方［注］爲人之正道。不壹，義務［注］合乎正道。不移；仁術不壹，王道不移；人人不壹，二人［注］二人猶"仁"。不移；我美［注］我美猶"義"。不壹，羊美［注］羊美猶"美"。美，義之所從也。不移；寰宇不壹，華夏不移……［注］寰宇一體化實現之日，即人類滅亡之時。

此華夏仁義之傳統也。

禮行第三

人如羊，不牧必散。牧人之術凡三：一曰一人之強力〔注〕一人之強力猶寡頭。二曰法〔注〕強力者或民眾之規檢，違者受刑罰。三曰禮。〔注〕禮乃理也。初意乃以豆祀天神、祖先也。有德者通天神、祖先，聖人有德，故聖人可代行天意。禮乃聖人所制也。以禮牧民者，以聖人之意牧民，令國泰民安也。

一人之強力不能常得〔注〕以一人之力而禦一國，難矣。亦不能常治。〔注〕秦始皇、隋煬帝憑一人之強力治國，皆二世而亡。

法律、刑名治常事則明，治非常事則蔽，而世界之事什九乃是非常事，法律刑名鞭長莫及也。故司馬光歎曰：刑名僅能偷功於一時，禮樂則可安固於萬世。〔注〕《易說·履卦》：夫民生有欲，喜進務得，而不可厭者也。不以禮節之，則貪淫侈溢而無窮也。是故先王作禮以治之，使尊卑有等，長幼有倫，內外有別，親疏有序。然後上下各安其分，而無覬覦之心。《資治通鑒卷十一·漢紀三》：禮之為物大矣。用之于身，則動靜有法而百行備焉；用之于家，則內外有別而九族睦焉；用之于國，則君臣有序而政治成焉；用之于天下，則諸侯順服而紀綱正焉。

禮者，示人以合當〔注〕合當猶應當。告人以何故。〔注〕此別于法也。

且寓之于教化，不施淫威，[注]此亦別于法也。可收千年之功，慎獨之效。法律、刑名之用禮其備矣。[注]《禮記·曲禮上》："道德仁義，非禮不成；教訓正俗，非禮不備；分爭辨訟，非禮不決；君臣、上下、父子、兄弟，非禮不定；宦學事師，非禮不親；班朝治軍，涖官行法，非禮威嚴不行；禱祠祭祀，供給鬼神，非禮不誠不莊。是以君子恭敬撙節退讓以明禮。鸚鵡能言，不離飛鳥；猩猩能言，不離禽獸。"今人而無禮，雖能言不亦禽獸之心乎？夫唯禽獸無禮，故父子聚麀。是故聖人作，爲禮以教人，使人以知禮，知自別于禽獸。且無法之弊①，可使人自強而非懾于外力不得已而棄惡就善，優劣昭明矣。

禮所敬者有八：一曰天，二曰師，三曰君，四曰祖先，五曰老，六曰學，七曰家，八曰國。

敬天者，人在天地之間須臾不可離，敬天乃銘戴[注]《周書·晉蕩公護傳》：草木有心，禽魚感澤，況在人倫，而不銘戴？也。天者上也，人者下也，下不可犯上也，此倉頡告華人者。華夏，卜筮然後行動，非愚昧也，敬天也。[注]以示凡事遵從天意。《禮記·曲禮上》：外事以剛日，內事以柔日。凡卜筮日，旬之外曰"遠某日"，旬之內曰"近某日"。喪事先遠日，吉事先近日。曰："爲日，假爾泰龜有常。"卜筮不過三，卜筮不相襲。龜爲卜，策爲筮。卜筮者，先聖王之所以使民信時日、敬鬼神、畏法令也；所以使民決嫌疑、定猶與也。故曰："疑而筮之，則弗非也，日而行事，則必踐之。西夷，智故[注]詭譎巧飾。用于天，財貨謀于人，非能也，貪也。人貪，天必窮蹴，人反窮也。儒家窮人富天，求人與天長久相處也。

敬師者，是敬傳禮者也。[注]韓愈《師說》：師者，傳道受業解惑也。無教禮不能傳也，故師無北面。[注]《禮記·學記》：凡學之道，嚴師爲難。師嚴然後道尊，道尊然後民知敬學。是故君不臣于其臣者二：當其爲屍則弗臣也，當其爲師則弗臣也。大學之禮，雖詔于天子，無北面。所以尊師也。不尊師，無以得道，不得道，無以得真學——凡此，今之學者不能不察也。科學乃是變易之學，西夷宗之，故無常學，無常師。人心隨之變易，情趣與操守

---

① 美國司法與安全部門疑辛普森殺妻，苦於"證據不足"，祇好讓他逍遙法外。日本三浦和義五次結婚之後爲妻子買人身保險然後殺之，也竟然因爲證據不足無罪釋放。法律在"證據不足"面前往往一籌莫展。

能不頹波［注］頹波猶流低處。就低乎？華夏尊師，良苦用心欲令良知常駐耳。

敬祖先者，祖述堯舜，憲章文武［注］《漢書·藝文志》也，以己弗如先，故誠惶誠恐，慎終追遠，以使民德歸厚［注］《論語·學而》。民德不厚，惡紫可以奪珠也。［注］《論語·陽貨》：惡紫之奪珠也，惡鄭聲之亂雅樂也，惡利口之覆家邦者。且夫吾慢祖，後人必慢吾；吾敬祖，後人必敬吾。故侮先與辱己一貫，仰先與敬己無分。物類有始［注］《荀子·勸學》：物類之起，必有所始。惟人知之，知而不敬，複歸不知矣。

敬君者，敬德也，天子有德則民敬之，天子無德則民覆之。君之權天授之，故君不可不尊天意。天有好生之德，君不可違之而害民。或曰：汝欺人也甚矣！君亦是人，人皆有私欲，君焉能制私欲而奉天乎？曰：無制之者不能，制之者文化也。［注］董仲舒《春秋繁露·郊義》："天者，百神之君也，王者之所最尊也。"《春秋繁露·郊祭》："天者，百神之大君也，事天不備，雖百神猶無益也。"君若信之便可制私欲也，君若不信，則可以禮制制之，使信。君主制孰與民主制善？余必曰：若二必擇一，余寧擇有文化依託之君主制。［注］民主制者，以民意定國是也。民意者何？寧聚財于己而害天，不養天以窮己也。故不能久。君主制，雖民守拙而不能得近利，亦無遠憂也。

敬老者，人人皆有老也，如不夭折，人皆得尊也。［注］杜牧《送隱者一絕》詩：公道世間唯白髮，貴人頭上不曾饒。所言早法蘭西雨果"死亡是人類最偉大之平等"千年也。夫天，輪而不死，不竭則行，累日［注］累日猶積累時日。而成其大功。人之敬老乃是慕天之德而效之，以累日之功爲大功，故敬老也。天知人敬老必嘉許也。夫故，華夏大異于西夷也。［注］西夷以理性取天之賜，雖受益于一代必貽害于來世。

敬學者，學而後知禮也。［注］《禮記·學記》：雖有嘉肴，弗食不知其旨也；雖有至道，弗學不知其善也。故學然後知不足，教然後知困。知不足然後能自反也；知困然後能自強也。學誠可使人親親，樂道。［注］《禮記·學記》：大學之教也，時。教必有正業，退息必有居學。不學操縵（琴之指法），不能安弦；不學博依（譬喻），不能安詩；不學雜服（雜役），不能安禮；不興其藝，不能樂學。故君子之于學也，藏焉，修焉，息焉，遊焉。夫然，故安其學而親其師，樂其友而信其道。不學則難矣。

敬家，大同［注］《禮記·禮運》：大道之行也，天下爲公。選賢與能，講信修睦。故人不獨親其子，不獨子其子，使老有所終，壯有所用，幼有所長。矜寡、孤獨、廢疾者皆有所養。男有分，女有歸。貨，惡其棄于地也，不必藏于己；力惡其不出於身也，不必爲己。是故謀閉而不興，盜竊亂賊而不作。故外戶而不閉。是謂大同。不能行，退而求其齊者。大同若行，家同於穴，不同者惟舒適而已。大同不行，故齊家以求天倫之樂，序齒［注］序齒者按照年齡排列大小次序也。以定大小輩分，慈愛以使人人有怙，孝順以令椿萱善終，藏貨以善其終生，雖天下不能大同，家可"齊"也。今，愛情氾濫，求愛而不求家者日增。余欲問：世界有愛情乎？余不之信。言有愛情者，強以爲棄家之口實也。

敬國者，國乃天下之本也。［注］《孟子·離婁上》：天下之本在國，國之本在家，家之本在身。家祚［注］家之機運、福氣。決于國步，［注］國家之命運。《詩經·大雅·桑柔》：于乎有哀，國步斯頻。家風決於國風，［注］國家之風俗。家法決於國容，［注］國容猶國法。國誠不能不敬也。生計在家而國令其保固。［注］保固猶安定而鞏固也。《禮記·王制》：國無九年之蓄曰不足，無六年之蓄曰急，無三年之蓄曰國非其國也。三年耕，必有一年之食。九年耕，必有三年之食。以三十年之通，雖有凶旱水溢，民無菜色，然後天子食，日舉以樂。設無國，家何以保固乎？此先人不去社稷，不去宗廟，不去墳墓，［注］《禮記·曲禮下》。守國如命者。

修身做人第四

儒家教人者，非修身，樂修身也；非做君子，樂做君子也。［注］《論語·雍也》："知之者不如好之者，好之者不如樂之者。"孔子因樂德而德高，因樂學而博學，因樂聖而成聖，因樂功而成功。不樂不能慎獨，不慎獨不能真修身。真修身者譬如陶侃，其運甓［注］甓猶磚也。《晉書·陶侃傳》：侃在（荊）州無事，輒朝運百甓于齋外，暮運于齋內。人問其故，答曰："吾方致力中原，過爾優逸，恐不堪事。"非修身，樂修身也。雖然，修身非謂苦力也。君子博學于文，約之以禮，亦可以弗畔矣。［注］《論語·雍也》。文與禮，誠儒家修身之器，仁愛之載也。［注］無文與禮，仁愛無所棲身。文者，調和野與史、［注］《論語·雍也》：質勝文則野，文勝質則史。文質彬彬，然後君子。質［注］質以形美。與實也；［注］實以華興。禮者，亦調和野與史、《荀子·修身》："不由禮則夷固僻違，庸眾而野。"信與知也。［注］《論語·泰伯》："民可使，由之不可，使知之。"成此二，修身備矣。道德文章者，德載于文也。道德缺位，文章必野，故謂文人文德。［注］《詩經·大雅·江漢》：告于文人，錫山土田。無德之文人，非文人也，文賊也。不修身而做人，不做人而治學，必文賊也。

不修身不足以做人。何者？不修身與蜉蝣無異也。［注］《詩經·曹風·蜉蝣》："一、蜉蝣之羽，衣裳楚楚。心之憂矣，於我歸處。二、蜉蝣之翼，采采衣服。心之憂矣，於我歸息。三、蜉蝣掘閱，麻衣如雪。心之憂矣，於我歸說。"蜉蝣生一日，人生萬日，設令碌碌度日，萬日不足以笑一日也。不修身，不能分人與蜉蝣也。

不修身不足以做人。何者？不修身與鼠類無異也。［注］《詩經·鄘風·相鼠》："一、相鼠有皮，人而無儀，不死何爲？人而無儀，不死何爲？二、相鼠有齒，人而無止。人而無止，不死何俟？三、相鼠有體，人而無禮。人而無禮，胡不遄死？"古人亦知若不修身，人不如相鼠。曷獨今人不知乎？

不修身不足以做人。何者？不修身弗若蟋蟀也。［注］《詩經·唐風·蟋蟀》："一、蟋蟀在堂，歲聿其莫。今我不樂，日月其除。無已大康，職思其居。"好樂無荒"，良士瞿瞿。二、蟋蟀在堂，歲聿其逝。今我不樂，日月其邁。無已大康，職思其外。"好樂無荒"，良士蹶蹶。三、蟋蟀在堂，役車其休。今我不樂，日月其慆。無已大康，職思其憂。"好樂無荒"，良士休休。"此詩言奢不合禮，過儉亦不合禮。

不修身不足以做人。何者？不修身弗若黃鳥也。［注］《詩經·秦風·黃鳥》："一、交交黃鳥，止于棘。誰從穆公？子車奄息。維此奄息，百夫之特。臨其穴，惴惴其慄。彼蒼者天，殲我良人！如可贖兮，人百其身！二、交交黃鳥，止于桑。誰從穆公？子車仲行。維此仲行，百夫之防。臨其穴，惴惴其慄。彼蒼者天，殲我良人！！如可贖兮，人百其身！三、交交黃鳥，止于楚。誰從穆公？子車鍼虎。維此鍼虎，百夫之禦。臨其穴，惴惴其慄。彼蒼者天，殲我良人！如可贖兮，人百其身！"黃鳥亦有惻隱之心，人無良知弗若黃鳥也。

不修身不足以做人。何者？不修身弗若鳲鳩也。［注］《詩經·小雅·鳲鳩》："一、鳲鳩在桑，其子七兮。淑人君子，其儀一兮。其儀一兮，心如結兮。二、鳲鳩在桑，其子在梅。淑人君子，其帶伊絲。其帶伊絲，其弁伊騏。三、鳲鳩在桑，其子在棘。淑人君子，其儀不忒。其儀不忒，正是四國。四、鳲鳩在桑，其子在榛。淑人君子，正是國人。正是國人，胡不萬年。"鳲鳩尚且無私哺育其後，況人乎？

不修身不足以做人。何者？不修身弗若鹿也。［注］《詩經·小雅·鹿鳴之什》："呦呦鹿鳴，食野之蘋。我有嘉賓，鼓瑟吹笙。吹笙鼓簧，承筐是將。人之好我，示我周行。二、呦呦鹿鳴，食野之蒿。我有嘉賓，德音孔昭。視民不恌，君子是則是效。我有旨酒，嘉賓式燕以敖。三、呦呦鹿鳴，食野之芩。我有嘉賓，鼓瑟鼓琴。鼓瑟鼓琴，和樂且湛。我有旨酒，以燕樂嘉賓之心。"待朋友不如鹿者非人也。

　　不修身不足以做人。何者？不修身弗若常棣也。［注］《詩經·小雅·常棣》："常棣之華，鄂不韡韡。凡今之人，莫如兄弟。"花木亦有兄弟之情，況人倫乎？

　　孔子以"老者安之，朋友信之，少者懷之"爲人生之志［注］《論語·公冶長》是言修身之用也。

齊家治國平天下第五

　　家者，與女棲居也；[注]棲者西也。《說文解字·西部》："西，鳥在巢上。"國者，與同宗棲居也。與女況不能協和[注]協和猶融洽。與同族焉能協恭乎？[注]協恭猶友好合作。故華族不屑播[注]屑播，言輕易拋棄。一家一戶，不放率[注]放率乃放縱輕率也。一人一事。齊者，非一也，非同也，非全也，治也。治者致人倫之極也，親三親，[注]三親謂父子、夫妻、兄弟。典出《顏氏家訓·兄弟》："自茲以往，至于九族，皆本於三親。"省三省，尊三尊，[注]班固《白虎通·封公侯》："人有三尊：君、父、師。"善三善，[注]三善謂親親、尊君、長長之道德規範。典出《禮記·文王世子》："行一物而三善皆得者，唯世子而已。……父子、君臣、長幼之道得而國治。"畏三畏，[注]畏天命，畏大人，畏聖人之言。事三事，[注]《尚書·大禹謨》："六府三事允治。"孔穎達疏："正身之德，利民之用，厚民之生。此三事惟當諧和之。"正三正……[注]三正謂天、地、人之正道。典出《史記·周本紀》："今殷王紂乃用其婦人之言，自絕於天，毀壞其三正，離逷其王父母弟。"次第由人而家而國而天下。

　　生趣[注]生活之趣。分之愈多，死愁[注]因死而生之愁。分之愈少。儒家文教實乃增生趣而去死愁者。家道[注]《周易·家人》：父父，子子、兄兄，弟弟，婦婦，而家道正。使人有分，分際使人多情，多情生禮與文是也。〔注〕《韓非子·解老》："禮爲情貌者，文爲質飾者。禮與文生趣。〔注〕禮生體之趣，文生象之趣。

儒因重家而與道、法、墨諸家有別，〔注〕道家以無爲求國安實不可得，法家以刑罰求國安雖安無樂，墨家宣以兼愛苦于無方……惟儒以家和求國安可得之。與西夷更在天壤之間。〔注〕西夷求個人自由，與道家侔，倡博愛與墨家侔。中國兩千年家齊乎？國治乎？天下平乎？曰：然。夫唱婦隨、父嚴子孝、父母在不遠遊不能不謂之家齊；居廟堂之高則憂其民、處江湖之遠則憂其君〔注〕范仲淹《岳陽樓記》不能不謂之國治；天人合一千年而不違不能不謂之平天下。

曩者，平天下即平中原，以令華夏安定；今茲，平天下者，安撫自然，令地德生成人類，天極出於己意，以天長地久也。

學與思第六

《論語》開宗明義："學而時習之，不亦說（悅）乎。"［注］《論語·學而》意在宣言：華夏乃是學習之民族，非思考之民族也。［注］學習乃是華夏特有之名詞，以習性教化導民，以仁義治國，不以解自然之秘爲能也。子曰"學而不思則罔，思而不學則殆。"［注］《論語·爲政》。言用良知于習性，而非用機心于天地也。孔子習六藝［注］禮、樂、射、禦、數、術。，不假伎巧，不害天地，益智而不私家，［注］私家猶謀私利。沐心而不染欲，不似西方，掘地以爲財，害天以爲樂。

或詰曰：六藝等無用之術害國人也久矣！汝今不思更始，仿效西夷，以富斯民，以強斯國，欲做亡國之奴耶？

曰：當今之時國已連類，存則同存，亡則共亡，豈有一國之亡邪。［注］空氣非屬一地一國，陽光非屬一地一國，空氣污染、陽光直射必害人類，而非一國也。

或詰曰：中國不能也，故巧言惡西方工具理性。

曰：不然。《荀子·勸學篇》曰："吾嘗終日而思矣，不如須臾之所學也。吾嘗跂［注］跂，踮腳。而望矣，不如登高之博見也。"思致邏輯，邏輯致伎巧，伎巧致用，用致竭，故思富今茲而不利人類之永永；學致道德，[注]此道德謂克己復禮之心遠。道德致心競，[注]競相務德盡忠。言心之競爭，別于西夷財貨之競爭。心競永世不竭。華人求永永意義，祈人類綿延不絕，非能小不得已而擇之，是其弘誓，[注]宏大之願也。詎是不能邪。

　　《荀子·修身篇》曰："血氣剛強，則柔之以調和；知慮漸深，則一之以易良。勇膽猛戾，則輔之以道順。齊給便利，則節之以動止，狹隘褊小，則廓之以廣大。"余欲益一言：智慮深險，則使歸于淺易平和。科學引領今人入危城，[注]溫室效應不能不謂之危也。涉險境，[注]探月取礦不能不謂之險也。夭人倫。[注]人倫猶人類。險智如蝗饕戾無度，心素[注]心素猶真心。如芽怎當欲獸？當斯之際，非重溫聖賢教誨不能得救也。

象與體第七

楊雪［注］好思好問好學之同學。問余象與體。余未能即答，退而細思之，有以答。

大而言之，象［注］《繫辭傳》曰："象也者像也。……八卦成列，象在其中矣；因而重之，爻在其中矣。""天行健，君子以自強不息"言天之大象似君子修身進學狀。者，精氣未化生［注］《易經·鹹》："天地感而萬物化生。"時之元符也。［注］元符猶祥瑞徵兆。精氣沒而元符長留，人不能造語以名之，謂之象。老子曰大象無形，是說神（象）無體也。

中國之"象"大異於古希臘柏拉圖之"理念"。［注］《理想國》卷十："讓我們隨便舉出某一類的許多東西，例如有許多的床或桌子。（中略）但是概括這許多傢俱的理念祇有兩個：一個是床的理念，一個是桌子的理念。（中略）製造床或桌子的工匠注視著理念或形式分別地製造出我們使用的桌子或床來。關于其他物品也是如此。（中略）如果你願意拿一面鏡子到處照的話……你就能很快地製造出太陽和天空中的一切，很快地製造出大地和你自己，以及別的動物、用具、植物和所有我們我們剛纔談的那些東西。"此乃是柏拉圖主義之奧旨精義。柏拉圖以還，西方所謂學術者，實無他，惟一柏拉圖主義也。所謂學術史亦柏拉圖主義之闡述史也。今之科學主義、工具理性、邏輯實證主義亦柏拉圖主義之登峰造極也。今之科學猖獗，人欲亢進，乃柏拉圖主義使然也。亡人類者必柏拉圖主義（人道主義），救人類者必華夏天人合一之（天道主義）。信夫。理念實爲體［注］體乃形體貌等可觀可觸者。之抽象，物皆有體，雖然，以思理求之則無體，以耳目求之則有體。故物之理念與物之實體揆一，［注］《荀子·富國》：萬物同宇而異體。此物與彼物亦揆一。［注］《呂氏春秋·情欲》：萬物之形雖異，其情一體也。夷人孜孜于理念與物體，以化此爲彼或改物之體以增其用爲樂，謂之科學，樂此不疲。華人見識愈遠，所求愈深，窺宇宙之鴻蒙，［注］《易》以乾卦喻之。測造化之初心［注］初心猶本意。試與合一。［注］謂天人合一。由是觀之，中國人之究象者，"象物［注］取法天地之物象。天地，比類百則，儀之於民，而度之於羣生"也。［注］《國語·周語下》國人樂此不疲者，欲令人類文明延袤［注］延袤猶延綿。不息也。［注］變物之體有盡。"象物天地，比類百則"無窮也。象者直覺［注］直覺乃體驗神道之法也。之依歸，［注］依歸猶依賴、寄託。雖"神無方而易無體"，而篤信其在。華人以神道設教。［注］《周易·象》："觀天之神道而四時不忒。聖人以神道設教，而天下服矣。"理念者邏輯［注］認知實存之法也。之肇始，是以東方人文昌而西方科學盛也。東方重象，西方重體，此其大異乎。

小而言之，象者人之精神，體者人之形貌也。華人以象求精神，夷人以理［注］理性、理念。求物質，象、體之辨分矣。

道統篇

聖賢國命第一

　　道統者，聖賢繼述，[注]孔子曰述而不作，非不自作，不背祖也。令國命[注]王充《論衡·命義》：故國命勝人命，壽命勝祿命。代傳也。非命[注]山川湖澤之屬。傳形與色。命分三等：微薄者[注]細菌病毒之屬。生而死死而生。傳類；禽獸傳類傳生全[注]保全生命。之法；人則傳類，傳生全之法，傳文教，[注]禮樂法度，文章教化。尤重後者。

　　不傳文教人與禽獸則無以分。科學無關乎傳，僅關乎生人，一任科學肆虐，文教不彰，傳必斷。王儉[注]（452-489）南朝文人，琅邪臨沂人氏。官至尚書令、鎮軍將軍。後人輯有《王文憲集》。曰："康世以德，撥亂以武。"[注]《北齊書·蔡儁傳》。康世，治理天下。康世之法可傳也。科學亂德，以武不能撥亂之，雖富生人，吾不敢贊科學一辭也。

　　聖賢所作非爲生人，爲傳後也。[注]故不尚科學小伎。聖賢之功，小者利人，大者傳後。無聖賢不傳，此正國命也者。

　　周敦頤曰：無極之真，二五精妙，妙而合凝。乾道成男，坤道成女。二氣交感，化生萬物。萬物生生而變化無窮焉。[注]《周濂溪集》卷一。雖然，此易非彼易，易[注]日月交替謂之易。與不易[注]日月交替之天數不易謂之易。輔車相依，不能缺其一。劉邦、李世民、趙匡胤、朱元璋之輩創業易也，垂統［注］創建功業，傳之子孫。亦易也，不能缺其一。國易令人民富，聖賢令國家安，安國之法附離［注］附離猶附着。傳統也。傳統神授：河圖授予伏羲，［注］《尚書‧顧命》孔安國傳曰："伏羲王天下，龍馬出河，遂則其以畫八卦，謂之河圖。"洛書授予黃帝、倉頡，［注］《史記‧音義》："黃帝東巡河過洛，修壇沉璧，受龍圖于河，龜書于洛。"《水經注‧洛水條》引《地記》云："洛水東入于中提山間，東流匯于伊是也。昔黃帝之時，天大霧三日，帝游洛水之上，見大魚，煞五牲以醮之；天乃甚雨，七日七夜，魚流始得圖書。"南朝梁文學家沈約《宋書》云："黃帝坐于玄滬、洛水之上，有鳳凰銜圖置帝前。"羅蘋注《河圖玉版》云："倉頡爲帝南巡，登陽虛之山，臨于玄滬洛之水，靈龜負書，丹甲青文以授之。"九疇授予禹。［注］《洪範》："天興禹洛出書，神龜負文而出，列于背，有數至于九，禹遂因而第之以成九類常道。"又曰："天乃賜禹洪範九疇，彝倫攸敘。初一曰五行，次二曰敬用五事，次三曰農用八政，次四曰協用五紀，次五曰建用皇極，次六曰乂用三德，次七曰民用稽疑，次八曰念用庶徵，次九曰嚮用五福，咸用六極。"聖人傳之，民人賡續，此乃所以有華夏泱泱大國者。西夷雖耶穌受命于耶和華，然耶和華與人揆一。［注］《聖經‧舊約‧創世記》：神說："我們要照我們的形象，按照我們的樣式造人，使他們管理海裏的魚、空中的鳥、地上的牲畜和全地，並地上所爬的一切昆蟲。"神就找自己的形象造人，乃是照着他的形象造男造女。神就賜福給他們，又對他們說："要生養眾多，遍滿地面，治理這地；也要管理海裏的魚，空中的鳥，和地上各種各樣行動的活物。"此西夷代傳之國命也。華人則從于天道，治于自然。自然老故人類尊祖；自然易與不易，故人易與不易；自然陽尊陰卑，［注］陽爲主，陰從之。故人男尊女卑；自然有天道故人有人道；自然有好生之德故人有悲憫之心；［注］《孟子‧公孫醜上》：惻隱之心，仁之端也；羞惡之心，義之端也；辭讓之心，禮之端也；是非之心，智之端也。人有是四端，猶其有四體也。自然周而復始，人生生不息；自然以北辰爲正，人以中庸爲則；自然有天、地、雷、風、水、火、山、澤，人有首、腹、足、股、耳、目、手、口。設天無常，時而左旋時而右旋，人則無年壽；設人無常，時而創定[注]創定猶創造、制定。解構[注]解構猶附會造作。時而推陳出新，人則無以繁衍成類。知常守真者爲聖賢，創制天下者爲俊傑，惜乎俊傑常有而聖賢難出，故守真貴乎創制，聖賢貴乎俊傑，國命貴乎時務。

道統第二

天有則而道有統。［注］韓語《原道》："斯吾所謂道也，非向所謂老與佛之道也。堯以是傳之舜，舜以是傳之禹，禹以是傳之湯，湯以是傳之文、武，周公傳之孔子，孔子傳之孟軻，孟軻死，不得其傳焉。荀與楊也，擇焉而不精，語焉而不詳。"李翱《複性書》：昔者，聖人以之傳顏子。……子思，仲尼之孫，得其祖之道，述《中庸》四十七篇，以傳于孟軻。嗚呼！性命之書雖存，學者莫能明，是故皆入于莊、列、老、釋。不知者謂夫子之徒不足以窮性命之道，信之者皆是也。有問于我，吾以吾之所知而傳焉。

物類有常，人倫有序。有序［注］序由道德而來。孰與無序［注］此無序猶自由。價高，東方西方各執一詞。今茲，國人多鶩自由而不屑道德，致使道統崩沮，本心［注］本心猶良心。淪喪，惡欲漲心，不能已已。道統之堅，權藉［注］權藉猶權力。不曾移之。［注］滿清入主中原，殺氣彌漫，有"留頭不留髮，留髮不留頭"之說。雖然，君主不敢擅論廢道統事宜。近世，二三書生［注］胡適、陳獨秀之流。不借兵甲，僅憑辯口利舌即令道統覆車，孔孟受辱。［注］乃是妄自忖度聖尊，何異尺鷃之笑大鵬也。自斯時起，科學民主囂囂，仁義道德沒沒。末作［注］末作猶工商。歌伎名譽似騰黃，［注］

騰黃，神馬也。古之登科亦不如也。無序無統之末作給贍人者亦無序無統之物。且夫事變物化于一瞬，人莫能知，用之病心，［注］心智生於用。電腦替人腦，人腦因不用而漸廢。視之害目［注］鄭樂充於耳而雅樂不入。聞之塞聽，食之毒身，［注］蘇丹紅、吊白粉、福馬林、硫酸、砒霜（充防腐劑）是也。談之變色。目迷於五色，耳耽於五音，欲張于創造①，而德喪於欲，倫壞於爭，傳斷於惰者，［注］禘祭《左傳·僖公八年》：秋七月，禘於大廟。《國語·魯語上》：天子禘郊之事，必自射其牲、王后必自舂其粢、祖祭祖廟之祀，古之宮在中，左祖右社、前朝後市也，宗祭社之祭也。報祭廟《詩經·周頌·良耜》："良耜，秋報社稷也。"統斷緒絕無以爲式也。

儒家之道統非傳一人之說，傳道本也，［注］《周禮·地官·師氏》：一曰至德，以爲道本。不傳道本，隨時揚抑，文教必也與時消息，一代一宗而無共主也。傳心法，［注］朱熹《中庸·章句》：此篇乃孔門傳授心法，子思恐其久而差也，故筆之於書，以授孟子。傳教化，傳信誓也。［注］鐵券之信弗若禮義之信也。

---

① 王文元《佛典譬喻經全集序》：既然諸法皆空，人與物的關係當然要靠"心"連接，如《密嚴經》所說："內外一切物，所見唯自心。"；也如惠能所說："心生，種種法生；心滅，種種法滅。"有人把這種見解稱作"唯心主義"，那是一種非常簡單的理解，是不瞭解佛教本質所致。佛教——包括禪宗所主張的"除去諸法，唯留其心"，乃是一種心理學的策略（或曰人生態度），而非單純哲學上的終極拷問。我們這個世界一切都會變壞，都會逝去，都會滅相（形象徹底消失），而且社會越發達，科學越發展，諸法的滅相就越明顯（今天的"相"取代昨日的"相"衹足完成於瞬間），人成爲萬花筒般的諸法滅相過程的看客。如果人再不用心去體味世態，人生就真的什麼意義也沒有了。佛教發展到禪宗並非偶然，正如農耕社會發展到工業化社會，是一種歷史趨勢，而非人爲選擇。禪宗認爲，唯有心可以通過自證（現代社會，自己決定自己的事情越來越少，自證因之而彌足珍貴）擺脫諸法無常的無情擺佈，當然這種擺脫完全是心理學意義上的，並非實在的擺脫。

祭統第三

　　治人之道不外乎三：上者以神諭治人，中者假神以禮而治人治國，下者以人治人或假法律以治人。三者皆有統，統皆有所恃，上者以天道服人，使和使序；〔注〕《禮記·祭統》：凡治人之道，莫急于禮。禮有五經（吉禮其一，凶禮其二，賓禮其三，軍禮其四，嘉禮其五。謂之五經），莫重于祭。夫祭者，非物自外至者也，自中出，生于心也。心怵而奉之以禮，是故唯賢者能盡祭之義。中者神去存其諭，代神司牧；〔注〕祭祀之初衷是示敬天敬祖之心。天爲人類所共有。人命系于己，人類之命系于天。敬天者，天主人事，天不允，人事不能順成，天允克遂。一任人爲，臭氧層破，人病；天怒，厄爾尼諾降，人不堪；天病篤，人類亡。神主天事，故祭之；祖敬天，故祭祖。祭祀成不易之傳統，則天無憂。人爲己則天誅人類，地滅生靈，天不得不滅生以求自存。下者假法律而逞人威，法律在上不威逞于人，然能逞威于天。天不爭，惟受之。由是觀之，法律自持之功限于人倫，〔注〕不可伐德于人，可伐德于天。自然不在其列矣。華夏先人察乎此，故授不爭之天以威嚴，使居人上，以保天常。〔注〕自然之常規。祭祀乃是授天以威嚴也。諸德以敬天祭神爲最大，諸害以傷天害理爲最甚，諸行以合莫〔注〕祭祀者與所祭鬼神感通，合而爲一，謂之合莫。

爲最樂，諸事以長治久安爲最要。〔注〕余鄙夷工具理性者，不能長治久安也。若自然中于人有用之物取之不盡，則華夏之傳統實應棄之。今，地球資源已露枯竭相，仍呼邏輯萬歲、理性萬歲真乃迂腐也。故曰，祭統者，人類之命脈，不能不固守也。余掃墓以祭考妣，燃香以祭天地之神，至于伏羲、黃帝、孔子、老子，時時心往也。

人事第四

人事之犖犖大者無外二：一曰放縱人欲，令其張大；二曰收斂人欲令其和寧。伏羲、黃帝、文王、孔子以降，國人以收斂人欲令其和寧爲首務，大異西夷理性主義之趣，致使數千年華夏物質匱乏而文化豐厚，人權意識淡薄而天權意識［注］天亦有生存之權力。強立。人雖虧于物色，卻充于精神，地球物華用盡之時，必複歸華夏之農功社會，人情重于事理，名檢重于生業，［注］猶名聲重于事業。繩趨尺步而不敢越天倫［注］天倫猶自然之理。一步，此人類可以與天同在者。

欲有食色之欲有擁據［注］擁據猶佔有、控制。之欲。食色之欲又有順生之欲有逆生之欲，中庸可令順生之欲化向［注］受德化而歸順。天道，逆生之欲過必生擁據之想，欲反轉禍。夫山崩于畔震，［注］《後漢書·五行志四》："畔震起，山崩渝。"人悔于欲多。人之欲無限而人之官有限，有要［注］有要猶適當。者官容，無量者官不堪載，久必崩沮。此道家所以去欲者，亦儒家所以去欲者。《魏書·釋老志》曰："人天道殊"。天道有容人事者，有不容人事者，動輒爲天所不容之事，人必致禍。帝堯昭煥［注］昭煥猶清楚、明白、分明。是以道協人天，［注］《晉書·陸雲傳》，政治清明，天與人榮俱榮，損俱損。今茲，人榮而天損，人與天隔膜，此與聖世之大異也。

心傳第五

曩昔以心法傳授中庸，子思恐差，故筆之于書。［注］參閱朱熹《中庸·章句》。朱子未審書傳亦有差。今茲，《中庸》注釋之書汗牛充棟，惟不見致中和之人之事，人欲極於天，事功求其最，致使中庸之人同於庸夫，中庸之事勞而無功。［注］爲人格物利多，體天格物利寡。人惟傳衣被，［注］衣被猶養育護理之技能。此虎豹熊狼皆能也。傳食道，［注］飲食之道。《禮記·檀弓下》："飯用米貝，弗忍虛也，不以食道，用美焉爾。"鷹亦會破堅果而食之。傳服飾，［注］虎豹以毛作服飾，不教而自傳也。傳工技，［注］工技猶工藝技術，此指築巢造房。此燕鵲亦能也。傳住，傳駕馭，傳服具，［注］服具猶應用之各種器具。此靈長動物皆能也。傳服聽［注］服聽猶歸順聽從。工蜂亦精于此道。而已，與牲畜無以別矣。別者，人傳體天格物之法，傳中庸之道也。［注］不偏謂中，不變謂庸。天黃地老，物換星移。天下之物，物不變者。惟人能以不變應萬變，敬天之德不易，愛人之心永昭，變魔又奈人文何？

文化者，下者用于時，不傳；中者用于世，傳之于書；上者傳之于心。中庸至德［注］《論語·雍也》："中庸之爲德也，其至矣乎。"有傳之于書者，有傳之于心者。心傳之中庸，雖無定端，卻可心領神會。今人欲重，故常不能守。嵇康《養生論》云："謂商無十倍之價，農無百斛之望，此守常而不變者也。"十倍之商，百斛之農，所出現代化之尤物，吾視之廁棗，〔注〕魏晉豪門置干棗于廁中，如廁時用以塞鼻。雖紅潤體碩而不食也。此皆天賜于之惡作劇也。

習性第六

余慮久而生一念：理性、知性、信仰而外應添一物，名其"習性"。

習性發明［注］發明猶表達。認知，可與柏拉圖之理念［注］柏拉圖氏之理念猶理性。立異。柏拉圖氏以人爲天之主，［注］以《聖經·創世記》爲據。人有司牧自然之權，有化權爲利之理性，有令理性形成體系之科學，有令科學轉化財富之技術，有令技術流通之市場，有令市場興旺之惡欲，有惡欲則距人類亡日弗遠矣。

習［注］"習"乃鳥試飛狀，其狀自有鳥之日如斯，習以相傳，不曾有變，故鳥爲飛禽亦不曾有變。性之習，乃是中庸之庸。［注］不變謂之庸。習性者，做人之要最，理性無益於養成者，習以成統，方可世代相傳。理性主變，習性主不變，易［注］"易"義有三，一曰變，二曰不變，三曰簡。括其二，此《易》榮膺萬經之首者。無理性人不能盡取天地之藏，尚得活，無習性人間必爭奪不休，無一刻安寧。故可斷言：習性之用遠重于理性，先保不失而後求多是也。《三字經》曰性相近，習相遠。習性者令習相近者也。何爲？習遠性甚則心路歧而紛爭難止，士與處士［注］《荀子·非十二子》："今之所謂處士者，無能而云能者也……以不俗爲俗、離縱而跂訾者也"無以分，善與惡無以辨，天與地無以別，男與女無以繫，［注］猶維繫。賞與罰無以定，訟與獄無以斷，學與術無以評，倫與［注］猶人際道德。法［注］猶法律。無以行……必成亂階。［注］亂階猶禍亂之由。

或因《三字經》乃是俗耳［注］俗耳猶世俗之聽聞。而不屑，是不知雅出于俗也。人之初性本善，簡練以爲俗本，習而不輟，日久可達君子雅境；不習，俗愈俗矣。先《三字經》《弟子規》《千字文》而後《論語》《大學》《中庸》，而後五經，進而諸子百家，進而博覽羣書，"習"而小成，小成而大成，大成而君子，此誠爲人爲學之道也。

余蒙化也晚，弱冠始暗誦《孟子》，二十有五始博覽羣書，逾萬卷，如《易經》《周禮》《論語》《史記》《道德經》《莊子》比，每日觀覽必，一日不讀若有所失，不惑之年始筆耕。［注］王勃年少有才，請託爲文者不絕。所獲金帛滿幾，時人稱王勃心織筆耕，言以心織錦，以筆代耕。今雖未成大事，亦未大受。［注］大受猶承擔社會重任。《論語·衛靈公》：君子不可小知，而可大受也。然心有所趣，［注］趣猶追求。《列子·力命》："農赴時，商趣利。"未偷合苟容于世，思有所寄，欲有所斂，死有所慰，終日以筆耕爲樂，何問閻王幾時勾我魂魄哉。我之得樂，皆拜習之所賜也。

人類第七

聚而成羣，繁衍成類，永永延綿，此乃世代之所共求者。

華人生民〔注〕生民，乃教養人民也。借天以求長久人類，夷人生利，〔注〕生利乃產生利益也。借天以求顯達己身。以人觀之，西學利人；以人類觀之，儒學真乃利人類者。華夏以抗行〔注〕抗行，高尚行爲。保天，〔注〕以抗行保天者君子也。雖利寡而得長久；西夷以譎詐〔注〕譎詐猶詭詐欺騙。用天〔注〕以譎詐用天者。雖利夥而不能久長。或取利或取長久，豈有他哉？故華夏先賢置譎詐之智〔注〕墨子、惠施、公孫龍之智。于不用，棄小智以成中道。〔注〕《周禮·冬官考工記第六》：匠人建國，水地以縣。置槷（臬，木柱）以縣（懸），視以景。爲規，識日出之景與日入之景，晝參諸日中之景，夜考之（北）極星，以正朝夕。匠人營國，方九里，旁三門。國中九經九緯，經塗九軌。左祖右社，面朝後市。市朝一夫（一夫百畝）。古人以北極星爲天下之中，合于中者謂之和。古之匠人建國，軌日影以求中，遵象（左祖右社，面朝後市）數（方九里，旁三門）以合於中。故《禮記·中庸》曰：喜怒哀樂之未發謂之中，發而皆中謂之和。……致中和，天地位焉，萬物育焉。財貨潤身，取之易如拾芥。〔注〕科學發現易如拾芥，阻之則至難。雖然，害中道而不謀；中道潤心，得之難乎其難。國人棄易途而上難路者，爲長久計也。人類愈久長，人之意義愈豐廡。［注］豐廡猶豐足。骨董之價決于年所，千年爲珍百年爲貴，人獨不計名檢［注］名檢者，後世驗其名也。與歷史之長短乎？孔夫子複禮而開化［注］開化猶開展教化。千年，唐太宗披鏡而借古知今，陸放翁示兒［注］《示兒》詩：死去原知萬事空｜但悲不見九州同｜王師北定中原日｜家祭無爲忘告乃翁。而情發身後，文天祥取義而光照汗青……此四人皆胸懷千年之事，不忘萬年之基［注］基者，萬物之根本也。者也。

嗚呼！吾寧做空中贏鷹而不做籠中肥鳥也與。

傳統篇

聖人第一

自伏羲始，華夏自用而稱聖人者寡，自大其事而爭聖人名號者鮮。攻訐聖人者［注］古之老子、莊子、墨子、王充、劉知幾、李贄之流，今之胡適、魯迅、陳獨秀、錢玄同、劉半農、蔡尚思之流。可以潑污水于聖人之面而不能污聖人之作。［注］伏羲畫八卦，文王作卦辭、周公制《周禮》。孔子刪《詩》《書》作《易傳》《春秋》、孟子發揚義理、荀子［注］荀子未入道統，然其爲聖人無疑。闡發羣僞以制禮、程朱以理學發明儒家學術……雖聖人之說可易，聖哲不可滅也，華夏聖人之傳統不可滅也。［注］外嬖受寵三宮失色，聖人不見宵小肆言。今世，威名散于民庶，權力盡落人間。不遵天道，遠避聖人，無天人之分、男女之別，學術隨風俯仰，人極惟利是圖，天塌地陷地維折斷又關我底事？於是，人愈富而天愈窮，利愈多而德愈寡。人性之惡暴露無遺。有良知者能不思聖人乎？聖人不代民言，亦不代帝王言，［注］尋常論師以爲聖人不爲帝王言無以爲聖人，差矣。爲帝王言者不足以成聖人。昔者孔子有以直言，齊王不歡，棄孔子之說而行晏子之說，晏說用于一時也，孔說用于萬世也，故孔子爲聖人，晏子充其量謂之賢者。惟代道言，［注］道自不言，故聖人代其言。代天言，［注］天自不言，故聖人代其言。代子孫萬代言。［注］子孫萬代尚未成人，故聖人代其言。故君子之言未必利民，未必利王，未必利聖人。雖然，聖言無忌，不直言非聖人也。

司牧國家必經兩塗，一曰人之治，二曰心之化。[注]華夏以文教化民，西夷以宗教化民。近代以還，西夷令兩塗歸于民主，以爲高于往昔，不知天將降臨大禍；華夏傳統銷鑠，人心不古，道德不彰，男盜女娼、打爹罵娘之事漸多，此司牧之偏失所致也。聖人者，非帝王故故 [注] 故故猶故意。樹之，以增治理之威；非民庶故故仰之以爲偶像，假聖人以行而傳佈教化也，與西夷假上帝以教化民眾侔。兩相參觀，西夷若令聖人代上帝言則與華夏無異，若以帝王代上帝言，則可以善化心亦可以惡化心。華夏之帝王權威也，華夏之聖人亦權威也，參錯其威，制衡其權，彼此掣肘，令各行其職，此華夏天人和諧、相安無事之首因也。去聖人非去孔子其人，去教化之傳統也，去心治重於人治之傳統也。司牧之危無過於此矣，天地之害無過於此矣。

君子第二

儻使聖人是王，君子則是地官，［注］《周禮·地官·序官》："乃立地官司徒，使帥其屬而掌邦教，以佐王安擾邦國。"聖人是言者，君子則是行者，聖人是點，君子則是面。無君子，聖人之道無以貫通，聖人之意無以布達。是故不求做聖人［注］聖人不可決于時人。惟求成賢者；不求做大人［注］大人猶官場之人。惟求成君子者。［注］君子無需門第，亦無需他，人皆可成。君子有四知：一曰知道；［注］荀子以治之要在于知道。二曰知命；［注］孔子曰五十而知天命。三曰知人；［注］《尚書·皋陶謨》："知人則哲，能官人。"四曰知己。［注］《易經·繫辭下》："履以和行，謙以制禮，複以自知"，知其三者非真君子也。

知道難乎？

弗難，行于道則知道。

知道易乎？

弗易，道若車輪，俯視之轉于空中，不與地相交，平視之微至不可察。［注］《周禮·考工記序》："凡察車之道，欲其樸屬而微至。不樸屬，無以為完久也；不微至，無以咸速也。"道雖廣大，所顯微至，無心者不能察焉。

君子何以知道?

老子曰"爲道日損"。①[注]孔子與老子心有靈犀一點通。《論語·學而》："君子食無求飽，居無求安，敏于事而愼于言，就有道而正焉。"欲去，道自見也。

君子何以知命?莊子曰"不以物累形"。不役于物，命自也。

君子何以知人?孔子曰"仁者愛人"。愛人者焉不知人?

君子何以知己?孔子曰"己所不欲勿施于人。"。常習之焉不知己?

攻訐傳統者謂君子皆"僞君子"，是不知"僞"有四意也。[注]一曰人爲；二曰詭詐；三曰以假亂真；四曰非法。人爲之僞，世以爲誣，我獨受之。

---

① 爲道日損：一點點去除心中的欲望和污垢，使心靈複歸潔淨與平靜，這時就可以看清楚"道"了。

忠孝第三

心中而不偏曰忠。

忠有二意，一曰爲人處世盡心竭力；［注］《論語·學而》："吾日三省吾身：爲人謀而不忠乎？與朋友交而不信乎？"二曰忠君不二。詬病忠君者以爲臣忠君何其愚也。謬哉。唯皇帝馬首是瞻者非忠臣，［注］如鄧通、和珅之流。佞臣也。忠臣者非以皇帝權勢而忠之，乃因皇帝是天子［注］天子者，假天之子，促體天而治也。君不體天可伐之，劉氏代嬴氏、李族代楊氏，不獨爭權，亦補救其褻天之過也。天不變，道亦不變，皇帝可變也。故而忠之。設若皇帝順從天意，不伐而助之可也。

"忠"其字也，心上有"中"。中者，大而言之是北辰［注］以目觀，衆星皆動，惟北極星不動，居中無以動也。爲中，中而言之是忠孝，［注］科學定律無不變者，孝順父母此千古不易也。小而言之是良知。不忠北極者，天誅之；無君無父者，義殺之；無良知者，不殺自滅。觀乎"中"字，每有所思：口乃家也，國也，"丨"乃貫通家與國也。家通則家有生氣，國通則國能保民。貫通何者？貫通三才也。心有此構［注］構猶構思。謂之忠，忠則通，則無病也。此華夏民人口不離忠者，亦儒家以忠爲君子之本者。

孝有二義，一曰善事父母；〔注〕《荀子·大略》："禮也者，貴者敬焉，老者孝焉。"二曰祭祀鬼神。〔注〕《史記·夏本紀》："薄衣食，致孝于鬼神。卑宮室，致費于溝洫。"余敬司馬遷。雖然，此論卻不敢苟同。致費于溝洫豈能與致孝于鬼神並論乎？孝之思生於生活〔注〕生活猶生活境況。之察：人之初有待，成人無需待，及年老也無待無以生活。此時適有子女侍坐，則老而無憂矣。先侍長，而後受益用〔注〕受用猶受益。于兒孫，以避饑餒。此真巧構也。

　　生孝父母，死孝考妣。〔注〕古諺：入土爲鬼。考考妣即孝鬼。尤孝鬼雄。〔注〕李清照《夏日絕句》詩云：生當作人傑，死亦爲鬼雄。天轄神，皇帝以天子自律。〔注〕皇帝稱天子非奪譽，自律也。天爲其父，父又爲子綱，故不能違天也。臣忠非忠皇帝，忠天也。

　　有忠孝之傳統，人與天合一，父與子慈孝，人有四端，邪不能侵，則人類無病矣。

敬老第四

人之將死，其言也善；人之將老，其言也重。老不惟近死亦近道也。［注］《論語·爲政》："吾十有五而志于學，三十而立，四十而不惑，五十而知天命，六十耳順，七十從心所欲，不逾矩。"未必人人有老，有老者吉，無老者凶；敬老者吉，虐老者凶。此非獨人倫亦天道也。

上國貴長［注］上國重德與義，德義決于經世，故長者尊貴。下國貴幼。［注］下國重利市（工商之利潤），利市決于年齒，故少壯者價高。美利堅——少壯之天堂，長者之地獄，蓋此故也。

老老乃仁愛與倫序之基宇。［注］《禮記·大學》："上老老而民興孝，上長長而民興弟。"華夏敬老，由來已久。周，王授年高者以齒杖；［注］《周禮·秋官·伊耆氏》："共王之齒杖。"注："王之所以賜老者之杖。鄭司農（眾）云：謂年七十，當以王命受杖者。今時亦命之爲王杖。"唐，朝廷設病坊［注］猶今之養老院、醫院。以養老而無歸者；清乾隆亦設千叟宴，成敬老之盛會。乾隆厭儒，然不敢不敬老也。

敬老與傳統相輔相成，不敬老，傳統不能長久。［注］古人猶老人，不敬老即不敬傳統。人言孔子復古，差矣，孔子是敬傳統也。華夏老，故華夏老老,華夏有五千年文化傳統者,敬老之故也。有敬老傳統之邦,不利止于窮,滅頂之災不至矣。[注]漢武帝造湖習練水師,掘鬆軟黑石,問于高人,曰:名劫灰,可燃,久不熄,煙亦少于柴草。下求採掘。武帝曰:不可,妙物必寡,我用則後人無所用。遂不掘。古人雖窮,無地陷之災。佛教謂死苦爲風刀之苦,[注]佛教認爲命終時,體中風大動搖,支解身體,其苦如以利刀刺之,故云風刀。《止觀四》曰:"年時稍去,風刀不奢,豈可晏然坐待酸痛。同輔行曰:'言風刀者,人命欲盡,必爲業力散風所解,如解韛囊,使息風不續。如解溝瀆,使血脈不流。如解機關,使筋節不應。如解火炬,使暖氣滅盡。如解壞器,使骨肉分離。'釋氏要覽下曰:'正法念經云:命終時刀風皆動,如千尖刀刺其身上。顯宗論云:爲人好發言,譏刺他人,隨實不實,傷切人心,由此當招風刀之苦。"以八正道[注]正見一、正思維二、正語三、正業四、正命五、正精進六、正念七、正定八。去死之苦;儒家以名檢。[注]屈原《離騷》詩:余九死而無悔……除死之憂;道家齊生死[注]生,有也;死亦有也,有之形異,實不差。以求長命。三家去死之苦,殊途同歸,合而成華夏之生死觀。[注]命最貴,然死義可也。生不可輕,然死國可也。職養命,然死職可也。《荀子·議兵》:"將死鼓,禦死轡。百吏死職。"……士大夫死得其所可也。死愈壯,老愈貴矣。

農功第五

"農"者"曲辰"也。曲從草［注］草芽生而捲曲。言人畜之食；［注］民以食爲天。辰從厤［注］厤猶曆法。依天干地支辰爲龍。從衣。龍興雨而草木生，誤農時則不生。農功不惟以人事謀衣食，亦取于天，天賜多寡決于雨與時之和合，和則多不和則寡。巧揢［注］揢猶貪。于天可獲利于一時而失于長久，故古人抑理性［注］知理性有利于今之獲利而不爲，慮長久之失也。而揚習性，乃爲守自然之常。［注］守常猶保持常態。農功。［注］農功猶農事。《國語·周克語上》："是時也，王事唯農是務，無有求利於其官，以斡農功。"農事生利雖寡，文化甚豐，生活所求偏于精神，樸素則樸素，其樂融融。且利于天人合一，實天人兩全之法也。

華夏之理論、宗教、文化、藝術、風俗皆以農功爲據。人治於天而非天治於人，此華夏與西夷之大異也。［注］西夷天治於人，是以《聖經》爲規矩。① 西夷高視華夏者，以司牧自然爲榮、以攫取天物爲能也。華夏守常反遭蔑侮，是無道欺有道也。武力可屈人之兵，不可屈天之理也。何其治農功而

---

① 《創世記》：神說："我們要照著我們（"我們"指天的司牧者——上帝，後同，——作者注）的形象，按著我們的樣式造人，使他們管理海裏的魚、空中的鳥、地上的牲畜和全地，並大上的一切昆蟲。"神就照著自己的形象造人，乃是照著他們的形象造男造女。神就賜福（神賜福而非天賜福——作者注）給他們，又對他們說："要生養眾多，遍滿地面，治理這地；也要管理海裏的魚、空中的鳥，和地上各樣行動的活物。"神說："看哪，我將地上一切結種子的菜蔬，和一切樹上所結有核的果子，全賜給你們作食物。"事情這樣成了。

鄙工商也？〔注〕古人斥工商爲末業。農功有常，工商無行。〔注〕無行猶無善行。工必得罪天，商必得罪人，人得工商之利愈夥，欲望愈重，天鈞（自然之平衡）與人倫愈不堪。農夫借土地之力求獲，施以人畜之溲矢與草木之灰燼，淤溉以增其肥力，休耕以複其元氣，以補土膏。〔注〕土膏猶土地所需養分。變磽〔注〕貧瘠。爲肥。妙哉！若爾，縱千萬年，土地之肥力不衰，收穫不減，人倫亦不亂也。非古人無求財之欲，爲求永圖〔注〕永圖猶長遠之計。《尚書·太甲上》："無越厥命以自覆，慎乃儉德，惟懷永圖。"不能不棄小欲耳。土地乃人類永宅〔注〕永宅猶永久居住。之所，失不復得，若不以農功養之，反以工商陵農功，任由工商踐踏，不出千年，地不出糧，樹不結果，河無無毒之魚蝦，園無不染之蔬菜。縱人人腰纏萬貫，金銀堆積如山，直不如糞土矣！得利而害義，人富而天貧，君子所不齒，故華夏重農輕商，傳世不息，此非華夏愚鈍，是故爲之矣。

天人第六

天孰與人先？

西夷以爲人先于天，[注]《聖經·舊約·創世記》："起初，神創造天地。"上帝耶和華神也，亦人也。人類爲其子孫。華夏以爲天先於人。[注]《易經·繫辭上》："天尊地卑，乾坤定矣。乾道生男，坤道生女……"人爲天地所生，故天先人後也。先者爲尊，故基督教貴人，儒教貴天。

天孰與人貴？

西夷以爲人貴於天，[注]人有罪上帝罰之，而非天罰。《聖經·舊約·創世記》："耶和華見人在地上罪很大，終日所思想的都是惡，耶和華就後悔造人在地上，心中憂傷。耶和華說：'我要將所造的人和走獸，並昆蟲，以及空中的飛鳥，都從地上除滅，因爲我造它們後悔了。……我要使洪水氾濫在地上，毀滅天下。凡地上有血肉、有氣息的活物，無一不死。'"假天以滅人，西夷慣用之伎倆也。今西夷人本主義盛行，乃效法耶和華以洪水滅生靈也。華夏以爲天貴於人。[注]天尊地卑，雖然，人法地，以不違天道。罰來自於天，人則敬天；[注]懼乃是敬之由，不懼則不敬。罰來自於人則敬人。

天孰與人睿智？

西夷以爲人睿智，天無智，［注］神萬能，其靈性之代表——人亦萬能。華夏以爲天有至德，人本無德，效天而後有德。故人惟效天而已矣。［注］《道德經·第二十五章》："人法地，地法天，天法道，道法自然。"《易經·繫辭上》："《易》與天道準，故能彌綸天地之道。仰以觀於天文，俯以察於地理，是故知幽明之故。……聖人有以見天下之賾，而擬諸其形容，象其物宜，是故謂其象。聖人有以見天下之動，而觀其會通，以行其典禮，繫辭焉以斷其吉凶，是故謂之爻，言天下之至賾而不可惡也，言天下之至動而不可亂也。擬之而後言，議之而後動，擬議以成其變化。"《黃老帛書》："人之本在地，地之本在宜，宜之生在時，時之用在民，民之用在力，力之用在節。知地宜，須時而樹，節民力以使，則財生。"揚雄《太玄經·去》："陽去其陰，陰去其陽，物鹹倜倡（乖張）。"害天、戡天之智非眞智也。

天孰與人有令軌？［注］令軌猶完美之規範。

西夷以爲人有令軌，［注］耶和華造天地草木與諸生，井井有條。華夏以爲天有令軌，人則之。［注］《易經·繫辭上》："乾知大始，坤作成物。乾以易行，坤以簡能。易則易知，簡則易從。易知則有親，易從則有功。有親則可久，有功則開大易知道則可大。可久則賢人之德，可大則賢人之業。"極言天有令軌而人則之。不襲天之跡則［注］襲跡猶重蹈他人之覆轍。言亦步亦趨效法天也。斷無令軌可言。

天孰與人有思慮？

西夷以爲人有思慮［注］耶和華思慮而造萬物，萬物皆其所思者。萬物之理人予之也。華夏以爲天有思慮。［注］《易經·繫辭下》："天下何思何慮？天下同歸而殊塗，一致而百慮，天下何思何慮？日往則月來，月往則日來，日月相推而明生焉。寒往則暑來，暑往則寒來，寒暑相推而歲成焉。往者屈也，來者信也，屈信相感而利生焉。"極言人所思慮者，天已思慮在先也。是故古人慮之，唯不慮天也。

天孰與人有情？西夷以爲人有情［注］人欲使然。華夏以爲天有情，人則之。［注］哭與笑，仿效雷鳴閃電，走仿效風，男女之愛仿效陰陽和合，中仿效北辰，忠仿效眾星拱月，自強不息仿效天運，人功仿效天功，禮仿效天極，靈感仿效天機，人性仿效天理，皇帝仿效天帝。

天孰與人長久？此無須言也。

傳統第七

傳統[注]"傳統"未載於辭書。古籍有用"傳統"者，然非今意。今之"傳統"流行不過百年，乃引自日文。古之"傳世"如《荀子·君道》所云："守職循業，不敢損益，可傳世也。"大抵與今之"傳統"侔。文化者，凡自古流布至今之文化形態是也。今或仍生生延袤[注]生生謂孳息不絕，進進不已；延袤猶連綿。或已淪爲文物。文化傳統，傳道[注]傳授儒家聖賢之道。之世代相繼也。傳統文化有良莠之別，文化傳統則傳至千年必有其理，必有其用，故無良莠之說。

人多不察傳統之用，猶不察己生氣之所在。人何以爲人？能記也。若不能記則不能知，不能爲，弗若生類。[注]生類猶生物。患不記症者[注]學名阿爾茲海默病，患此病生不如死。苦甚。人且猶是，人類患此病症何以堪？此適儒家之重傳統者，華夏之有悠悠傳統者。

傳統有長短之別，有取向之異，無朝三暮四者，無斷而複生者。[注]文化傳統不可斷，斷則不能複生，如線斷不能續接如初。

有文化傳統，有傳統文化。[注]今人多指同物，不予辨難。

文化傳統，或心傳或筆傳，俾使認知方式、行爲方式、生活方式、價值取向、道德意識、審美情趣、學術平章［注］平章猶評論、評價。由古及今，沿革而不變其元本，損益［注］損益猶增減。而不傷其形貌，是以抗無常之不歇，求恆常［注］恆常猶常規。《史記·秦始皇本紀》："初平法式，審別職任，以立恆常。"之穩固。［注］無恆常倫序亂而惡人逞兇，難得安定矣。非人獨然，生類皆有代代相傳之本能，人異于蟲鳥者，傳文化耳。爲人而不傳，直弗如蟲鳥矣，故夫子每以"傳不習乎"自省。［注］所謂進德修業，孔穎達疏："德謂德行，業爲功業。欲進益道德，修營功業，故終日乾乾匪解也。"聖人孜孜，君子乾乾，俾使傳統文化爲文化傳統，民人有德，民族有文化傳統矣。有文化傳統之民族，不爲人之利而損天之利，不因縱人之欲而違天之道，德其至，他族可淩之，天不加其罪，又奈之何。［注］鴉片戰爭以還，異族屢犯華夏，割我地，殺我民，掠我財貨，奪我寶器，壞我國容斷其國命，滅我文化傳統，誅華人之心而後快。國蠹胡適一干人不思報國反而賣主求榮，助紂爲虐，宣揚美利堅之實證主義，妄以理性取代習性，以西學取代國學，以耶穌取代周孔，以自由取代倫序，以法律取代道德，以造難生患爲榮，唯恐人類長治久安，世代繁衍。以常理論，華夏文化傳統當滅矣。然天不滅華，西夷奈何？今，消費主義途窮，"GDP"增長無路，石油即將用盡，金石不禁掠奪，加之厄爾尼諾肆虐，禽獸瘟疫流行，道德頹陵，親情淪喪，智力日衰，目能識者唯金錢而無他……人類窘步，坐待天懲。以華夏文化挽狂瀾於既倒，以《易經》《道德經》《論語》《周禮》救正義之將覆，此當其時矣。

或曰：今無文化傳統。

謬也。

邏輯實證［注］鼻祖爲羅素、維特根斯坦。以爲惟邏輯能證實、證偽，餘皆無效。今學術之傳統也。［注］文章決於關鍵字、內容摘要、注釋、參考書、論點、論據、結束語，無論章句。《文心雕龍·章句》："然章句在篇，如繭之抽緒，原始要終，體必鱗次。"此等學術，不立宏構，不求文采，不事修辭，徒有學術之名矣。

以"GDP"爲階梯，攀附消費主義之危牆，今殖貨之傳統也。

個人主義，唯利是圖，今爲人處世之傳統也。

物必求新，朝用夕棄，今科學技術之傳統也。

以鉛華粉黛、赤袒胸露脯爲美，今審美之傳統也。

貴歌伎賤力穡者，今等差［注］等差猶等級次第。之傳統也。

棄雅逐俗屏黜典故［注］寫家皆言今事、己事，無可言卻爭相競寫，屋上架屋，紙爲之貴。今文學之傳統也。

雖積［注］積猶物質儲備。厚而薄葬，雖秩厚［注］秩厚猶俸祿收入豐厚。而不祀，重生輕死，重人輕鬼，此信仰之傳統也。［注］今人厚遇於地不祭地，厚遇於天不祀天，神佑而不知，神怒亦不覺，人能長久乎？

以非食［注］增白劑、吊白粉、防腐劑、香料、色素之屬。加美于食，以毒［注］毒猶毒物，激素、農藥之屬。求夥，以化肥造息壤［注］原意指源源不斷自行生出之土壤。轉意肥力自生之土壤。以求永獲，今農事之傳統也。

父子無方，［注］無方謂無相處之法度。男女平權、老幼同工、賢與不肖同爵，今平等之傳統也。

我行我素、唯我獨尊，今自由之傳統也。

懲罰決于法條，法條決于罪愆，罪愆決于司寇之判，司寇之判決于罪狀，罪狀決于司寇所知，罪尤終決于爲他人知否。——此今法制之傳統也。

學堂教學而不育人，洋學興隆而中學不振，今教育之傳統也。

夫妻共主內外，共持家共育子，今家庭之傳統也。

司牧之進退決於民，民與天忤，從民不從天，今之政治傳統也。

……

古孰與今茲富？余必曰：古富于今茲遠甚，今人金錢而外一無所有也。

天人合一篇

究天人之際第一

非良史不能出"天人之際已交"［注］《史記·司馬相如列傳》。之大義微言。漢儒三甲，史遷必占其一矣。［注］餘者董仲舒、許慎是也。

若問何爲儒家之經緯？［注］經緯猶統領。司馬遷《史記·禮書》曰："人道經緯萬端，規矩無所不貫。"馬遷言"人道"猶言天人合一乃是爲人之道也，與究天人之際侔。必曰天人合一也。雖然，云他者夥而言此者寡。究其因，今人未若司馬遷、董仲舒明辨也。云仁爲儒家經緯者未知仁之所來，［注］皆知仁者愛人而不知仁者愛天。云義爲儒家經緯者未知義之所爲，［注］皆知微言大義出於春秋公羊，不知更出於《十翼》。云禮爲儒家經緯者未知禮之所依，［注］制禮者爲序人倫、正名分、立紀綱、肅教化，更爲名天人之際，以促成天人合一也。曰信爲儒家經緯者未知信之所用。［注］信之所用故是爲人間之便利，更爲取信于天也。至夫言他者則愈不得儒家之要，不足與論。

究天之理易［注］人有理性故究天之理易。究人之義亦易。［注］人有良知故究人之義亦易。究天人之際難矣。［注］人問天天不語，人問地地不應，故究天人之際難。西夷究自然之理是見易而爲也，華夏究天人之際是見難而上也。優劣立見。儒家置天于人之上，不斲之，不暴殄天物，使人與天共舞，此不世之功業也。

合與分第二

萬物出于合抑亦出于分，不可不察也。創世之初並無生人，惟有物類。是故人不知創世之初事故，亦不知孰創世。欲知其詳無非兩途，或觀萬象而揣情［注］忖度情理。造物主之初衷以順之，或發明［注］發明猶開發。智慧理性，解釋萬物之原本若爲［注］若爲，事物之所由。以用之。前者合二而一，［注］氤氲渾沌之元氣實有陰陽之分，陽者清揚，陰者重濁，二者性乖，然和合而令萬物有其形而得其所。曩者，異端張一分爲二之邪說，然希格斯氏發蒙，證合二而一之理，世人始信焉。合二而一乃是人類正途。後者一分爲二，［注］耶和華是一，造天地自然與人類，天地自然其一，人類其二，故曰一分爲二。以理性戡天，是一分爲二之用。理性之用過則天危殆，故而一分爲二乃是人類之歧路。此彰明較著也。俾"天不異人、人不異天"者誠如孔子所言，"天行健君子以自強不息"。［注］《周易·象》。行健之天與自強不息之人實則同體。亦如莊子所言，萬物"假於異物，託於同體"。［注］《莊子內篇·大宗師》儒，人之需也。以物類而論，人之需一氣、二光、三水、四食。氣與光出於天，水與食出於地，敬天地自然則生，不則［注］否則。不能養命也。以精神而論，人之需，一仁［注］仁字左人，右二。二爲天與地，加人，天地人三才備矣。二義〔注〕義者"我羊"也。羊者善類之尤者，知爲人處世者。三禮〔注〕禮之本義是祭祀天地。以求天人同體，以求人壽如天。四智〔注〕儒家之智實則反智也。所謂過猶不及是也。五信。〔注〕人之言曰信。初，人不諳言不由衷之術，人言天證，所言俱實，謊言安出？仁義禮智信曰五常。五常皆仿於天地，無五常，不能養心也。

陰與陽第三

　　陰與陽猶無與有、陰陽和合猶男女交媾，萬物猶男女之子。何以有男女，此靈府［注］靈府猶心。不能體察，男女生子，是儒家所必察者。皇皇儒學起于微微男女之事［注］此乃是《詩經》以《關關雎鳩》開篇者，亦欲治國、平天下必先修身、齊家者。猶風生於地，起於青萍之末也。［注］此句典出於宋玉《風賦》。

　　華夏究男女生子，［注］此重人文之事也。西夷究竟生男女。［注］此理性之事也。此儒教與基督教之大異者。

　　老子曰一生二，未言及"一"之所涵，一之義有二：一曰陰，一曰陽，陰陽合二而一。不陰不陽之一世間無有，環宇不見也。欲得子男女交媾必；物欲出，陰陽和合必，未有不媾不合而自益其數者。西夷所謂一神創世之說乃是元叙事，無關乎天地之善美與天道之真率。萬有生於二則萬有兼有陰陽之率性，［注］率性猶天性。與造萬有者侔；萬有生於一則萬物兼有虛妄之性，［注］理性也。人猶如是。人本寄於自然，依偎於天地，拜其所賜，得以生活。"一"［注］理性神。之子孫必不思報天地之恩，祇知以戡天爲生事；［注］生事猶生計。"二"［注］陰陽和合者。之子孫必忠於自然，守陰陽之分，報受知［注］受知猶得天地之知遇。之恩。此東方與西方之大分也。

天地五常與人間五常第四

天地有好生之德，此天地之仁也；天無私覆地無私載，此天地之義也；天地遵道而行，不逾儀準，[注]儀準猶準則。此天地之禮也；天地之宏構簡約、樸素，天地之運行健而不怠，此天地之智也；[注]急必止，止必亡。日落日出守時，潮落潮漲有致，此天地之信也。

仁人之心非固有之，人感荷天地好生之德故生仁心，人效法天地無私行檢[注]行檢猶品德。故知義理，人仰觀[注]仰觀天文。俯察[注]俯察地理。故建禮制，人感於天地之行行[注]不停前行。故而反智，[注]反智者反詭譎巧詐也。人見天信而以信立諾，故以信立譽。

天之五常恆久不易，人間五常則系於遊絲。道之不傳，其絲必斷。[注]《周易·繫辭上》："其亡，其亡！系于苞桑。"

天人合於禮而見於義。人間之義不必自造，天已宣明于人，守信而已。信乃是人之言。言而有信人則貴；言而無信人則賤。信是人言，又非人言，不寓於禮則義不能張皇，[注]顯揚。義不能張皇則天人不能合一。禮之要義厚古薄今、厚源薄流、厚天薄人、厚聖薄凡、厚陽薄陰，[注]故有男尊女卑、夫唱婦隨之說。天人合一爲源，天人之際爲源，體天格物爲源，道法自然爲源，敬天愛民爲源，餘皆爲流。厚義輕利。行禮踐義曰德，儒家以繼武〔注〕人與天地足跡相連。天地自然爲德。〔注〕德乃眾人一心，實現四德與十德。四德：元、亨、利、貞；十德：仁、知、義、禮、樂、忠、信、天、地、德。

變與常第五

人以日之短［注］一日十二時辰，故曰日短。而觀天，天無時不變動；人以年之長而觀天，天則常常。［注］《孟子・萬章上》：欲常常而見之，故源源而來。"言每每所見無異。故不以年之度觀天不知全天；［注］猶庖丁心中之全牛也。不以百年之度觀天不得天之大凡；［注］天道之大略。不以千年之度觀天不得天之玄德；［注］含蓄隱約之德。非積累世德［注］世世代代累積之功德。不能替天弘揚大化。［注］深入人心之道德教化。化變爲常、化常爲恆者非一人之事，非一世之功，非文化傳統莫能辦；化天道爲人道、守變與常之關捩，非天人合一莫能辦。天人合一乃爲莊子首事，［注］首倡其事。然莊子首事之天人合一與孔子所行之天人合一有異，［注］莊子之天人合一乃是心理境界，孔子之天人合一乃是生存之大計。與董仲舒、張載所倡亦大異其趣。孔子曰："知者樂水，仁者樂山。知者動，仁者靜。知者樂，仁者壽。"［注］《論語・雍也》。動者看重天之變，［注］水象變也。靜者看重天之常。［注］山象常也。知者受心之命，仁者受天之命。［注］"受命"者受天之命也。典出《漢書・外戚恩澤侯表》。儒家樂山，是借助仁義以敬天也；法家樂水，是借助變法以圖強也。至於西夷不樂山水樂理性，是借助理性以裁天也。依道而變乃是變動，強使天變乃是變異。〔注〕致使災害怪異之事層出不窮。變異傷常，久之，欲變複〔注〕去除災異恢復舊制。難矣哉！

夜觀天象，余每每疚心〔注〕痛苦不安。不已，往昔之夜空繁星閃爍，星辰不勝數；今茲之夜空，星辰寥落，銀漢隱化〔注〕隱化猶死。人類不與銀漢同在，能長久乎？天極〔注〕天極猶道。亂，人能獨善其身乎？甚矣哉，余欲無語。

簡易與駁雜第六

宇宙至簡至易，大一、［注］元氣。二紀、［注］日月。三才、［注］天、地、人。四象、［注］猶四季。五行、［注］金木水火土。六氣、［注］陰陽風雨晦明。七音、［注］宮、商、角、徵、羽、變宮、變徵。八方［注］東、南、西、北、東南、西南、東北、西北。而已。雖然，駁雜者莫若天地。天地有好生之德，能于無中生有，能于一中生二，於二中生三，於三中生萬物。［注］《道德經·第四十章》，萬物駁雜，不可計數。天地為公且有好生之德，故而簡易；天地所造之靈物［注］人。為私且有惡欲之念，故而駁雜。駁雜之人類生于天地之間，必暴殄天物，施禍于天地而肥一己之私。聖人洞曉此理，觀天文而畫八卦、著經典而垂後世。［注］以示範後人。孔子秉命，［注］秉承天命。承前啓後，著述立教，遂成萬世之師表，意在和合人心，垂文［注］文章留於後世。垂德，形成一統，以變駁雜為簡易也。宇宙生成之初極簡易，［注］奇點簡易，以至於等同於老子所說之無與佛家所說之空。物理學家以為駁雜是一分為二之故也。［注］一分為二出於私心也。公則簡易，私則繁複，此不易之理也。分之愈駁雜，合之愈簡易。此老莊之所以極言儉者《道德經·第六十七章》："我有三寶持而保之：一曰慈，二曰儉，三曰不敢爲天下先。慈故能勇，儉故能廣，不敢爲天下先故能成器長。"不爲物役尤爲莊子所力主。孔孟之所以極言儉者，[注]《論語·八佾》："林放問禮之本。子曰：'大哉問！禮，與其奢也，寧儉；喪，與其易也，寧戚。'"《孟子·離婁上》："恭者不侮人，儉者不奪人。"天儉也，人儉不奪天也，不奪天能長久也。

故曰：天人合一之學簡易之學也，儉樸之學也，究竟天人之際之學也，利天利人之學也。天簡易人亦簡易，天守天道人亦守天道，謂之天人合一。天人合一者求人與天同步也。

好生之德第七

　　有山有水有生有死者，天地有好生之德也。天地有德有義，有誠有信。天地生人，以德傳德，以義傳義，以誠傳誠，以信傳信，此乃天經地義也。天地能生人，亦能令其死。有德則生，無德則死。方法至易，天怒，人已而〔注〕隨即。死，無可疑者。人間之信仰各異，然宗教敍事中多有洪災記載①，此乃昭示人類戡天之惡果也。

　　儒家教化皆天地作程〔注〕以天地爲準則。人效法之，人不戡天天信必，〔注〕誠信無欺。人必無恙，〔注〕無災無難。天人必合而爲一。誠可不必作言造語，寓信于鬼神。〔注〕華夏生民不造鬼神而信之。天好生人亦好生，天誠信人亦誠信，天有禮容〔注〕禮制儀容。人亦有禮容，天不私覆，人亦不私覆，〔注〕爲公乃儒家、釋家、道家所公共倡。天行健人則自強不息。〔注〕《周易·象》如此，天好生，人長久，天人恆舞，天永永〔注〕永永猶永遠。而人遊揚。〔注〕揚名後世。人若生心〔注〕生心猶異心。以斧伐性〔注〕典出《呂氏春秋·本生》："靡曼皓齒，鄭衛之音，務以自樂，名之曰伐性之斧。"天豈能不知，天知，豈能不收回好生之德乎？

---

① 著名英國民族學家弗雷貴·本傑明在考察了大量的民族歷史傳說後發現，幾乎所有北半球民族的上古傳說都有關於"大洪水"的故事。

凡生成之物無弗求長久，無弗求不死，螻蟻且貪生，況生人乎？或詰：儒家之好生與凡目〔注〕世俗之見。之好生有以異乎？曰：凡目求生人之永永，儒家求人類之永永。人類者，生命之續續〔注〕續續猶連續。也。造化滅生，必先滅不好生者。

天人合一第八

天人合一非人之理念，乃是事情。[注]實情。天地非爲人類設，設若宇宙間有物類而無人類，天極仍天極，天機仍天機[注]天之奧秘。天功[注]自然之功能。仍天功，不曾有變。

天人合一思理具足者伏羲、[注]天人合一之肇始者。孔子、[注]天人合一之發明者。《繫辭下》曰"乾，陽物也；坤，陰物也；陰陽合德，而剛柔有體，以體天地之撰，以通神明之德。《繫辭上》："夫易，廣矣大矣，以言乎遠，則不禦；以言乎邇，則靜而正；以言乎天地之間，則備矣。夫乾，其靜也專，其動也直，是以大生焉。夫坤，其靜也翕，其動也辟，是以廣生焉。廣大配天地，變通配四時，陰陽之義配日月，易簡之善配至德。"董仲舒、[注]倡天人合一之理論者，言天人合一之理據者。後人多指目董仲舒以鬼神惑衆，其實不然。董子論天並未設神道教，董子以天喻人父，並未令父兼具神格與人格，天父實爲比方也。董仲舒以降，論及天人合一未有過之者。張載、[注]張載以太虛有陰陽清濁之分，清揚者謂之神，濁重者謂之形。形，萬物也；人，萬物之一也。此天人合一之由也。二程也。[注]程頤與程顥有異。程頤《遺書·卷二十二》曰："自漢以來，無人知道此，有卓越不可及處，祇是'推得太過……'。"程頤推抱董子，幾作古。程顥亦推抱董子，然有所作古。程顥《遺書·卷二》曰："學者須先識仁。仁者渾然與物同體。義、禮、智、信皆仁也。識得此理，以誠敬存之而已。不須窮索……此道與物物對，大不足以名之。天地之用，皆我之用……《訂頑》①意思乃備言此體，以此意存之，更有何事。"二程推抱董子，發大義之微言，促物我之合一，然縱觀其書，未出董子之所論，反有不美。孔子尤堪典式。[注]典式猶典範。若夫張載，以陽名神反不及孔子以"陰陽不測之謂神"[注]《周易·繫辭上》。時中。清之陽非生萬物者，萬物乃是由陰陽共生。張載以爲人與物同類[注]《語錄》：理不在人皆在物，人但物中之一物耳。無可詬病，然以爲理在物則大謬，理與道皆在物先，物之理皆先之者所賜也。

　　天人合一爲儒家、道家所共倡，異者儒家令其用世，俾人間諸事無不比方。[注]順乎自然。典出《墨子·明鬼下》："百獸貞蟲，允及飛鳥，莫不比方。"人間亦天，天亦自然，渾然一體，和合允洽。家則男女有別，是仿效自然陰陽有差次、乾坤有等衰也；[注]等衰猶等級差別。人有氏族之分是仿效天有星座之別也；朝有君臣之義是仿效自然天體有序、星體有秩；[注]羣星拱衛北辰是也。人間以心畫[注]心畫猶文字，特指漢字也。交合[注]互相融合。是仿效自然以風吹氣而溝通環宇也；人間以史繼武[注]足跡相連。是仿效日月相繼也；[注]日月相繼無欺，故史亦無欺。人間以詩言志是仿效天以雷鳴風嘯；[注]天達視洞聽，發聲於當發，發怒於當怒，發難於當罰。人間以信立身是仿效天信必也；[注]天誠信無欺。人間有年節有祭祀，是仿效天有時節有起始也；人間敬老是仿效星辰序年齒也；人間以德爲本是仿效天地以好生之德爲本也；人之收斂[注]自我約束。是仿效日有冬日夏日之異。[注]《左傳·文公七年》：鄭舒問于賈季曰："趙衰、趙盾孰賢？"對曰："趙衰，冬日之日也。趙盾，夏日之日也。"杜預注：冬日可愛，夏日可畏。人間尊禮，是仿效天從道也；人之節儉，是仿效自然之簡約也……

　　天人合一非爲設神教，爲設文教也。不則，以人之乖張之貪殘，未幾，天必破地必陷，而人無所逃遁矣。今人寅吃卯糧，生棟覆屋，[注]典出《管子·

---

① 《西銘》

形勢》：生棟覆屋，怨怒不及。弱子下瓦，無須怨人。積委黄白，不修德性者，天人乖違所致也。做黄白之夢如坐雲霧［注］典出《顔氏家訓·勉學》："及有凶吉大事，議論得失，蒙然張口，如坐雲霧；公私宴集，談古賦詩，塞默低頭，欠伸而已。"能持久乎？且夫人生如寄，不及細察生之意思，［注］意思猶意味。不寄生於天，不知死後成何形，之何所，更不知鬼爲何物，鬼命何與。［注］何與猶怎樣。如是，人不能續其精神，人詎不悲哉？由是觀之，天人合一爲死鬼也，非爲生人也，爲後人非爲今人也。

跋

　　西夷哲學愛智[注]智者理性也，愛智之學理性之學也，樂水之學也。之學也，西夷科學用智之學也；道家之學出世避禍之學也。[注]道家之天人合一亦有全身免害之初心。釋家者亦出世之學也……儒家獨不同。儒家者愛天之學也。[注]樂山之學也。非大天小人者不能治此學。治學而後"我"愈小而天愈大。惟我小故能知天與敬天。知天與敬天俾天人均，雖財貨寡而能長久。[注]《論語·季氏》："不患寡而患不均，不患貧而患不安。"故余獨敬天而不與用智之學比，不與用智之學爭。用智之學已逾閾[注]言科學之弊端愈演愈烈。而鑄成過行。[注]過行猶錯誤行爲。今人類所亟需者天人合一之學也，究此學之大理者儒學也。

王文元

甲午仲秋

儒道釋疏觀之
道家疏觀

目錄

叙 —————————— 一三七

華夏第一 —————— 一四〇
老子第二 —————— 一四五
道可道第三 ————— 一五〇
永永第四 —————— 一五二
農事第五 —————— 一五六
小國寡民第六 ———— 一六一
物歸第七 —————— 一六四
有無（无）第八 ——— 一六七
儒道第九 —————— 一七一
令軌第十 —————— 一七五
無爲第十一 ————— 一七九
人有第十二 ————— 一八三
七賢第十三 ————— 一八五
郭象第十四 ————— 一八七

比方西學第十五 —— 一九四

反智第十六 —— 一九六

樸素第十七 —— 一九九

自然第十八 —— 二〇四

貴時第十九 —— 二〇六

調和第二十 —— 二〇八

陰陽第二十一 —— 二一〇

世俗第二十二 —— 二一二

無傳第二十三 —— 二一四

跋 —— 二一七

叙

國者因口[注]大口者方也，古人云：天圓地方、戈[注]戈者兵也，以戈衛方、口[注]小口者家口也、一[注]一者地也，喻農事也。而成，"國"之義備矣。[注]備體猶齊備。道家遊於方外，儒、法、墨、雜諸家皆遊于方內。[注]《先秦學術概論》：道家之學，實爲諸家之綱領。諸家皆專明一節之用。道家則總攬其全。諸家皆其用，而道家則其體。此道家所異于諸家者。儒家以仁德禮義治，法家以峻法刑名治，墨家以兼愛非攻治，雜家者議官職之言，兼儒墨、合名法。唯道家虛懷若谷，逍遙如鵬，守真不移，治於己而不及他。是故治百家之學者不可以不問道焉。

卡普拉氏以道乃是今統一場①。今之科學家不乏以道家爲思想源泉者。②李約瑟氏以成敗爲儒、道之閾③。邏輯可以演繹理性，然不可以說

---

① 《現代物理學與東方神秘主義》：也許我們可以把道家看成是最終的統一場，從這種場中產生了物理學所研究的現象，而且還包括其他所有的現象。道家則把無窮的創造力歸因於道，並且也稱之爲無。不管使用什麼名詞，他們都明確地指出，道不是一般的空或無，而是具有無限制造的潛力。
② 現代很多西方物理學家認爲仅仅用邏輯思維進行科學研究是不夠的，需要加上東方式的直覺。卡普拉特說："老子的道德經就是以一種令人費解、似乎不合邏輯的風格寫成的。它充滿了迷人的矛盾，它那有力而富有詩意的語言捕獲了讀者的心靈，使他們擺脫了習以爲常的邏輯推理的軌道。"（《現代物理學與東方神秘主義》）愛因斯坦公開表示他以道家爲指南，並說："在我的思維機構中，書面的或口頭的文字似乎不起任何作用。作爲思想元素的心理的東西是一些記號和有一定明晰程度意向。它們可以由我隨意地再生和組合。"愛因斯坦對老子式直覺的評價比對西方式的邏輯高，他說："邏輯是證明的工具，直覺是發現的工具。"日本現代物理學家湯川秀樹也持同樣的觀點，在一次學術會議上，大家邀請湯川秀樹題字，湯川寫了"知魚樂"三個漢字。據說這個題字至今仍懸掛在該會議上的牆壁上。顯然，"知魚樂"暗含對直覺的肯定與讚揚。湯川晚年在回顧一生所走的研究之路時說："和其他物理學家不同，對我來說，長年累月吸引我，給我影響最深的是老莊等人的思想，它雖是一種東方思想，但在我思考有關物理學問題時，它們不知不覺地進入其中。"他重視老子式的直覺，甚至以直覺命名一篇論文——《創造力和直覺——一個物理學家對於東西方的考察》。
③ 《中國科學技術歷史》卷二《科學思想史》。德效騫說得好"儒家思想一直是成功者或者希望成功的人的哲學。道家思想則是失敗者或者嘗到過失敗痛苦的人的哲學。"道家思想和行爲模式包括各種對傳統習俗的反抗，個人從社會上隱退，愛好並研究自然，拒絕出任官職，以及對《道德經》中悖論式的"無欲"的話的體現，生而不有，爲而不恃，長而不宰。中國人性格中許多最吸引人的因素都來源於道家思想。中國如果沒有道家思想，就會像是一棵某些深根已經爛掉了的大樹。

明理性，此正今之科學家祖述天道，憲章［注］憲章猶效法。老莊之由也。邏輯在夷而直覺在華。［注］道與佛（中國之佛學禪宗是也）一爲直覺，一爲頓悟，揆一也。《莊子·人世間》："若一志，無聽之以耳而聽之以心，無聽之以心而聽之以氣。聽止於耳，心止于符。氣也者，虛而待物者也。唯道集虛。"《景德傳燈錄》卷六："問：和尚修道，還用功否？師曰：用功。曰：如何用功？師曰：饑來吃飯，困來即眠。曰：一切人總如是，同師用功否？師曰：不同。曰：何故不同？師曰：他吃飯時不肯吃飯，百種須索。睡時不肯睡，千般計較。"欲知然求邏輯，欲知所以然，不求道無以致。足見，道家之用，非爲理性，實爲道也。［注］道者萬物之源。德者，道之激發于心者。

以體而論，天下學問以道爲大，道之爲小；以用而論，天下學問以和爲大，以和易利爲小。［注］以科學求利是也。今，以和易利，致使人富道損，人類猶抱金玉而走薄冰，能金玉不失于手，足不墜于冰乎？

夫令人類生者，氣一，［注］人不能半刻無氣故。水二，［注］人不能三日無水故。食三，［注］人不能七日無食故。住宅、交通、物類［注］猶各種用物。斯下矣。［注］若斯之類，無千日亦無損命之憂，故下下之。今，後者日豐而前者日弊者，重住宅、交通、物類而輕氣、水、食也。輕氣、水、食，以邏輯壞道也。［注］道家所重者氣、水、食也。邏輯所重者諸物也，但能換金銀，無不發蒙，使露金色。此邏輯實證主義者亦無貳言矣！凡目［注］出自蘇東坡《次韻陳四雪中賞梅》詩："獨秀驚凡目，遺英臥逸民。"見金而已，學者豈能因赴刑者眾而走先乎？續人類之命乎斷人類之命乎？此學術之關捩，不能不究。① 道家傳千年者在其真率，見文見意任扇新風，真率將不存焉。道家傳千年者，在其沉靜，反靜爲動，道必迷途焉。耽玩道家者借題發策直書其事，未審道之用在其不用②，而非在其用，作家不止，道將

---

① 李澤厚的如下一段話很有代表性：如果今天還保留天人合一這個概念，便需要予以"西體中用"的改造和闡釋。它不能再是基於農業小生產上由順天、委天數而產生的"天人合一"（不管它是唯物論的還是唯心論的，不管是漢儒的還是宋儒的），從而必須去掉其的雙重性中的主宰、命定的內容和含義……它歷史地反映著工業革命和現代文明：不是像農業社會那樣依受於自然，而是用科技工業變革自然，創造新物。
② 李澤厚的如下一段話很有代表性：我認爲，包括上述中國傳統思想中的人生最高境界的審美也具有這方面的嚴重缺陷。它缺乏足夠的衝突、慘厲和崇高（Sublime），一切被消融在靜觀平庸的超越之中。因之，與上述物質實踐的"天人合一"相對應，今日作爲人生境界和生命理想的審美的"天人合一"，如何從靜觀到行動，如何吸取西方的崇高和悲劇精神，使之富有衝破寧靜、奮發追求的內在動力，便又仍然祇有把它建立在上述人化自然的理論基礎之上，纔能獲得根本解決。這就是把美和審美引進科技和生產、生活和工作，不再祇是靜觀短信鈴境界，而成爲推進歷史的物質的現實動力，成爲現代社會的自覺韻律和形式。

不行也矣！故余不揣冒昧，用心疏道。雖然，道家之學儲與扈冶[注]儲與扈冶猶廣大。浩乎無邊，物多篋小，安納孔艱，難舉全烝，[注]全烝者，全牛、全豬之犧牲也。《國語·周語中》：禘郊之事，則有全烝。惟觸興致思，因篇取意，並未羈牽文注，拘囿考據，更未分別條目，巨細一一，無關人類命運者姑且置而不論焉。

食可解饑，濯可救熱，道家惟可救貪。若余之疏道令讀者厭貪而喜樸，初心達矣。

王文元
庚寅孟秋

華夏第一

近世華夏風烈，[注]風烈天必有變。《論語·鄉黨》："迅雷風烈必變。"後轉義遺風、功業，亦有規範、風尚、教化之意。天無複有固[注]固猶穩固、安定。天，人無複有固人，天崩地坼之事益近，杞人[注]典出《列子·天瑞》："杞國有人憂天地崩墜，身亡所寄，廢寢食者。"不復爲人所笑矣。寄命[注]寄託生命。之所確有可憂者。所以然者，道可道，亦可盜也。[注]盜于盜賊。

華夏文化始於敬天，敬天始于聖人。初，聖人無分，貫通三才者爲聖，無論源流，所謂近尊孔孟顏曾，中述堯舜文武，遠溯蚩尤[注]蚩尤乃部落首領名，非人名也。蚩尤族獸身人語，銅頭鐵額，強悍強勇，好戰事。神軒也。[注]神軒言神農與軒轅。奠基華夏文明者，蚩尤、神農、軒轅也。設若以農爲道，神農伐蚩尤，無道伐有道也；軒轅伐蚩尤，無道伐有道也；軒轅伐神農，無道伐有道也。[注]時蚩尤農功最強，神農其次，軒轅再次，故曰有道伐無道。非言蚩尤正義，言其生計乃是正途。以政治而論，蚩尤則無道，故《周書》曰："武不止者亡。昔阪泉氏用兵無已，誅戰不休，並兼無親。文無所立，智士寒心。徙居於涿鹿，諸侯叛之，阪泉以亡。"蚩尤之罪，黷武而無文采。雖然，軒轅伐惡政而不株連善農。［注］遊獵養人，然久必殺自然，獵物漸寡而人失養怙；工商養人，久必殺自然，地藏漸竭而人不復得利；農功之利可久爲且不殺自然，此乃華族擇農功之由也。軒轅滅其部落而保其生計，共主以降，農事愈盛，此華夏摶成強族之要因也。西夷因科學巧智而強，如草木盛極，將枯槁也。［注］《道德經·第七十六章》：人之生也柔弱，其死也堅強。萬物草木之生也柔脆，其死也枯槁。故堅強者死之徒，柔弱者生之徒。是以兵強則不勝，木強則兵。強大處下，柔弱處上。"科學之弱國必反處上。張君勱《科學之評價》：我所欲言者，非科學本身問題，乃科學的結果。西歐之物質文明是科學上最大的成績。……物質有限，人欲無窮。謂如此可爲國家之安計，爲人類幸福計，吾不之信也。天地由氣而來，氣聚則生，氣散則亡。［注］《莊子·達生》："天地者，萬物之父母也，合則成體，散則成始。"華族繁衍而終不忘聚氣，誠天地之衛士也。

　　軒轅本遊獵部落，舉共主而習農，封蚩尤戰俘爲當時，［注］當時，黃帝時官職，主天文。封當時，乃軒轅殺頑俘優順者之策。效法天道以雲名官。［注］春官青雲氏、秋官白雲氏、冬官黑雲氏、中官黃雲氏。治五氣，［注］五氣者，有五臟之氣、五行之氣及寒暑燥濕熱三種。此處系五行金、木、水、火、土。藝五種，［注］五種言黍、稷、菽、麥、稻。撫萬民，度四方。治績尤彰，民不必驅使，［注］有言：黃帝之治天下也，器皿不引而來，不推而往，不使而成，不禁而止。故黃帝治天下，日月精明，星辰不失其行，風雨時節，五穀登熟，虎狼不妄噬，鷙鳥不妄搏，鳳凰翔于庭，麒麟遊於郊，青龍進駕，飛黃伏皁，諸北儋耳之國，莫不獻其貢職。刑不必加身，但以仁與信治天下。清靜無爲，敬謹寡欲，［注］有言：聲禁重，色禁重，衣禁重，香禁重，味禁重，室禁重。開道家之先河。

　　天地多彩，以黃爲貴，天玄地黃，土居中間，故華夏曰中國，故華族以黃帝爲祖先，故以黃土養人命，以黃色顯尊貴，以日所行爲黃道，［注］陸九淵《雜說》："黃道者，日所行也。"以黃泉命永宅，爲黃宮，［注］黃宮者百惠也。爲命門，以黃離喻中道，［注］中道者，道家之"中庸之道"也。《周易·離》："象曰：'黃離元吉，得中道也。'"設宏音爲黃鐘，［注］《周禮·春官·大司樂》："乃奏黃鐘，歌大呂，舞雲門，以祀天神。"以黃耇［注］耇讀苟。《詩經·小雅·南山有台》："樂只君子，遐不黃耇。"敬老人……

黃帝杳渺，不可稽考，疑古者［注］疑古思想自古有之。唐劉知幾（661—721）著《史通》，確立疑古派祖師地位。後多有因襲者。近代疑古派以康有爲、胡適、顧頡剛名聲最著。胡氏舉科學主義大纛，言有出土佐證者爲史，無科學佐證者非史，叵測之心在滅華夏傳統，以成全歐洲中心主義。訾訾，［注］訾訾，爭論不休狀。《法言·文神》："或問：'聖人之作事，不能昭若日月乎？何後世之訾訾乎？'"驅使古人，錯亂前代，疑其人之無有。老子朦朧，亡何受質，疑古者訾訾，惑玄書［注］玄書者老子《道德經》也，出自老子"玄之又玄"。白居易《新昌新居書事四十韻》："梵部經十二，玄書字五千。"爲僞書，［注］僞書說肇始于漢初。好事者疑《道德經》文字有戰國之風，書必晚出。唐韓愈揚儒抑道，欲虛老子之位，道統之爭使然耳，不足爲憑。訟爭持續兩千年，近代郭沫若氏以爲老子真而其書僞，《道德經》乃環淵《上下篇》，古代"環淵"音近"關尹"（關門之令尹），關尹逼老聃以五千字換出關通牒之說由是生焉。是買馬而不察馬，貫注於鞍也。

嗚呼！地德［注］地者，生產萬物養育人民，此地之德也。養人而未必養史，宇宙包容而未必不遺。若無黃帝，道失其祖師，儒失其仰山。［注］仰山位於江西宜春縣之南。山勢絕高，須仰視方得見，故稱仰山，又稱大仰山。唐僖宗時，潙山靈祐之弟子慧寂曾於此地開創禪院，發揚潙山靈祐之宗風，此即禪宗之潙仰宗，仰山亦因此而聞名。慧寂滅後，經智齊、擇扣等，至慧南之弟子行偉時，大振法道，興盛一時。山中共有三塔，即傳耽源法系之西塔、傳潙山法系之南塔，及不甚爲人所知之東塔。黃帝堯舜禹，堯舜禹而文武周公，文武周公而孔孟——此文乃以山喻儒家慎終追遠之依託也。華族失其怙恃，猶水無源而樹無根，豈能長久哉？且夫事事求征驗，又欲得全史，猶緣木求魚也。黃帝入世而不失清靜之性，合老聃之以智入世而成黃老之說。此千真萬確，不容疑也。胡適疑之，真不如春秋齊威王也。信史非據史，故齊威王"高祖黃帝，邇嗣桓文"。［注］齊威王決心稱霸天下，鑄鼎聲稱：皇考孝武桓公、恭哉大謨克誠。其唯因齊，揚皇考昭統，高祖黃帝，遍嗣桓文，朝問諸侯，合揚厥德。今人反以銷鑠歷史為能事，得非奸佞歟？

楊朱鑄語乖刺，出言悖慢，自樹一格，頗入人心。未留文字於後者，非其書不傳者，其說[注]楊朱之說貴生重己，全性葆真，長生久視，不以物累形。孟軻諷其曰："拔一毛而利天下不為也。"不傳也；其說不傳者，非其說無綺思，雖察見淵魚[注]周諺云：察見淵魚者不詳，智料隱匿者有殃。而不用世故也。人人不損一毛，天下未必治。[注]《列子·楊朱》：曰"古之人，損一毫利天下，不與也；悉天下奉一身，不取也。人人不損一毫，人人不利天下，天下治矣。"《列子·楊朱》又曰："禽子曰：'去子體之一毛，以濟一世，子為之乎？楊子曰，世固非一毛之所濟。禽子曰，假濟，為之乎？楊子弗應。禽子出語孟孫陽。孟孫陽曰，子不達夫子之心。吾請言之。有侵若肌膚獲萬金者，若為之乎？曰，為之。孟孫陽曰，有斷若一節得一國，子為之乎？禽子默然有間。孟孫陽曰，一毛微於肌膚，肌膚微於一節，省矣。然則積一毛以成肌膚，積肌膚以成一節。一毛固一體萬分中之一物，奈何輕之乎？'"楊朱貶儒損墨，訐仁病義，自以為高明，實不過野狐禪耳。[注]比喻似是而非之禪。謂所為不契合禪之真義，然卻自許為契合。出唐代禪僧百丈懷海開導野狐之談話。無門關第二則：百丈和尚，凡參次，有一老人，常隨眾聽法，眾人退，老人亦退。忽一日不退，師遂問："面前立者複是何人？"老人云："諾！某甲非人也。于過去迦葉佛時，曾住此山。因學人問：大修行底人還落因果也無？某甲對云：不落因果。五百生墮野狐身。今請和尚代一轉語，貴脫野狐。"遂問："大修行底人，還落因果也無？"師云："不昧因果。"老人于言下大悟。楊朱與墨翟侔，其說雖名噪一時，迂闊可哂，終不能久傳。道家主無為，非無所為，無為者不逆天而為也。楊朱乃自然之人，非人之人，無以論學力，故請出諸子百家。雖然，後兩千年，仍有扇其說者，曰："人生數十年，除去疾風雨雷電蚊蠶以及兒女婢僕之勞費神、油鹽柴米之購買計畫，親戚朋友之來往酬酢，為人生必不能免之外，尚多意外之紛擾，再有仕宦得失，孝弟仁義之事，束縛其間，更有何自由之生趣，故余於《列子·楊朱篇》深有取也。"[注]吳虞日記1913年8月

4日，見《吳虞集》。效顰于《楊朱篇》而已。《楊朱篇》曰："生民之不得休息，爲四事故。一爲壽；二爲名；三爲位；四爲貨。有此四者，畏鬼畏人，畏威畏刑。此謂之遁人也。可殺可活，制命在外。不逆命，何羨壽？不矜貴，何羨名？不要勢，何羨位？不貪富，何慕貨？此之謂順民也，天下無對，制命在內。"余寧讀楊朱原文也。〔注〕世人疑《楊朱篇》非楊朱所作。是與不是寧有異乎？與《道德經》真僞同，真與僞寧有異乎？

老子第二

老子貴無貴虛。[注]《道德經·第十三章》三十幅共一轂，當其無，有車之用。埏埴以爲器，當其無，有器之用。鑿戶牖以爲室，當其無，有室之用。故有之以爲利，無之以爲用。虛舟載人，盈滿船覆，空室納物，盈滿則塞。如文言文之妙在於虛字。[注]劉淇《助字辨略序》："構文之道，不過實字虛字兩端，實字其體骨，虛字其性情也。"老子之說理賾義玄，文詞簡嚴，概鴻洞[注]《淮南子·精神訓》：古之有天地之時，惟象無邊……鴻蒙鴻洞，莫知其門。括天地，極聖賢之所能矣。

慧皎①云：夫至理無言，玄致幽寂。幽寂故心行處斷，無言故言語路絕。言語路絕，則有言傷其旨。心行處斷，則作意失其真。所以淨名杜口於方丈，釋迦緘默於雙樹，將知理致淵寂，故爲無言。但悠悠夢境，去理殊隔，蠢蠢之徒，非教孰啓？是以聖人資靈妙以應物，體冥寂以通神，借微言以津道，假形像以傳真。故曰："兵者不祥之器，不獲已而用之；言者不真

---

① 慧皎（497–554）：南朝梁代僧。上虞（浙江）人，姓氏不詳。住會稽（浙江紹興）嘉祥寺。學通內外，博究經律。春夏二季以弘法爲務，秋冬則潛心著述。以寶唱所撰之名僧傳有杜撰之失，乃搜羅諸錄，廣詢故老，于梁天監十八年（519）著《高僧傳》十四卷，世稱梁高僧傳，爲我國第一部有系統之僧傳。所創僧傳體例，爲後世所依。承聖二年（553）避侯景之亂，西至湓城（江西九江）。次年二月入寂，世壽五十八。另著有梵網經疏、涅槃義疏十卷等。

之物，不獲已而陳之。"［注］《義解論》言者不真之物，不獲已而陳之——真至理名言也。師鋪陳言與不言之理，凡一百六十七言，筆斯之奔，維毫伎伎，［注］伎伎猶舒展。軟毫藏銳，能破義理之堅冰，知聖人資靈妙以應物，體冥寂以通神，借微言以津道，假形象以傳真。讀至"言者不真之物，不獲已而陳之"焉能不拍案叫絕？若今人陳言此理，雖遣萬言未必達意也。［注］今之著書立說，誇奢之風蔓延，寫家名邁化而實自多，以善言爲能事，下筆千言不知所云。快心於堆泥做大偶像者定非高僧也，醉心於著作等身者定非作家也。［注］慧皎大師撰有傳世之《高僧傳》。務存一善不及餘行乃是其續文之大倫。慧皎曰："前代所撰，攝曰名僧。然名者，本實之賓也。若實行潛光，則高而不名；寡德適時，則名而不高。"慧皎之準的亦余所遵者。雖然，後人以老子名不夠高，故託黃帝之名，名以黃老之說。黃老以虛無爲本，［注］參互劉向《別錄·列子敘錄》："道家者，秉要執本，清虛無爲，及其持身接物，務崇不競，合於六經。"以因循爲用，與時遷移，應物變化；老莊避世歸本，以無爲用，歸於天道。［注］參互司馬談《論六家要旨》：（黃老）"其爲術也，因陰陽之大順，采儒墨之善，撮名法之要，與時遷移，應物變化。……以虛无爲本，以因循爲用。"——此二者之異也。莊子自詡老聃、關尹道統之繼嗣者，［注］繼嗣猶繼續。察自然而知白守黑。［注］《道德經·第二十八章》二十八章：知其雄，守其雌，爲天下谿；爲天下谿常德不離，複歸於嬰兒。知其白，守其黑，爲天下式；爲天下式，常德不忒，複歸於無極。知其榮，守其辱，爲天下穀；爲天下谷，常德乃足，複歸於樸。老聃入世，是賡續黃帝道統也。

道家貴己［注］《呂氏春秋·孟春紀·重己》：今吾生之爲我有，而利我亦大矣。論其貴賤，爵爲天子不足比焉。論其輕重，富有天下者不可以易之。論其安危，一曙失之，終身不復得。此三者，有道者之所慎也。未必不利人。老子以貴己爲高行，故曰"貴以身爲天下，若可寄天下；愛以身爲天下，若可託天下。"［注］《道德經·第十三章》爲天下、託天下終入世也。輕物然後可以重物，貴生然後可以貴天下蒼生，此老子貴生之要旨也。老子貴己而不放縱，故曰："我有三寶：一曰慈，二曰儉，三曰不敢爲天下先。"［注］《道德經·第三十一章》。慈則不殺；儉則不縱欲，不使欲因壯而死；不敢爲天下先則穩如常川而不絕。莊子之貴生至親而止，無關蒼生。[注]《莊子·養生主》：爲善無盡近名，爲惡無盡刑，緣督（順守中道）以爲經。可以保身，可以全生。可以養親，可以盡年。——此老、莊貴己之異也。莊子之貴己庶幾近楊朱。[注]故歷來有以莊子即楊朱、楊朱即莊子，猶寫家之筆名。道之真以治身[注]《莊子·讓王》，如何治身？爲善無近名，無惡無近刑……可以保身，可以全生。[注]《莊子·養生主》。莊子以爲，桂因其皮可食而伐，漆因可用而割，故人當求無用之用，處於"材"與"不材"之間。口雖說之，行卻反之，莊子著內外篇而盡顯其材，此乃明示後人：處於材與不材之間實不可取！莊生全身免害，懼損一毛卻出言不遜，[注]儒家尚且"邦有道，危言危行；邦無道，危行言孫。"（《論語·憲問》）危言頻出，[注]如《莊子·胠篋》："彼竊鈎者誅，竊國者爲諸侯。諸侯之門而仁義存焉，則是非竊仁義聖知邪？"此非危言邪？故《莊子·人間世》曰："方今之時，僅免刑焉。"行卻反之，且未刑加於身。老莊之說皆治身之數，老子"爲天下"、"寄天下"、"託天下"，而莊子爲一己而已，是故有疑莊子、楊朱乃是一人者。

莊子出世者，"滔滔者天下皆是也，而誰以易之"。[注]《論語·微子》無人易之，故不出。

老子更貴己身，更患有身："吾所以有大患者，爲吾有身；及吾無身，吾有何患？"[注]《道德經·第十三章》莊子極言之而偏："方生方死，方死方生；方可方不可，方不可方可；因是因非，因非因是。……是亦彼也，彼亦是也。彼亦一是非，此亦一是非。……可乎可，不可乎不可。道行之而成，物謂之而然。"[注]《莊子·齊物論》。極言生死變易迅疾，可與否交替難察，遵道幾不可能。老子遵道之法爲之顛覆一空。故曰道不可言。《荀子·王制》曰："水火有氣而無生，草木有生而無知，禽獸有知而無義"此荀子高莊子者。

抹月批風[注]言以風月爲食。出自蘇軾《和何長官六言次韻》："家貧何以娛客，但知抹月批風。"可說而不可行，叢殘[注]叢殘乃不完整之文字。

出自王充《論衡·書論》："叢殘滿車，不成爲道；玉屑滿篋，不成爲寶。"造論可聽而不可信。若此，不必念一，[注] 道家謂道爲一，篤信於道曰抱一、守一、念一。不必有道家也歟！

莊子相對主義果錯而因不差："是非之彰也，道之所以虧也。道之所以虧，愛之所以成。"[注]《莊子·齊物論》此鸜鵒[注] 八哥鳥效聲也。老子曰："爲學日益，爲道日損。損之又損，以至於無爲。爲學而無不爲，取天下常以無事。及其有事，不足以取天下。"[注]《道德經·第四十八章》。爲道日損言去心垢而道自見。此乃貴柔之認識論。老子傳人乃範蠡，[注] 範蠡以"隨時以行、變易主客、因而成之"之戰法滅吳，高位不居，卻以勾踐"可與共患難，難與同安樂"爲由乘扁舟浮於江湖，先後化名鴟夷子皮、朱公。司馬遷贊曰："此所謂富好行其德者。"關尹、[注] 關尹貴清。《列子·黃帝》："壹其性，養其氣，含其德，以通乎物之所造。若是者，其天守全，其神無郤，故物莫能傷也。""在己無居，形物自著"之主張深得莊子讚賞。列子、[注] 關尹之弟子。列子貴虛："眼如耳，耳如鼻，鼻如口，口無不同也。心凝形釋，骨肉都融。不覺形之所依，足之所履，隨風東西，猶木葉干殼。竟不知風乘我邪？我乘風邪？"（《列子·黃帝》）文子、[注] 曾問學于子夏、墨子。齊王問道于文子，文子曰"夫賞罰之道，利器也，君固握之，不可以示人。"（《韓非子·內儲說上》）彭蒙、田駢、慎道受文子影響至深。又《文子·道原》："人生而靜，天地之性也。感物而動，性之欲也。物至而應，智之動也。智與物接，而好憎生焉。好憎成形，而智出於外，不能反已，而天理滅矣。是故聖人不以人易天，外與物化而內不失情，故通道者反于清靜，究於物者終於無爲，以恬養智，以漠合神，即乎無門。"彭蒙、[注] 法制與名分之概念蓋出此公。"雉兔在野，眾人逐之，分未定也。雞豕滿市，莫有志者，分定故也。物奢則仁智相屈，分定則貪鄙不爭。"田駢、[注]《田子》二十五篇散佚。以爲"人皆自爲而不能爲人。故君人者之使人，使其自爲用，而不使爲我用。"（《尹文子》）莊子，[注] 莊子雖遊於世外，卻未離人寰，故其爲人與儒家處世可合爲完璧。學皆弗若其師也。

儒家起於齊魯，黃老[注] 如田駢、慎到、環淵、接子、宋鈃、尹文。起於稷下。［注］稷下者齊國國都之西門也。入西門可至稷下學宮，故得名。稷下學宮始建於桓公，至齊威王"齊最強于諸侯"。梁惠王"卑禮厚幣以招賢者，騶衍、淳于髡、孟軻皆至梁。"［注］《論衡·效力》："六國之時，賢才之臣，入楚楚重，出齊齊輕，爲趙趙完，畔魏魏傷"極言稷下學宮之盛況。學術融合而門戶洞開，［注］淳于髡名聲最巨，然非儒家非道家也；荀子學問最巨，然亦儒亦道（黃老）也。百家莫不用世，黃老浸淫儒家，荀子之說生焉。荀子不以一家言爲尊，［注］《荀子·天論》：老子有見於詘，無見於信；墨子有見於齊，無見於畸；宋子有見於少，無見於多。"神思源於莊子外篇之《天下》。世人疑莊子外篇者，外篇驟由詭激［注］極言偏激。而複歸中道。莊子其人，不能爲。戰國百家爭鳴者，非獨謂學派林立，更謂百家融合。學術式微之徵一人一說，而非各立學派也。［注］今日之學術式微，在於人皆持一孔之見，全無服膺天道、納納接意之氣度。然細觀之，說引（余名之曰"堆泥"）有餘而立言不敷，不配"學術"二字。劉歆曰："今異家者，各推所長，窮知究慮，以明其指。雖有蔽短，合其要歸，亦六經之支與流矣。……若能修六藝之術，而觀此九家［注］《藝文志》爲十家：儒、道、陰陽、法、名、墨、縱橫、雜、農、小說。小說無關學術，故劉歆略之。之言，舍短取長，則可以通萬方之略矣。"［注］《漢書·藝文志·七略》

或曰：中國學術爲政治做嫁衣裳。學術一統［注］指消融百家隔閡，你我互參，非指漢武帝劉徹納董仲舒之說，廢黜百家，獨尊儒術。乃華夏一統之基趾。［注］基趾猶基礎。言學術是政治之前驅。中國有荀子［注］荀子集儒家、道家、法家、陰陽家之大全，乃消融門戶之大手。而後有禮制，有禮制而後有兩千年一統之江山，兩千年一統江山最終複銷鑠中國之學術。以此而論，銷鑠中國學術者荀子［注］非禮制之荀子，消融門戶之荀子也。必也其一也！

道可道第三

　　道可道否？老、莊各執一詞。老子曰：道可道，非常道；名可名，非常名。［注］《道德經·第一章》非全道在胸，曷克臻此，令人絕倒乎？老子以爲道猶可道，名猶可名。老子用語約省過度，故使莊子足可發明。莊子曰："道不可聞，聞而非也；道不可見，見而非也；道不可言，言而非也。知形形之不形乎！道不當名。無始曰，有問道，而應之者不知道也，雖問道者亦未聞道。道無問，問無應。無問問之，是問窮也。"［注］《莊子·知北遊》雖外篇，誠莊子之言也。不聞，不見，不言，道其自在；聞之，見之，言之，道則人化，［注］化爲人所理解之道。故道不可道，名不可名。莊子明則道不可道，暗則以爲常人不可道，大宗師［注］《莊子·大宗師》："雖天地之大，萬物之富，其所宗而師者，無心也。"可道，常事可道，［注］可道者亦有不道者，如中冓之事可爲而不可言也。非常事不可道。［注］非常事不可道亦有道者，道者老莊也。所以然者，大宗師無心也，無心者誰？莊生也。故道不可聞、不可見、不可言者，莊生可，餘皆不可也。人之有價在有己心，道亦在有己心，不能聞，不能見，不能言，唯萬物不能攖其心之大宗師可與道通。以一言蔽莊子之內外篇，求絕對自由之人格也。［注］即求道也。

此道大不同於老子所言之道也。絕對自由之人格無榮辱，無貴賤，無生死。[注]《莊子·天道》："呼我牛也而謂之牛，呼我馬也而謂之馬。"《莊子·天地》："不樂壽，不哀夭；不榮通，不醜窮。"《莊子·德充符》："生死存亡，窮達貧富，賢與不肖毀譽，饑渴寒暑，是事之變，命之行也。"不如韓詩"浮生雖多途，趨死則以軌"（《秋懷詩》）高明也。何以入真人（至人、大宗師）之境？老子虛懷若谷[注]欲高故低，欲擒故縱。以求之，莊生則以心齋、坐忘、形如槁木、心如死灰、"吾喪我"求之。老子虛懷若谷是對天人，近儒；莊子心齋、坐忘是對己，近佛。[注]六祖惠能與莊子逼肖之至，一落言筌，便鑄錯謬，故不立文字。《古尊宿語錄》卷四十曰："上堂僧問靈山，拈花意旨如何？師云：一言纔出，駟馬難追；進云：迦葉微笑意旨如何？師曰：口是禍門。"此出於莊子，禪宗生出頓悟是發明莊子也。若無儒家，中國徒有心學而無人學，有修行而無文化也。令吾不解者，戊戌變法以還，學界以逍遙之至人為高致，極慕"獨與天地精神往來"之境界，極盡褒道貶儒之能事。[注]方東美曰："（道家之自由）不僅時間之幅度無限，空間之範圍亦是無窮。莊子更進一步，以其詩人之慧眼，發為形而上學之睿見，巧運神思，將那窒息礙人之數理空間化之，成為畫家之藝術空間，作為精神縱橫馳騁，靈性自由翱翔之空靈領域，再將道之妙用，傾注其中，使一己之靈魂，昂首雲天，飄然高舉，致於寥天一處，以契合真宰。一言以蔽之，莊子之形而上學，將'道'投射到無窮之時空範疇，俾其作用發揮淋漓盡致，成為精神生命之極詣。"讀此驀然浮現尼采之超人，超人睥睨文明，超越道德，重估價值。煽"新文化運動"與"無政府主義"之風。雖張一己之自由，卻滅人類之文化也。方氏以莊子自由之我有五義。[注]一曰軀殼之我；二曰心理之我；三曰心機之我；四曰吾人自發之精神本性；五曰永恆臨在之常心。（《中國哲學之精神及其發展》）唯無人倫之我，未審自由脫離人倫即成無勒之馬，狂奔之外一無所能也。

　　道可道，非常道，故治世"反者道之動，弱者道之用，天下萬物生於有，有生於無。"[注]《道德經·第四十章》道不可道，故"聞在宥[注]猶寬容。天下，未聞治天下也。"[注]《莊子·在宥》

永永第四

　　華國［注］作者字華國。與古之賢哲以恆久爲要，美［注］言美者傳，不美者不傳。故欲恆久不能不美其言。王充一生著書四部（《養性書》《譏俗》《政務》《論衡》），唯《論衡》傳者，其言美也，餘者白話而不美，故佚。與和次之，真［注］邏輯。與智［注］理性。其下。今人反易之，以真與智作樊籠，寧速死亦求真焉。

　　儒家、道家、釋家因其用恆久，不限於年所［注］年所猶年數。故傳千年不衰。今之衰，乃藏也，非衰也。夫農事有三時。［注］春耕、夏耘、秋收。冬節農事閑隙，非農事凋敝，蓄縮以圖重生也。言華夏學術衰微者，知物之生死而未明變易生死也。［注］生死互見之理。又作"無爲生死"、"不思議"、"不思議變易死"、"變易死"。爲佛教兩種生死之一。對應"分段生死"，即阿羅漢、辟支佛及大力之菩薩，以無漏的"有分別業"爲因，以無明住地爲緣，所招感三界外之殊勝細妙之果報身；此一果報之身，系由無漏之悲願力改轉原先的分段生死之粗身，而變爲細妙無有色形、壽命等定限之身，故稱變易身。系由無漏之定力、願力所助感，妙用而難測，故又稱不思議身。又以此身乃隨大悲之意願所成者，故亦稱意成身、無漏身、出過三界身。複以此身既由無漏之定力所轉成，已異於其前的分段粗身，猶如變化而得，故又稱變化身。蓋阿羅漢、辟支佛及大力之菩薩已斷盡四住地之煩惱惑障，不復再受生爲三界內之分段身，故受生爲三界外之變易身，然彼等又以此變易身回入三界中，長時修菩薩行，以期達於無上菩提。又若依法相宗之義，有四類人能受變易生死之果報，即：（一）二乘之無學聖者回心而入大乘，於得涅槃之後，即可直接受變易身之果報。（二）有學之聖者轉向大乘，于初地以後亦得受變易身。（三）悲增之菩薩，于八地以上受此變易身。（四）一類智增之菩薩于初地以上受之。法性宗則認爲二乘之無學及菩薩之種性以上，得隨應而受變易身。據三論宗嘉祥大師吉藏於勝鬘寶窟卷中末之說，變易生死與分段生死之別乃在：分段生死之身具有色形區別與壽期長短之定限；而變易生死則由心識之念念相續而前變後易，其身形與壽期皆無定限。大乘義章卷八本亦舉出變易生死之三義，即：（一）以微細之生滅爲變易生死。（二）以緣照無漏所得之法性身爲變易生死之身。（三）真證之法身如來藏於尚未出離生滅之際，猶隨逐無常之死法，故稱變易生死。大乘義章卷八本又將變易生死分爲兩類：（一）事識中之變易生死，系於六識之中緣照無漏法所受之果報。複有三種之別：甲阿羅漢及辟支佛所受之身，乙種性解行之人所受之身，丙初地以上菩薩所受之身。妄識中之變易生死，系於第七識（阿陀那識）中緣照無漏法所受之果報。亦有三種之別：甲初地以前菩薩所受之身，乙初地以上所受之身，丙八地以上所受之身。勝鬘寶窟卷中末將變易分爲自報與爲物兩種：甲自報變易，系以無漏之五陰爲體，以無漏之業爲因，以無明爲緣。乙爲物變易，系以色陰爲體，以悲願爲因，以眾生之根欲爲緣。上記之外，有關受生爲變身之種別及其修行階位等，諸家之間另有多種異說。道家求不生之生，不死之死。［注］杞人憂天崩壞，列子說之曰："生不知死，死不知生；來不知去，去不知來。（天）壞不壞，吾何容心哉？"（《列子·天瑞》）不知者當不知，知者則當知。何物當知？道德仁義也："人而無義，唯食而已，是雞狗也。強食靡角，勝者爲制，是禽獸矣。"（《列子·說符》）人與禽獸草木本齊一，生命於青蛙、鶴鶉、蝴蝶、青苔、車前子、烏足草等物之間流轉變易。——此釋家轉生說之嚆矢也。列子與老子侔，侃侃說道而後身形消索，無知其蹤跡者。傳老、列本化人，［注］"化人"指以神通所變現之人，如佛菩薩爲化益眾生而變現之人身即是。又稱權者、化身。《大智度論》

卷二十六云："如聲聞法，化人說法，化主不說。化主說，化人不說。佛則不爾，化人化主俱能說法。"又，鬼畜等亦可化爲人，如《四分律行事鈔》卷上之三云："八部鬼神，變作人形而來受具，律中五分天子、阿修羅子、揵闥婆子化爲人等。"另外，幻師化作人形，是稱幻化人或幻人。論道而後化去，生與死壹，人與天齊，吾疑此乃釋家變易生死之源也。楊朱不以功名不朽爲然①，是不知生死變易也。

道與釋之分別，唯在道家名爲用人實爲用世，釋家名實皆用人。〔注〕用世者爲世所用，用人者爲人所用。道家表爲人所用，裏爲世所用。釋家完全爲人所用（力用、功用、作用皆系於人）。欲知人者可以習佛，欲論世者不可以不學道。

中國人以農耕求地利，非儒家使然，非墨家使然，非法家使然，非陰陽家使然，非農家使然，〔注〕九流之一之農家勸耕桑以足衣食，乃農耕之應然者，非使然者。非先聖使然。使然者唯道家，老子肇其始〔注〕班固《白虎通號》云，神農氏"制耒耜，教民農作"，其功莫大，然神農亦未必知倡農之所以然。唯老子知，故曰老子肇其始。而莊子賡續之。莊子以爲固人之常性，以天放求常德，達樸素。〔注〕《莊子·馬蹄》："彼民有常性，織而衣，耕而食，是謂同德；一而不黨，命曰天放。……同乎無知，其德不離；同乎無欲，是謂樸素。"明求至美至樂，實求至至〔注〕至高無上之道。《淮南子·繆稱》："至至之人，不慕乎行，不慙乎善，含德履道而上下相樂也。"與至治〔注〕完美之政治。《尚書·君陳》："我聞曰，至治馨香，感於神明。"能固人之常性而又達樸素者，非農事莫能，"織而衣，耕而食"乃常然〔注〕《莊子·駢拇》："彼正正者，不失其生命之情。故合者不爲駢（胼子），而枝者不爲跂"；長者不爲有餘，短者不爲不足。是故鳧脛雖短，續之則憂；鶴脛雖長，斷之則悲。

① 楊朱認爲人死變爲白骨一堆，好聲名已經沒有任何意義。即使當代發生的事情能被人們記住的不過千分之一。伏羲氏以還，留名於今者區區可數。舜、禹、周公、孔子雖貴爲聖人，但生前的生活品質都不高，舜自幼貧苦，耕田制陶，而且倍受父母歧視，年老體衰時才得天子位。禹更淒慘，父親被舜殺死，自己卻要爲仇人效勞，治水期間"身體偏枯，手足胼胝"三過家門卻不能進去看看家人。周公爲治武王病，爲鬼神充當人質，攝政期間，生活在流言蜚語中，不得不誅殺其兄，流放其弟。孔子後半生流離顛沛，家無定所，被人譏諷惶惶如喪家之犬，"戚戚然以至於死"。"生無一日之歡，死有萬世之名……雖稱之弗知，雖賞之弗知，與株塊無以異常矣。"反之，夏桀、商紂雖然遺臭萬年，生時卻享盡榮華富貴。後人罵，又奈其何？

故性長非所多憂也,……且夫待鉤繩規矩而正者,是削其行也;待繩約膠漆而固者,是侵其德也;屈折禮樂,呴俞仁義,以慰天下之心者,此失其常然也。天下有常然。常然者,屈者不以鉤,直者不以繩,圓者不以規,方者不以矩,附離不以膠漆,約束不以纆所。故天下誘然。皆生而不知其所以生,同焉皆得而不知其所以得。"之常法,至於工人摹道而後爲器,[注]《莊子·達生》:"梓慶削木爲鐻(樂器),鐻成,見者驚猶鬼神。魯侯見而問焉,曰:'子何術以爲焉?'對曰:'臣,工人,何術之有!雖然,有一焉。臣將爲鐻,未嘗敢以耗氣也,必齊以靜。心齊三日,而不敢懷慶賞爵禄;齊五日,不敢懷非與巧拙;齊七日,輒然忘吾有四枝形體也。當是時也,無公朝,其巧專而外骨消。然後入山林,觀天性,行驅至矣,然後成見鐻,然後加手焉,不然則已。則以天合天,器之所以疑神者,其是與!"亦道法自然也。

　　讀《天運》,可爲現代之人師者三:

　　其一,至貴忘爵。[注]《莊子·天運》:"至貴,國爵並焉;至富,國財並焉;至願,名譽並焉。是以道不渝。"萬物皆可棄,唯道不可棄。由此觀之,今人逆天背道,能長久乎?[注]言"GDP"主義不能久長。

　　其二,富不讓祿[注]《莊子·天運》:"以富爲是者不能讓祿;以顯爲是者不能讓名;親權者不能與人柄。操之則慄,舍之則悲,而一無所鑒,以窺其所不休者,是天之戮民也。"祿盡人亡也。悲夫!今人朝爭利於市喧,夜奪朱[注]《論語·陽貨》:"惡紫奪朱也,惡鄭聲之亂雅樂也。"於網路,[注]寫博客以揚名聲。掇皮[注]剥其皮而見其本。皆惡魔,早晚必遭天戮。

　　其三,時不止,道不壅。[注]《莊子·天運》:"性不可易,命不可變,時不可止,道不可壅。苟得於道,無自而不可;失焉者,無自而可。"得道者昌,失道者亡。窮天以富人,損道以昌世,道壅人亡矣。[注]科學乃窮天富人之術,科學造極之時即人類滅頂之日。

農事第五

農事居百業之首，不可不察其原始要終。［注］《周易·繫辭上》："《易》之爲書也，原始要終，以爲質也。"

農事者豈獨因地制宜哉？初，中國富有四海，有采鹽煉鐵之利，有遠洋貨殖之便，有以威勢凌駕蠻夷之武力，有畋獵飼養出放［注］賈思勰《齊民要術·養羊》："既至冬寒，多饒風霜，或春初雨落，青草未生時，則須飼，不宜出放。"之機宜……何乃獨尊無近利唯能緩圖之農事乎？采鹽煉鐵非長久之計，遠洋貨殖非取財之道，以威淩人非君子所爲，畋獵終有盡，飼放不敷以養素。［注］言飼養出放不足以涵養中國人敬天之本性。凡此皆不能與天共舞，與谷神［注］《道德經·第六章》：谷神不死，是謂玄牝（母）。此謂道也。同樂也。

農事託於天地者："天長地久。天地所以能長久者，以其不自生，故能長生。是以聖人後其身而身先，外其身而身存。非以其無私邪？故能成其私。"［注］《道德經·第七章》余以爲不自生者長久，自生者早夭，世間萬物莫不如此。科學自生，不能長久；技術自生，不能長久；權謀自生，不能長久；工商末業自生，不能長久。李約瑟頗諳此理，以爲中國人不以科學爲務之因乃在於"他們（中國人）不肯定一位比人更有理性的上帝已經將這個規律安排好，使人能夠瞭解。"（《大滴定》）不中不遠矣。農事者非自生〔注〕農事用地而不噬之，利祇求倍於種而已，順從天意，不出自然之閾，可謂非自生。故長生；後其身〔注〕農父事事考慮天，此後其身也。故身先；無私〔注〕農事無詐，故不生私心。故成私。華夏擇農事者"持而盈不如其已，揣而銳之不可長保。金玉滿堂莫之能守；富貴而驕，自遺其咎。功遂身退，天之道哉也。"〔注〕《道德經·第九章》極言持盈不可再持、可用不可使銳之理。現代化鼓吹者！汝其聞乎？農事不持盈，〔注〕一年得一年利，絕無一年得兩年利之事。求用而不求銳。〔注〕百工所用之器，唯農父之器無需銳。割禾需銳鐮，不過一時之銳耳。富貴而驕，更與農父無涉。〔注〕吾嘗聞商賈富貴而驕，嘗聞官宦富貴而驕，嘗聞學子富貴而驕，未嘗聞農父富貴而驕也。至於功遂身退，非言農父而誰？〔注〕夫農父春夏忙於耕種，秋天忙於收穫，冬至，功遂身退也。農父真谷神之子矣，原心〔注〕追究初意，尋其本也。於道，守雌〔注〕以柔道自守，不與人爭。此農事賜予華人之美德也，雖今人欲棄之，終不能。於德，大制〔注〕以天下之心爲心。不割，民用飽〔注〕充分。而民心保。〔注〕安定。若是，雖財貨不能暴暴，〔注〕暴暴，猝得貌。《荀子·富國篇》："若是則萬物得宜，事變得應，……財貨渾混如泉源，汸汸如河海，暴暴如丘山。……夫天下何患乎不足也。"又何患乎不足哉！王充闡此理最服人："天動不欲以生物，而物自生，此則自然也。施氣而不欲爲物，而物自爲，此則無爲也。謂天自然、無爲者何？氣也。恬澹無欲，無爲無事者也。……陽氣自出，物自生長；陰氣自起，物自成藏。汲井決陂，灌漑田園，物亦生長；霈然而雨，物之莖葉根垓，莫不洽濡。程量澍澤，孰與汲井決陂哉！故無爲之爲大矣。本不求功，故其功立；本不求名，故其名成。沛然之雨，功名大矣，而天地不爲也，氣和而雨自集。"〔注〕《論衡·自然篇》雖言不多而旨深遠。今，自然已壞，不汲井決陂，物不能生長矣。人富天富，兩不能全，人類必擇其一。擇人富雖樂壽短；擇天富雖窮命長。孰與歸乎？

華夏民人仰止黃帝者，非其滅蚩尤，蕩神農，亦非其發明耳目、製作器械、名物定事。〔注〕名物者名號物類也。《周禮·春官·司幾筵》："掌五幾五席之名物。"猶定人與物之名分。在其定分農事，〔注〕定分者確定名分也。言給農事以名分，確定其地位。平章百姓，〔注〕《尚書·堯典》："九族既睦，平章百姓（百官）。"言安定民心，使各得其所。凝聚華族也。黃帝與蚩尤，一農一兵，一守一奪，一安一棱，〔注〕棱乃威嚴。《後漢書·班彪傳》："目中夏而布德，瞰四夷而抗棱。"老子師承之，故世曰黃老。黃帝以還，中國不以兵強天下，其事好還，〔注〕《道德經·第三十章》："以道佐人者，不以兵強天下。其事好還。師之所處，荊棘生焉；大軍之後必有凶年。"數千年不違天經，〔注〕天經猶天之常道。不壞人倫，此非黃帝之功邪？

華夏民人仰止老子者，非其絕聖棄智，〔注〕《道德經·第十九章》："絕聖棄智，民利百倍；絕仁棄義，民複孝慈。"朱元璋之皇后馬氏亦知，絕聖棄智，孝慈蕩然無存也。非其治國烹鮮，〔注〕《道德經·第六十章》："治大國若烹小鮮。以道蒞天下，其鬼不神；非其鬼不神，其神不傷人；非其神不傷人，聖人亦不傷人。夫兩不相傷，故德交歸焉。"以烹鮮之技治國，不可也。非其賤爲貴本，〔注〕《道德經·第三十九章》："貴以賤爲本，高以下爲基。是以侯王自謂孤、寡、不穀，此非以賤爲本邪？非乎？故至譽無譽。"至譽無譽之言非自心出也。非知者不言、言者不知也。華夏民人仰止老子者，老子愛天而不愛物，愛人而不縱人也矣。

愛物乎？愛人乎？此之所以分華夏西夷也。西夷愛物，取之悅己，害天利己。華夏愛人，"貴，以身爲天下，若可寄天下；愛，以身爲天下，若可託天下。"〔注〕《道德經·第十三章》以天下爲貴者可以託天下，愛天下者可司牧天下，是故以農業爲營生，量地之力定民之生。西夷反之，窮索天下之利者可以託天下（名之"民主"），凌天下者可以司牧天下，是故以工業爲營生，竭澤而漁，壞天以求富。老子之言真乃天下第一大義微言也。若斯之論與儒家互坐，〔注〕《莊子·天地》："謂己道人，則勃然作色；謂己諛人，則怫然作色。而終身道日夜，終身諛人也。……是始終本末不相互坐。"寬惠於天，嚴峻〔注〕猶苛刻。於己，此事非農業莫辦。儒與道皆追源敬古者，〔注〕

道家"執古之道以禦今之有，能知古始，是謂道紀。"（《道德經·第十四章》）儒家"慎終追遠，民德歸厚矣。"（《論語·學而》）農事使然耳。夫農事雖爲今日之事卻效古人之法，[注]神農以還，農事不能改造，不能改轍，不能改觀，不能改節，不能改道，能者唯守真保全，效法古人。固守常式，[注]《管子·君臣下》："國有常式，故法不隱，則下無怨心。"工業無常式，故民無所適從。不失恆心，德可配天，壽如常川。

老子以生而不有[注]生養萬物而不據有。爲玄（元）德。[注]《道德經·第十章》："載營魄抱一能無離乎？專氣致柔能嬰兒乎；滌除元覽能無疵乎；愛民治國能無知乎；天門開闔能無雌乎；明白四達能無爲乎。生之畜之，生而不有，爲而不恃，長而不宰，是謂玄（元）德。"農父借地養生，一廛[注]古一家之宅地爲一廛。《商君書·君臣》："農不離廛者，足以養二親，治軍事。"之外用而無損，人盡人事，天盡天功，[注]天功猶自然之功能也。《荀子·天論》："天職位、既立，天功既成，形具而神生。"地利常川，綿綿不絕。[注]農事不傷害環境可持續發展也。何謂至德？農事爲至德。何謂大義？農事爲大義。何謂極行？[注]極行者最高之德行也。農事爲極行。何物可使人事[注]人事乃人之所爲也。永綏？[注]永綏猶永安。《尚書·微子之命》："弘乃烈祖，律乃有民，永綏厥位。"農事可使人事永綏。《淮南子·天文訓》曰："天有九重，人亦有九竅；天有四時以制十二月，人亦有四肢以使十二節；天有十二月以制三百六十日，人亦有十二肢以使三百六十節。故舉事而不順天者，逆其生者也。"

古人爲腹不爲目，[注]《道德經·第十二章》："五色令人目盲。五味令人口爽，馳騁畋獵令人心發狂，難得之貨令人行妨。是以聖人爲腹不爲目，故去彼取此。"故農事昌，今人爲目不爲腹，故末業昌。爲腹則養自然。[注]古人爲腹，故養自然。自神農、黃帝起，人年復一年耕而地力不減，天年復一年去而天行仍健。何者？養自然故也。爲目必殺自然。[注]今人"爲目"之害罄竹難書：谷麥求其精白而殺其精英，果類求其碩大而壞其美味，宅舍求其華美而污染自然，容顏求其外飾而傷筋動骨……今人聞此言必笑之，非此言不合於今，今人不合於道也。

　　當今之世，科學位顯，技術價高。人人爲此二物忙碌，利已倍增，猶嫌不足，全無莊子桔槔之憂。〔注〕《莊子·天地》：子貢南遊于楚，反于晉，過漢陰，見一丈人方將爲圃畦，鑿隧而入井，抱甕而出灌，搰搰然用力甚多而見功寡。子貢曰："有械於此，一日浸百畦，用力甚寡而見功多，夫子不欲乎？"爲圃者卬而視之曰："奈何？"曰："鑿木爲機，後重前輕，挈水若抽，數如泆湯，其名爲槔。"爲圃者忿然作色而笑曰："吾聞之吾師，'有機械者，必有機事；有機事者，必有機心。機心存於胸中，則純白不備；純白不備，則神生不定；神生不定者，道之所不載也。'吾非不知，羞而不爲也。"嗚呼！華夏先人鄙夷科學，輕蔑技術，非不知不能者，羞而不爲也。莊子憂何？憂天下亂也："夫弓弩畢弋機變之知多，則鳥亂於上矣；鉤餌網罟罾笱之知多，則魚亂于水矣；削格羅落罝罘之知多，則獸亂於澤矣……"〔注〕《莊子·胠篋》假桔槔而亂水，假機巧而亂鳥、魚、獸，失百全之和合，壞天人之共億。〔注〕共億猶相安。《淮南子·原道訓》："所謂天者，純粹樸素，質直皓白，未始有與雜糅者。所謂人者，偶䁲智故，曲巧詐偽，所以俯仰于世人而與俗交者也。故牛歧蹏而戴角，馬被髦而全足者，天也；絡馬之口，穿牛之鼻者，人也。循天者，與道遊者也；隨人者，與俗交者也。"轍出於《莊子》耶。雖有所得不足以償其所失也。莊生因之欲令反"居不知所爲，行不知所之"，〔注〕《莊子·馬蹄》："當是時也，山無蹊隧，澤無舟梁……同與禽獸居，族與萬物並……民居不知所爲，行不知所之，含哺而熙，鼓腹而遊。""唯知其母，不知其父"之古昔。《莊子·盜跖》："臥則居居，起則于于，民知其母，不知其父，與麋鹿共處，耕而食，織無衣，無又相害之心，此至德之隆也。"余欲問：縱人無有相害之心，至德之隆，而人又何爲哉！人之值又何在哉！以人爲無值之物，余不與論道也。固謬，然其說大有裨益，雖不足以衡抗全球化，亦使人有所懼焉。人惡猶可治，無所畏則不治矣。

小國寡民第六

小國寡民[注]《道德經·第八十章》："小國寡民，使有什伯之器而不用；使民重死而不遠徙；雖有舟輿，無所乘之；雖有甲兵，無所陳之。使民複結繩而用之。甘其食，美其服，安其居，樂其俗，鄰國相望，雞犬之聲相聞，民至老死不相往來。"《莊子·胠篋》："子獨不知至德之世乎？……當是時也，民結繩而用之，甘其食，美其服，樂其俗，安其居，鄰國相望，雞狗之聲相聞，老死不相往來。若此之時，則至治矣。"小國寡民理論頗與《聖經》合拍，人類造巴別塔以窺天奧，耶和華以語言分之，令其小。頗可與老子之言參互。雖不可行，可鑒於今焉。[注]西夷之盧梭、列夫·託爾斯泰氏皆仰慕小國寡民，樹之人間楷模。今，全球化之風強勁，人妖[注]人妖猶人爲之災禍。《韓詩外傳》卷二："夫萬物之有災，人妖最可畏也。曰何謂人妖？曰枯耕傷稼，枯耘傷歲，政險失民，田穢稼惡，糴貴民饑，道有死人，賊寇並起，上下乖離，鄰人相暴，對門相盜，禮義不修，牛馬相生，六畜作妖，臣下殺上，父子相疑，是謂人妖。"頻見，暴露無遺，[注]美利堅二三金融寡頭玩弄寰宇于鼓掌，人妖肆虐，唯其無咎。皆小國寡民理論之驗也。雖然，莊子倒轉時輪，宣揚得一，[注]《莊子·繕性》："古之人在混芒之中，與一世而得澹漠焉。當是時也，陰陽和靜，鬼神不擾，四時得節萬物不傷，羣生不夭。人雖有知，無所用之，此之謂至一。當是時也，莫之爲而常自然。逮德下衰，及至燧人、伏羲始爲天下，是故順而不一。德又下衰，及神農、黃帝始爲天下，是故安而不順。"是知"道"之大而覆［注］《莊子·天道》："夫道於大不終，於小不遺，故萬物備。廣廣乎其無所不容也，淵淵乎其不可測也。"而不知"道"之常而覆，［注］道覆於往昔，獨不覆蓋於來茲乎？故人不必返古，不必戀初，守古守初，不損天道，可也。知道常在而不知何以常在，知欲妨道而不知人文助道也。至於莊子"無何有之鄉"。［注］無何有之鄉乃莊子心中之至善社會。無知，無德，無禮，無義，作而不藏，不交不往，"萬物羣生，連屬其鄉。"（《莊子·馬蹄》）。莫爾之烏託邦，效莊生之構耶？非深思熟慮之言，不足爲據。小國寡民乃爲抵禦競爭，免墮爲禽獸。［注］今所謂市場經濟，人人禽獸，各各謀私，正義不在，倫理不存，反證小國寡民之驗也。無何有之鄉銷鑠物累亦銷鑠人之樂，無樂之人禽獸也。

　　近世流行之地方自治［注］地方自治者，化大國爲小邦，各各立法，互不相擾也。雖因邦而異常，然幾微之別可視爲無。乃源於小國寡民。國大而不分，民眾而難牧，民必也各懷其心，各行其事，人文［注］《周易·賁》：《彖》曰："觀乎天文，以察時變；觀乎人文，以化成天下。"崩壞，人倫乖亂，［注］典出《左傳·昭公二十三年》："諸侯乖亂，楚必大奔。"複言逍遙遊，坐忘［注］《莊子·大宗師》："墮肢體，黜聰敏，離形去知，同於大通，此謂坐忘。"亦難矣。［注］坐忘亦須待，喧闐充耳，汙漫滿目，不得潔食，不能安眠，能坐忘乎？"知其不可奈何而安之若命"庶幾不能矣！再者，老子之小國寡民，意在防人之智亟而自毀也。［注］耶和華以七十二種語言離間人類，使其智力不能聚攏，與小國寡民之主張侔也。。何以防遏自毀？去智而無他也。［注］嚴複辯曰："科學昌明，汽電大興，而濟惡之具亦進，固亦人之無可如何者耳。"（《嚴複集》第四冊）人之所作無非二：其一爲縱欲之事，其二爲節欲之事。機巧，理性，科學乃縱欲者；道德，仁義，修養乃節欲者。縱欲愈強而節欲愈弱，故而老莊斷言今不如昔。以縱欲爲功德人類癲狂，以節欲爲功德反易也。小國寡民之初衷在節欲，唯小國寡民嗇,〔注〕農事可使人生存長久。《道德經‧第五十九章》:"治人事天,莫若嗇。夫唯嗇,是謂早服。早服謂之重積德,重積德則無不克,則莫知其極,莫知其極可以有國,有國之母可以長久。是謂深根固柢,長生久視之道。"唯小國寡民知足知殆,〔注〕農事可使人知足。《道德經‧第四十四章》:"名與身孰親?身與貨孰多?得與亡孰病?是故甚愛必大費,多藏必厚亡。知足不辱,知止不殆。可以長久。"唯小國寡民可得常足,〔注〕農事可使物得常貴,欲得常足。《道德經‧第四十六章》:"天下有道,卻走馬以糞。天下無道,戎馬生於郊。禍莫大於不知足,咎莫大於欲得。故知足之足,常足矣。"唯小國寡民之農事與道同體,見之見道,〔注〕道之動不可見,禾苗之成長亦不可見;道無聲,禾苗亦無聲;道周行而不殆,禾苗果而苗,苗而果,亦周行不殆。《內業》:"不見其形,不聞其聲,而序其成,謂之道。"斯謂農事耶。唯小國寡民之農事可自充自盈、自生自成,〔注〕能安人心不使煩躁者唯農事。《內業》:"凡心之刑,自充自盈,自生自成。其所以失之,必以憂樂喜怒欲利。能去憂樂喜怒欲利,心乃反濟。彼心之情,利安以寧,勿煩勿亂,知乃自成。"唯小國寡民之農事可自化。〔注〕不施外力,唯以內力。《莊子‧秋水》:"物之生也,若驟若馳,無動而不變,無時而不移,何爲乎?何不爲乎?夫固將自化。"《莊子‧寓言》:"萬物皆種,以不同形禪,始卒若環,莫得其倫。"若斯之類,非農事孰能辦之?噫!老子講雞犬之事以示人間謀生正途也。

物歸第七

物歸其根〔注〕《道德經·第十六章》："致虛極，守靜篤，萬物並作，吾以觀複。夫物芸芸，各歸其根。歸根曰靜，是謂複命。複命曰常，知常曰明。不知常，妄作凶。知常容，容乃公，公乃王，王乃天，天乃道，道乃久，沒身不殆。"道法自然〔注〕《道德經·第二十五章》："道大，天大，地大，人亦大。域中有四大，而人居其一焉。人法地，地法天，天法道，道法自然。"乃常住〔注〕《法華經·方便品》："是法住法位，世間相常住。"之道。倘使人不法地而直法自然，若何？曰：物必無根可歸，道必不法自然。若是，人類必殺，自然必頹靡。〔注〕以石油造塑膠，塑膠不能入地歸根，不能降解，不能複利用。能者唯害人而已，此人類必殺也。燃煤取能，可代人力，然廢氣不能歸根，升至虛空洞穿臭氧層，此自然必頹靡也。物不歸根必爲害，人不法地必遭殃。所以然者，物不歸根、人不法地者不知足，〔注〕《道德經·第四十六章》："天下有道，卻走馬以糞。天下無道，戎馬生於郊。禍莫大於不知足，咎莫大於欲得，故知足之足，常足矣。"不知足，不知道乃人間至禍也。農事長世者，〔注〕綿續久存。《左傳·僖公十一年》："不敬則禮不行；禮不行則上下昏，何以長世？"知足而無不足也。〔注〕佛教認爲一切法皆是依因果之理而生成或滅壞。

因是能生，果是所生。而且，有因必有果，有果必有因。由因生果，因果曆然。十界迷悟，不外是因果關係。如外界客塵與眾生主體內心也互爲因緣，由眾生之無明生起我見，我見緣外界之客體，客體喚起眾生之貪欲，貪欲引起惡行，惡行招引再生及痛苦，痛苦又加重無明。彼此既是因，又是果。互爲因果。以佛教因果論釋農事正相宜也。似瓜非瓜者種豆欲得似豆非豆者（譬如基因果實），欲種十得千萬（譬如施化肥以求增產），乃是不知足。所得非類，雖多而味寡，且傷身心，是不得反失也。因果律之不可違，由是可見一斑矣。工商、地產、金融、債券、諸般科技皆不知足之產業，日久必殺。以無不知足之產業養生，必能長世。此老子無爲而治之初心乎？非聖人孰能造此宏構？

人皆欲長年不死，曆驗［注］班彪《王命論》："曆古今之得失，驗行事之成敗。"諸相，張情感之羽翼，享人生之象筵，［注］沈約《三月三日率爾成章》詩："象筵鳴寶瑟，金瓶泛羽卮。"不虛人生之短寄。人人皆仰道者，在於道之長年不死耳。效仿道之長久，決非一人所能，須恃人道焉。［注］《周易·繫辭上》："有天道焉，有人道焉。"唯人道可近天道，唯人道不以人事［注］認之所爲。違天道。老子之爲學日益爲道日損，［注］《道德經·第四十八章》："爲學日益，爲道日損。損之又損，以至於無爲。無爲而無不爲，取天下常以無事。及其有事，不足以取天下。"人道一也；以農事養生，人道二也；以禮修身齊家治國平天下，人道三也。此三者，廢其一則不成人道也。［注］今人滿腹俗欲，此不人道一也；開發地藏以養生，此不人道二也；棄禮義而縱本性，此不人道三也。有此三者，離天道愈遠矣。今人淩轢［注］淩轢猶侵犯。《呂氏春秋·慎大》："幹辛任威，淩轢諸侯。"天道行不義之事，雖得財貨而不能歸其根也。縱金銀等身，迷津［注］佛教謂迷之境界，即三界六道。《西域記序》："廓羣疑於性海，啟妙覺於迷津。"儒家謂迷失渡。孟浩然《南還舟中寄袁太祝》："桃源何處是，遊子正迷津。"又何用哉？故道家以道爲本，不貪身外之物。所以然者，財貨滿屋者必有下賤之舉也。［注］《列禦寇》：宋人有曹商者，爲宋王使秦。其往也，得車數乘；王說之，益車百乘。反于宋，見莊子曰："夫處窮閭阨巷，困窘織屨，槁項黃馘者，商之所短也；一悟萬乘之主而從車百乘者，商之所長也。"莊子曰："秦王有病召醫，破癰潰痤者得車一乘，舐痔者得車五乘，所治癒下，得車愈多。子豈治其痔邪？何得車之多也！"噫！今之自力務農者得車不過一乘，舐科學之痔者得車五十乘，道德愈下所得愈多，又甚庸醫多矣！

老子知天道與人道有別，故曰："天之道，其猶張弓與，高者抑之下，下者舉之，有餘者損之，不足者補之。天之道損有餘而補不足。人之道則不然，損不足以奉有餘。孰能有餘以奉天下？唯有道者。是以聖人爲而不恃，功成而不處，其不欲見賢。"〔注〕《道德經·第七十七章》戛戛乎獨造，玄言乎自出，惜後人常曲解其意，以爲"損不足以奉有餘"指謂上流達官魚肉百姓，財貨總己，使富愈富窮愈窮。實則更有深義焉。人者，生赤身來，死撒手去。何來財富？損道以增益物力，不仁而被物累。〔注〕《莊子·天道》："知天樂者無天怨，无人非，無物累，无鬼責。"疏：我冥於物，故物不累我。物力、財富本道之屬，人得一分道減一分，道損亟，凶災亦亟。〔注〕今之溫室效應是之謂也。或問華國：今人富逸乎古人富逸乎？必曰：古人富逸。古人損道輕微，天之道，利而不害，〔注〕《道德經·第八十一章》："聖人不積，既以爲人己愈有，既以與人己愈多。天之道，利而不害。聖人之道爲而不爭。"道富而人逸也。

有無（无）[1]第八

有無（无）[2]之辨，爲世人樂此不疲者。

宇宙本有乎本無乎？兩說皆可圓通無礙，唯所爲有異焉。爲避世而主無或爲欲而主有，皆悖繆無益；爲入世而主無或爲導生而主有，關乎道術［注］道術者，道德與學術也。《呂氏春秋·任數》："桓公得管子，事猶大易，又況於得道術乎？"而不涉真僞也。老莊皆以萬物本無，［注］《道德經·第四十章》："天下萬物生於有，有生於無。"《莊子·齊物論》："有有也者，有無也者，有未始有無也者，有未始夫未始有無也者。俄而有無矣，而未知有無之果孰有孰无也。"然異莫大焉：老子以有爲爲有，以虛无爲無，莊子則不貳有無，齊一同異，有必變，變必無，山澤亦難免焉。［注］《莊子·大宗師》："夫藏舟于壑，藏山於澤，謂之固矣。然夜半有力者負之而走，昧者不知也。"郭象注云："夫無力之力，莫大於變化者也。故乃揭天地以趨新，負山嶽而捨故。故不暫停，忽已涉新，則天地萬物無時而不移也。世皆新矣，

---

[1] 中國人崇尚無，西方人崇尚有。有與活人相對應，無與死人相對應。中國的文化考慮死人多些，而西方文化幾乎完全是爲了活人的。所以可以認爲中國的哲學和文化是高尚的，西方則是實用的。

[2] 無字，在古籍上有三種寫法——亡、无、無，三者薰猶有別。亡的意思是先有而後來沒有了；无的意思是虛无；無則指謂"絕對沒有"。"絕對沒有"大概始於墨子時代，所以老子所說的無具有很強的相對性。

而目以爲故。舟日易矣，而視之若舊。山日更矣，而視之若前。今交一臂以失之，皆在冥中去矣。故向者之我，非複今我也。我與今俱往，豈常守固哉？而世莫之覺，謂今之所遇，可系而在，豈不昧哉！"余以爲昧者郭象，而非他。天地雖不能以一瞬，人間可以文化連綴逝波，以傳統齊一新舊也。仁義道德，豈分今古耶。此正儒家固時安生之妙術也。觀時之變，察物之化而莫之奈何，非愚夫而何？今之以理性疾時之變與物之化者，又愚愚夫十倍矣。老子以無爲用，〔注〕《道德經·第十一章》："三十輻共一轂，當其無，有車之用。埏埴以爲器，當其無，有器之用。鑿戶牖以爲室，當其無，有教室之用。故有之以爲利，無之以爲用。"淮南子之"夫無形者，物之大祖也；無聲者生之大宗也"、戴熙之"畫在有筆墨處，畫之嗎妙在無筆墨處"（《習苦齋畫絮》）、包世臣"計白以當黑，奇趣乃出"（《安吳論書》）、謝榛之"有虛用而無害於詩者"（《四溟詩話》）云云與老子有無論可以參互。妙哉！夫有什一無什九①，物得其用，有過多反而害用。以此把脈，今人之病在於有多無寡，利多而不能用。填充劑多②而害原味，鉛華多而殀〔注〕殀猶摧殘。素顏，裝飾多而生怪病，汽車多而塞氣海，〔注〕氣海乃胸。塞氣海極言二氧化碳令呼吸不暢也。書籍多而俗，報紙多而淫，歌妓多而靡，資訊多而迷……凡此種種皆"多"之弊也。中醫之妙乃在貴無，〔注〕有胃氣（饑餓感）則生，無胃氣則死。經絡雖無，肌膚健康與否卻決於經絡。學問亦然，有用之學與無用之學未必有高下之分別。〔注〕王國維公《國學叢刊序》曰："夫天下之事物非由全不足以知曲，非知曲不足以知全。雖一物之解釋，一事之決斷，非深知宇宙人生之真相者不能爲也。而欲知宇宙人生者，雖宇宙中之一現象，歷史上之一事實，亦未始無所貢獻。故深湛幽渺之思學者，有所不避焉。迂遠繁瑣之識，學者有所不辭焉。事物無大小，無遠近，苟思之得其真，紀之得其實，極其會歸皆有裨于人類之

---

① 羅素在《西方哲學史》一書中亦稱科學祇占知識之10%，餘皆不可知者，不可證實其真者。
② 次硫酸鈉、甲醛混於腐竹、粉絲、麵粉、竹筍；蘇丹紅混於辣椒粉；王金黃混于腐皮；蛋白精、三聚氰胺混于牛乳製品；硼酸與硼砂混於腐竹、肉丸、涼粉、涼皮、麵條、餃子皮；硫氰酸鈉混于牛乳製品；玫瑰紅混於調味品；美術綠混於茶葉；鹼性嫩黃混於豆製品；酸性橙混於鹵制熟食；工業用甲醛混於海參、魷魚；工業用火城混於海參、魷魚等幹水產品；一氧化碳混於水產；硫化鈉混於味精；工業硫磺混于白砂糖、辣椒、蜜餞、銀耳；工業染料混於小米、玉米粉、熟肉；罌粟殼混於火鍋；脂肪酸酯混於麵點、月餅；硫酸鋁鉀、硫酸鋁銨面混於麵條、餃子皮；硫磺、硫酸鋁鉀、硫酸鋁銨油混於油條；硝酸鹽、亞硝酸鹽混於肉製品和鹵制熟食；二氧化鈦、塊黃混於小麥粉……

生存福祉。已不竟其緒，他人當能竟之；今不獲其用，後世當能用之，此非苟且玩愒之徒所與知也。學問之所以爲古今中西所崇敬者，實由於此。凡生民之先覺，政治教育之指導，厚生利用之淵源，胥由此出。非徒一國之名譽光輝而已。世之君子，可謂知有用之用而不知無用之用者矣。"故曰：老莊有無之辨乃治學之基石也。科學者有也；[注]道之變易相。宗教者无也。[注]道之無上性相。較之柏拉圖氏以"有"爲永恆法相，以"無"爲虛幻，無尤高妙也。道與佛、儒皆主"無我"①，道之無我化于自然，佛之無我②法我兩空，儒之無我乃爲造大我，大我由修身而來。[注]《大學》："自天子以至於庶人，壹是皆以修身爲本。"中國人以無我而異於西方，此別於他族者。有無、動靜之爭止於王弼。[注]王弼（226–249）三國玄學家。曾任尚書郎。王弼年不高而腹笥甚充，時人以爲天才。裴徽嘗問王弼："無"乃宇宙之本，萬物因之。緣何儒家不言無，唯老子言之而不休？王弼答曰：聖人以無爲本體，無不可道，故不言之。老子未入聖人之境，仍以有爲本體，故言無以補不足。使儒與道合於同轍者王弼也，王弼時年僅十七而已。王弼壽二十有三，卻注《老子》，演《周易》，闡《論語》，著《老子指略》《周易略例》，常人縱米壽[注]米壽猶八十八也。亦難爲也。時何晏[注]何晏（190–249）三國玄學家。曹操義子。累官侍中、尚書。宣導玄學，競事清談，開一時風氣。嘗曰："若斯人（王弼），可與論天人之際矣。"後因依附曹爽，爲司馬懿所殺。注《老子》，聞王弼亦注，歎弗如，因輟而專志著《道論》《德論》。王弼嘗談道于曹爽，爽"以此嗤之"不用。[注]王弼之不諳人情，《三國志·魏書·鍾會》有載："然弼爲人，淺而不識物情，初與王黎、荀融善，黎奪其黃門郎，於是恨黎，與融亦不終。"嗚呼！曷明道而不解人倫乎？此正儒家有爲之驗也。以王弼之清高，尚不能一塵不染，況凡輩乎？至於後

---

① 這裏指社會學意義的無我。如孟旦所總結的："無我是中國最古老的價值之一，以各種形式存在於道家和佛學，尤其是儒家之中。無我的人總是願意把他們自身的利益，或他所屬的某個小群體（如一個村莊）的利益服從於更大的社會群體的利益。"（《當代中國人的觀念》）
② 無我爲佛教教義之一，亦稱非我、非身。三法印之一。佛教根據緣起理論，認爲世界上一切事物都沒有獨立的、實在的自體，即沒有一個常一主宰的"自我"（靈魂）的存在。原始佛教在《相應部經典》中著重論述了佛教的無我論，如"無常是苦，是苦者皆無我"，"此形非自作，亦非他作，乃由因緣而生，因緣滅則滅"。認爲世界上一切事物都不會自生，而是種種要素的集合體，不是固定不變的、單一的獨立體，而是種種要素刹那依緣而生滅的。他們認爲房子是磚瓦木石的結合體，人是由五蘊（色、受、想、行、識）組成的，在這樣的集合體中，沒有常住不變的"我"，故謂無我。

清談家以節唾爲資能,刻意師仿名家,辨名析理,欲吐複吞,或以一字表繁意,比物連類,湊泊成謎,令人百猜不中,或以名之此意非名之彼意,以名害意焉。〔注〕《尹文子·大道篇》:人有字長子曰"盜",少子曰"毆"。盜出,其父在後追而呼喊之,曰"盜!盜!",吏聞,因而縛之。其父呼毆喻吏,遽而聲而轉,但云:"毆!毆!"吏因而毆之,幾至於死。

後,道家多以無爲爲滅教化之口實。若斯之輩知天地無爲而不知其有爲①。〔注〕《無能子·文王說》:"天地,無爲也。日月星辰,運於晝夜;雨露霜雪,隕於秋冬;江河流而不息,草木生而不止。故無爲則能無滯。若滯于有爲,則不能無爲矣。"人若同草木江河一般不思不想,無所事事,斯猶人乎?

---

① 按照宇宙大爆炸理論,現在,宇宙仍然在漂移,也就是說,大爆炸仍在進行中。宇宙之規則是在這一進程中不斷完善固定下來的,並非絕對的無爲。

儒道第九

儒、道之別：儒家用於世，道家用於人；儒家究於德，[注]德之甲骨文字形乃以目觀路狀也。道家究於道；儒家求經世濟民，[注]所謂修身、齊家、治國、平天下也。道家求天地長久；[注]司馬談《論六家要指》："道家使人精神專一，動合無形，贍足萬物。其爲術也，因陰陽之大順，采儒墨之善，撮名法之要，與時遷移，應物變化，立俗施事，無所不宜，指約而易操，事少而功多。儒者則不然。以爲人主天下之儀表也，主倡而臣和，主先而臣隨。如此則主勞而臣逸。至於大道之要，去健羨，絀聰明，釋此而任術。夫神大用則竭，形大勞則敝。形神騷動，欲與天地長久，非所聞也。"儒家重綱常，[注]三綱：君爲臣綱、父爲子綱、夫爲妻綱；五常：仁、義、禮、智、信。道家重平等；[注]老子則和光同塵，莊子則貴賤無殊。章太炎氏以爲莊學之主旨乃是平等，見於《齊物論》。仁義可攖人心，故欲去之，去仁義之名人心無礙，方得平等。章太炎氏以爲其作《齊物論釋》一字千金，千六百年未有等匹（《致龔未生書》），不知，平等半璧，不平等亦半璧，合而完璧也。純粹不平等與純粹平等二者必擇其一，吾寧取後者。純粹不平等猶與禽獸伴，純粹平等禽獸不如也。故曰：莊子之絕對平等觀乃其糟粕，不值一贊。儒家之說遊戲規則；[注]禮、義乃是遊戲規則。

道家之說生存法則也；［注］道法自然、知雄守雌乃是生存法則。儒家使人生善心，［注］《論語·學而》：學而時習之，不亦說乎。道家使人去惡欲，［注］《道德經·第四十八章》："爲道日損。"儒家治國以禮；［注］《論語·顏淵》："非禮勿視，非禮勿聽，非禮勿言，非禮勿動。"道家治大國若烹小鮮；儒家主生樂死苦，［注］學而時習之、有朋友自遠方來、貧居陋巷簞食瓢飲、食無求飽居無求安、三人行、成人之美、父母俱存兄弟無故、仰不愧天俯不怍於人、得天下英才而教育之……皆生之樂也。道家主生苦死樂；［注］《莊子·至樂》：莊子之楚……見空髑髏枕而臥。夜半髑髏見夢曰："子之談者似辯士，視子所言，皆生人之累也，死則无此矣。子欲聞死之說乎？"莊子曰："然。"髑髏曰："死，无君於上，无臣於下，亦无四時之事；縱然以天地爲春秋，雖南面王樂不能過也。"莊子不信，曰："吾使司命複生子形，爲子骨肉肌膚，反子父母妻子，閭裏知識，子欲之乎？"髑髏深臏蹙頞（鼻）曰："吾安能棄南面王樂而複爲人間之勞乎？"文元以爲，南面王樂亦人間樂耳，死之樂豈能淩虛駕空而得乎？再者，莊子以爲死樂，又何必歎人生如白駒過隙、祈終其天年也！儒家求一，［注］《呂氏春秋·不二》："聽羣眾人議以治國，國危無日矣。何以知其然也？老聃貴柔，孔子貴仁，墨翟貴廉，關尹貴清，子列子貴虛，陳駢貴齊，陽生貴己，孫臏貴勢，王廖貴先，兒良貴後……有金鼓所以一耳；必同法令，所以一心也；智者不得巧愚者不得拙，所以一眾也；勇者不得先懼者不得後，所以一力也。故一則治，異則亂；一則安，異則危。夫能齊萬不同，愚智工拙，皆盡力竭能，如出乎一穴者，其唯聖人矣乎！無術之智，不教之能，而恃彊速貫習，不足以成也。"道家求無；［注］學術無標準，故求相對主義之術。《莊子·徐無鬼》：莊子曰"射者非前期而中，謂之善射，天下皆羿也，可乎？"惠子曰："可。"莊子曰："然則儒墨楊秉四，與夫子爲五，果孰是邪？"儒家傳道以留名，同志而續命，［注］《論語》傳而夫子不死，文章傳而大業不輟。志不改則道存，道存則鬼受譽于生人之口，鬼受譽于生人之口非續命而何？道家以爲天地之間無能持久者，［注］《道德經·第二十三章》："漂風不終朝，驟雨不終日……天地尚不能久，而況於人乎？"萬物本一也；［注］《莊子·知北遊》："生也死之徒（徒乃同類），死也生之始，孰知其紀（紀乃道理）？人之生，氣之聚也。聚則爲生，散則爲死。若死生爲徒，……故萬物一也。"儒家敬天而不小我，[注] 舍我而其誰；天人合一。道家敬自然而滅小我。儒以孝悌與仁義爲大智慧，道以大鵬搏扶搖九萬里俯視萬物爲智慧；[注] 搏扶搖所恃者心也，非身也，故與西方之理性侔；儒家之藝術觀"言之無文，行而不遠"，[注]《左傳·襄公二十五年》：仲尼曰："志有之，言以足志，文以足言。不言誰知其志。言之無文，行而不遠。"文化奸佞胡適曲解其意，曰："今人徒知'言之無文，行而不遠'，而不知言之無物，又何以爲文乎？"差矣！言之無物何以曰文哉？道家之藝術觀則"原天地之美而達萬物之理"；[注]《莊子·知北遊》儒家使理愈明，[注]《孝經》明於《禮記》，論孝前者弗若後者，《二十四孝圖》明於《孝經》，論孝前者弗若後者也。道家使理愈玄；[注]《莊子》玄於《老子》，而魏晉玄學又玄於《莊子》也。儒家明功用，道家明本體；[注] 經王弼整合，融合爲一。儒家有情，道家無情；儒家偏于外王，道家偏於內聖；[注]《莊子·天下》："是故內聖外王之道，暗而不明，鬱而不發。"儒家進取，道家謙下。

莊子假漁父之口曰：（仁義禮智）"不能法天，而恤於人；不知貴真，碌碌而受變於俗，故不足，惜哉！"差矣！觀天之神道，而四時不忒，聖人以神道設教，不可謂不能法天；仁者愛人不可謂不恤人；入世搏命不可謂不貴真。[注] 生命至真，故貴命者至真也。

葛洪以"儒者易中之難也"，[注] 夫儒者所修，皆憲章成事。出處有則，語默隨時。師則循比屋而可求，書則因解注而釋疑，此儒者之易也。鉤深致遠，錯綜典墳，該河洛之籍籍，博百氏之云云。德行積于衡巷，忠貞盡於事君。仰馳神於垂象，俯運思于風雲。一事不知，則所爲不通；片言不正，則褒貶不分。舉趾爲世人所則，動唇爲世人所傳。此儒家之難也，所謂易中之難也。道者難中之易也。[注] 夫棄郊遊，委妻子，謝榮名，損利祿，割燦爛於其目，抑鏗鏘於其耳，恬愉靜退，獨善守己。謗來不戚，譽至不喜；睹貴不欲，居賤不恥。此道家之難也。出無慶吊之望，入無瞻視之責。不勞神於七經，不運思於律曆。意不爲推步之苦，心不爲藝文之役。眾煩既損，和氣自益。無爲無慮，不怵不惕。此道家之易，所謂難中之易矣。我以道家生而死［注］生而死言價值順序，生重而死輕。儒家死而生。［注］死重而生輕。道家生而死者，嬰孩至貴，漸長漸次，人生乃習嬰與返樸耳，此論無益於人卻有益於類，無益於實卻有益於虛。儒家死而生者，以嬰孩爲嗣，本無貴無賤，教化令貴，死而留名愈貴。道家似宗教而人文，儒家似人文而宗教。夫道家文化，修煉者也，夫儒家文化亦修煉亦信仰也。

令軌第十

令軌〔注〕美好之軌範。去而倫類〔注〕《荀子·勸學》："倫類不通，仁義不一，不足謂善學。"不通；令德〔注〕美德。失而人心不古；令器〔注〕卓越之人才。沒而人海〔注〕極言芸芸眾生之眾。無瀾；欲令終〔注〕令終猶保持善名而死。又何其難也。

老子去禮之心昭明矣。〔注〕《史記·老子韓非列傳》："孔子適周，將問禮於老子。老子曰：'子所言者，其人與骨皆已朽矣，獨其言在耳。且君子得其時則駕，不得其時則蓬累而行。吾聞之，良賈深藏若虛，君子盛德，容貌若愚；去子之驕氣與多欲，態色與淫志，是皆無益於子之身。吾所以告子，若是而已。'"孔子聞老子奚落之語並未嗔怒，曰："鳥，吾知其能飛；魚，吾知其能遊；獸，吾知其能走。"道家之美學出於道，以造化爲美，人不造不作；儒家之美學出於仁，造人文之義以爲美。老子以爲美與善無常態，〔注〕《道德經·第二章》："天下皆知美之爲美，斯惡矣；天下皆知善之爲善，斯不善矣。故有無相生，難易相成，長短相形，高下相傾，音聲相和，前後相隨。"唯自然有常態，故唯自然美。尋常論家將老子五色、〔注〕青、黃、赤、白、黑。五音、〔注〕宮、商、角、徵、羽。五味、〔注〕酸、辛、甘、苦、鹹。五味乃人造之物，非天之賜，故老子欲去之。《道德經·第十二章》："五色令人目盲，五音令人耳聾，五味令人口爽，馳騁畋獵令人心發狂，難得之貨令人行妨。是以聖人爲腹不爲目，故去彼取此。"莊子繼承此說，曰："且夫失性有五：一曰五色亂目，使目不明；二曰五聲亂耳，使耳不聰；三曰五臭薰鼻，困㥥中顙；四曰五味濁口，使口厲爽；五曰趣舍滑心，使性飛揚。此五者，皆生之害也。"可與老子五色、五音、五味說相參互。之說與墨子非樂［注］《墨子·非樂》："民有三患：饑者不得食，寒者不得衣，勞者不得息。三者民之巨患也。然即當爲之撞巨鐘、擊鳴鼓、彈琴瑟、吹竽笙而揚干戚，民衣食之財，將安可得乎？"置於同案，大謬也。老子以五色諷繁文，［注］辭藻繁麗之文。沈約《謝靈運傳論》："縟旨星稠，繁文綺合。"初，文者紋也，紋者五色交織者也。故老子名說五色，暗指文章也。刺五音以彰天籟，［注］宮、商、角、徵、羽乃人籟也。老子欲抑人籟以揚天籟。貶五味以揄五穀。［注］古之五味：醯（醋）、酒、飴蜜、薑、鹽之屬。皆非主食，多食則口爽。蓋言人爲反不美也。漢枚乘深知老子初心，作《七發》［注］《七發》曰：縱耳目之欲，恣支體之安者，傷血脈之和。且夫出輿入輦，命曰蹷痿之疾。洞房清宫，命曰寒暑之媒。皓齒娥眉，命曰伐性之斧。甘脆肥濃，命曰腐腸之藥。而講養生之道，已遠離審美論題矣。

　　道之美其自美矣，天地之美其自美矣，傷其樸反不美。人可觀樸素之美。雖然，人不能造樸素之美也。［注］道之美猶樸素之美。歸於樸素即歸於自然之美。凡人造者必失樸素之性。樸素之美可鑒徹不可造也。夫造美必化簡爲繁，化素爲豔。老子歎樸素之玄妙［注］老子言玄妙而不言美，言美則貶意也。心照也，不能心慕手追，落於竹帛則旨好玄微，煌煌大言，字字機杼，義理密察而文辭雅馴，不落樸素之窠臼。後世，言稱寫樸素文章者莫不蹈老子之覆轍，［注］如白居易聲稱以樸素爲寫作宗旨，觀其文則繁文綺合，華美無比。殊不知樸素之文字不能傳也。

　　如此怪論連類殊多，莊子亦扇此風，曰："樸素而天下莫能與之爭美。"［注］《莊子·天道》以造美而論，果如是則無藝人矣。［注］《抱樸子·行品》："創機巧以濟用，總音數而竝（並）精者，藝人也。"莊子觀於天地而不爲，［注］

《莊子·知北遊》："天地有大美而不言，四時有明法而不議，萬物有成理而不說。聖人者，原天地之美，而達萬物之理，是故至人無爲，聖人不作，觀於天地之謂也。"以天地爲大美。［注］《莊子·天道》：夫天地者古之所大也，而黃帝、堯、舜之所共美也。故古之王天下者奚爲哉？天地而已矣。……昔者舜問於堯曰："天王之用心如何？"堯曰："吾不敖无告，不廢窮民，苦死者，嘉孺子而哀婦人。此吾所以用心也。"舜曰："美則美矣，而未大也。"堯曰："然則如何？"舜曰："天德而出寧，日月照而四時行，若晝夜之有經，雲行而雨施矣。"堯曰："膠膠擾擾乎！子，天之合也；我，人之合也。"……天地之鑒也，萬物之鏡也。夫虛靜恬淡寂寞無爲者，天地之平而道德之至也。……夫虛靜恬淡寂寞無爲者，萬物之本也。……靜而聖，動而王，無爲而尊也，樸素而天下莫能與之爭美。此乃經世之論，非論美術，不涉美文。［注］文者，模寫山川，考辨事情也，山川本美，模之不能不美；事情本妙，考之不能不妙。鐘嶸《詩品下》："大明泰始中，鮑休美文，殊已動俗，唯此諸人，傳顏陸體。"以其論文，實爲名學之命題換質也。以美錦［注］《左傳·襄公三十一年》："子有美錦，不使人學制焉。大官、大邑，身之所庇也，而使學者制焉，其爲美錦，不亦多乎？"喻國政，此老莊之遺風也，後人不之察，將老莊之美論用於文章，流毒延及今日，毒莫大焉。夫文學之反動，始于樸素，經於鋪陳而終於造美。至於毀白玉、廢道德［注］《莊子·馬蹄》："故純樸不殘，孰爲犧尊！白玉不毀，孰爲珪璋！道德不廢，安取仁義！性情不離，安用禮樂！五色不亂，孰爲文采！五聲不亂，孰爲六律！夫殘樸以爲器，工匠之罪也；毀道德以爲仁義，聖人之過也！"更與文學無瓜葛。莊子遊心之術［注］以遊心于物之初爲至美至樂之境。《莊子·知北遊》："得至美而遊乎至樂……謂之至人。"至人（莊子）由之聖人（老子）而來，皆言得道樂道不被物累之人。與宗教體驗侔，欲求自由而又合道之人生，已不在美術之閫。

　　人類欲長久者，可移風易俗而不可擅易人紀，［注］人之立身處世之道。《尚書·伊訓》："先王肇修人紀。"可與時消息［注］《周易·豐》："天地盈虛，與時消息。"言事物消長榮枯，人不能奈何。而不可失之抱樸［注］《道德經·第十九章》："見素抱樸，少私寡欲。"可變以應物［注］應物者適應事物之變。而不可因物殉身。［注］《莊子·駢拇》："天下莫不以物易其性矣。小人則以身殉利，士則以身殉名，大夫則以身殉家，聖人則以身殉天下。"小人以身殉利與"士則以身殉名，大夫則以身殉家，聖人則以身殉天下"不侔也。利與物無價，名、家、天下皆有價，爲其殉身可也。可代謝以繁衍，而不可變異而非類也。［注］今有中國人乎？吾甚疑之。稱中國人而事必洋人云者，其非族類也。

老子曰："道之尊，德之貴，夫莫之命而常自然，故道生之，德畜之，長之，育之，亭之，毒之，養之，覆之。生而不有，爲而不恃，長而不宰。是謂元德。"［注］《道德經·第五十一章》元德固是，德非是也。夫德從聽，亻從眾。眾人聽則爲德也。何以使眾人聽？禮也，非無爲也。［注］何謂無爲，眾說紛紜，以王充之說最切本意："自然無爲，天之道也。"（《論衡·初稟》）自然之道無爲，人道有爲也，不獨儒家爲，道家亦爲。老子贊小國寡民之生存模式，乃爲也。老子知無爲難，［注］故老子曰："行于大道，唯施是畏。大道甚夷，而民好徑。"未審禮義可化難爲易，使民走大道焉。莊子欲以消極之爲求得無爲。［注］《莊子·胠篋》："絕聖去智，大盜乃止；擿玉毀珠，小盜不起；焚符破璽，而民樸鄙；掊斗折衡，而民不爭；殫殘天下之聖法，而民始可與議論。擢亂六律，鑠絕竽瑟，塞瞽曠之耳，而天下始人含其聰矣；滅文章，散五采，膠離朱之目，而天下始含其明矣。毀絕鉤繩而棄規矩，攦工倕之指，而天下始人有其巧矣。故曰：大巧若拙。"去令軌，滅令德，沒令器，非大巧若拙，大拙若巧也。漢初，黃老之學［注］西漢竇太后最喜黃老之學。之所以興，欲去人之自由之性［注］爲所欲爲，人之性也。而加理致，［注］思想情趣。使紛亂歸於中和。［注］大異於西夷之自由、平等。自由有"身自由"與"欲自由"，前者以力爲權，可縱之於度內；後者以財爲權，放任不可得，須人爲。所以有教化者。學如火馳［注］賓士如火。《莊子·外物》："複墜而不反，火馳而不顧。"焉能長久乎？故蓄火待用，使火長久矣。漢初之黃老之學高莊子遠矣。

無爲第十一

莊子之無爲而治與老子反動。老子寄天下"貴以身爲天下，愛以身爲天下"者。［注］《道德經·第十三章》愛天下甚於身者，然後可寄託天下於斯人。莊子寄天下，以身貴於天下。［注］莊子外篇有合莊子之意者，亦有不合莊子之意者，是合者而非不合者，可也。《莊子·在宥》："故君子不得已而涖臨天下，莫若無爲。無爲也而後安其性命之情。故貴以身於爲天下，則可以託天下；愛以身於爲天下，則可以寄天下。故君子苟能無解其五臟，無擢其聰明；屍居而龍見，淵默而雷聲，神冬而天隨，從容無爲而萬物炊累焉。吾又何暇治天下哉！"老莊皆主張無爲而治，雖然，方術［注］《莊子·天下》："天下之有治方術者多矣，皆以其有爲不可加矣。"老子主無爲，不能全去方術；莊子主無爲，亦不能全去方術。無方術則無《老子》《莊子》，無《老子》《莊子》則無老子、莊子其人矣。判然有別：一使愛天下者治國；一使愛己身者司牧。何以愛天下？待天下以禮也。何以愛己身？待己身以禮也。然則無爲無益乎？非也。加於天之無爲則有益。［注］以科學技術加於天，天必改其常性，人反受其害。誠如莊子所言："亂天之經，逆物之情，玄天弗成。解獸之羣，而鳥皆夜鳴；災及草木，禍及止（豸）蟲。"（《莊子·在宥》）爲加於天，草木鳥蟲尚且臨禍，何況人間乎？加于人之爲有益。〔注〕一人一性，一人一欲，放縱一己之性必傷他人之性，滿足一己之欲必阻塞他人之欲。人人無爲、人人自由，又不爲害同類，實不可能也。莊子亦知此理，故曰："世俗之人，皆喜人之同乎己而惡人之異乎己。同於己而欲之、異於己而不欲者，以出乎眾爲心也。"〔注〕《莊子·在宥》。雖外篇可視爲莊子之言也。既如此，何不以禮齊之，止異心而防動搖乎？又何必輕身求羽化乎？此道家之未審者。荀子諷莊生蔽于天而不知人，〔注〕《荀子·解蔽》乃是因莊生變"人法地，地法天，天法道，道法自然"爲"人法自然"，激詭耳。

莊子以爲人若"安時而處順，哀樂不能入也。"〔注〕《莊子·養生主》此牲畜亦不能也。虎獲鹿而舞，獺得魚而祭，人亡親能不哀乎？莊子喪妻不哀，〔注〕馮夢龍《警世通言·莊子休鼓盆成大道》載，妻田氏死，莊子歌曰："大塊無心兮，生我與伊。我非伊夫兮，伊非我妻。偶然邂逅兮，一室同居。大限既終兮，有合有離。人之無良兮，生死情移。真情既見兮，不死何爲！伊生兮揀擇去取，伊死兮還返空虛。伊吊我兮，贈我以巨斧；我吊伊兮，慰伊以歌詞。斧聲起兮我復活，歌聲發兮伊可知！噫嘻，敲碎瓦盆不再鼓，伊是何人我是誰？"得官不樂，非安時處順而然，故意爲耳。〔注〕莊周家貧，故往貸粟于監河侯，監河侯曰："諾。我將得邑金，將貸子三百金。可乎？"莊周憤然作色曰："周昨來有中道而呼者，周顧車轍中有鮒魚焉。周問之曰：'鮒魚來。子何爲者邪？'，，對曰：'我東海之波臣也，君豈有斗升之水而活我哉。'周曰：'諾，我且南遊吳越之王，激西江之水而迎子，可乎？'鮒魚忿然作色曰：'吾失我常與，我無所處，吾得斗升之水然活耳，君乃言此，會不如早索我於枯魚之肆。'"竹有節而不能不求于水，雲輕薄亦不能離其勢托。〔注〕勢猶氣象與氣勢。有勢託雲則雲輕薄，無勢託之則雲必墜地也。莊子，人也，聽逆耳之言亦發怒也。

莊子每自相矛盾。《內篇》常言禮義無用，《逍遙遊》卻言世間無無用之物。〔注〕惠施謂莊子曰："魏王貽我大瓠（葫蘆）之種，我樹之成而實五石，以盛水漿，其堅不能自舉也。掊之以爲瓢，則瓠落無所容，非不呺然大也。吾爲其無用而掊之。"莊子曰："夫子固拙于用大矣。宋人有善爲不龜手之藥者，世世以洴澼絖爲事。客聞之，請買其方百金。聚族而謀曰：'我世世爲洴澼絖，不過數金，今一朝而鬻技百金，請與之。客得之以說吳王。越有難，吳王使之將。冬與越人水戰，大敗越人。裂地而封之，能不龜手一也。或以封，或不免於洴澼絖，則所用之異也。今子有五石之瓠，何不慮以爲大樽，而浮於江湖，而憂其瓠落無所容。則夫子猶有蓬之心也夫。'"惠子曰："吾有大樹，人謂之樗（臭椿）其大本臃腫而不中繩墨，其小枝捲曲而不中規矩。立之塗，匠者不顧。今子之言，大而無用，眾所同去也。"莊子曰："子獨不見狸狌乎？卑身而伏，以候敖者。東西跳樑，不辟高下。中於機辟，死於網罟。今夫斄牛，其大若垂天之雲。此能爲大矣，而不能執鼠。今子有六樹，患其無用。何不樹之於無何有之鄉，廣莫之野，彷徨乎無爲其側，逍遙乎寢臥其下。不夭斤斧，物無害者，無所可用。安所困苦哉。"（《莊子·逍遙遊》）莊子遊于無窮所，齊用與無用，使用與無用於人無適無莫。〔注〕無適無莫猶一視同仁。余也欲逍遙遊至無窮所，然非爲齊用與無用也，非爲使用與無用於人無適無莫也，至爲辨善惡、明貴賤、知榮辱、定行止也。

　　莊子之利在其保真，〔注〕不以物累形。莊子之弊在其去儒。〔注〕其一："仁義連連如膠漆纆索"（《莊子·駢拇》）；其二："仁義之不爲桎梏鑿枘也"（《莊子·在宥》）；其三："六經，先王之陳跡也，豈其所以跡哉"（《莊子·天運》）；其四：（孔子）"苦心勞形，以危其真，嗚乎！遠哉其分於道也"（《莊子·漁父》）；其五："至德之世不尚賢不使能"（《莊子·天地》）；其六："攘棄仁義而天下之德始玄同矣"（《莊子·胠篋》）；其七："儒墨乃始離跂攘臂乎桎梏之間"（《莊子·在宥》）；其八："道隱于榮華，故有儒墨之是非"（《莊子·齊物論》）；其九："禮法度數……治之末也"（《莊子·天道》）；其十："絕聖棄知大盜乃止"（《莊子·胠篋》）；其十一："至禮有不人，至義不物，至知不謀，至仁無親，至信辟金"（《莊子·庚桑楚》）；其十二："愛民，害民之始也"（《莊子·徐無鬼》）朱子以"不議義理，專計利害"八字括之，犁然有當；二程以"方無內外"駁斥之〔注〕《二程遺書》："蓋上下、本末、內外都是一理也，方是道。莊子曰遊方之內遊方之外者，'方'何嘗有內外？如是，則是道有隔絕斷，內面是一處，外面又是一處，豈有此理？"有烘襯之效。莊子之首功，在於奠基禪宗，〔注〕禪宗乃探究心性本源，以期見性成佛之修心流派。其宗不離莊子之"常因自然而不益生"（《莊子·德充符》）。至於道教，以幻作實，〔注〕葛洪《抱樸子內篇·對俗》："若謂世無仙人乎，然前哲所記，近將千人，皆有姓字及有施爲本末，非虛言也。"又《抱樸子內篇·論仙》："謂夏必長，而薺麥枯焉。謂冬必凋，而竹柏茂焉。謂始必終，而天地無窮焉。謂生必死，而龜鶴長存焉。盛陽宜暑，而夏天未必無涼日也，陰極宜寒，而嚴冬未必無暫溫也。……萬殊之類，不可以一概斷之。有生最靈，莫過乎人。貴性之物，宜必鈞一，而其賢愚邪正，好醜修短，清濁貞淫，緩急遲速，趨舍所向，耳目所欲，其爲不同，已有天壤之覺（覺，刻本作"隔"），冰炭之乖矣，何獨怪仙者之異，不與凡人皆死乎？"實不能與道家連類矣。

人有第十二

　　天有常節，[注]一定之季節。王粲《務本論》："種有常時，耘有常節，收有常期。"物有恆姿，[注]一定之形態。劉勰《文心雕龍·物色》："然物有恆姿，而思無定檢，或率爾造極，或精思愈疏。"唯人無永貞。[注]永者長也，貞者多福也。《周禮·春官·大祝》："太祝掌六吉之辭，以示鬼神，示祈福祥，求永貞。"故人與物實難齊一。等長短、齊萬物、一生死、泯是非，此無病自灸之論也。莊子著《齊物論》，以爲"方生方死，方死方生；方可方不可，方不可方可；因是因非，因非因是。"故"是亦彼也，彼亦是也。彼亦一是非，此亦一是非。"[注]《莊子·齊物論》郭璞增衍其說曰："物不自異，待我而後異。異果在我，非物異也。"[注]《山海經敘》頗耐玩索。山陵可變滄海，滄海可變山陵；樹木枯而成腐土，腐土育而複生樹木。雖然，山仍山也，海仍海也，樹仍樹也，土仍土也。相對主義以至於斯！若是，莊子即芸芸眾生，芸芸眾生即莊子，莊子又有何高明哉。莊子未審，相對乃世界之初相，世界之本質——運動非相對也，絕對也。相對不過絕對之性質耳。[注]宇宙大爆炸理論揭示：齊一之"奇點"變爲含有百餘種元素之宇宙世界，百餘元素各有其性，非化合之功不能改也。

"是非之彰也，道之所以虧也。道之所以虧，愛之所以成。"〔注〕《莊子·齊物論》此言聲響，然命題不當，樹論不堅。受虧損者非道，道不受虧損。虧者人心中道，非自然之道也。是非之彰，不可免也。人各持一道，道反湮沒。道虧否在於人，繞開使虧，亦可使不虧。儒家所爲，正爲使道不虧或少虧也。封畛者非虧道，〔注〕《莊子·齊物論》："夫道未始有封，言未始有常，爲是而有畛也。請言其畛：有左有右，有倫有義，有分有辯，有競有爭，此之謂八德。六合之外，聖人存而不論；六合之內，聖人論而不議。春秋經世先王之志，聖人議而不辯。故分也者，有不分也；辯也者，有不辯也。"使道不虧或少虧也。

"夫大道不稱，大辯不言，大仁不仁，大廉不嗛，〔注〕含於口曰嗛。大勇不忮。道昭而不道，言辯而不及，仁常而不成，廉清而不信，勇忮而不成。"〔注〕《莊子·齊物論》此言差矣。大道不宣自是大道，然虧飾之道〔注〕猶虧飾之道日食、月食之虧損。不宣則使人以虧爲實，謬將愈謬。夫道不宣僞道必囂，衆當以僞道爲道矣。大辯不言，小人聲必高，此正莊子大言者，何言大辯不言乎？莊子此言乃承宣老子矣。〔注〕《道德經·第八十一章》："信言不美，美言不信。善者不辯，辯者不善。知者不博，博者不知。聖人不積，既以爲人己愈有，既已與人己愈多。天之道利而不害，聖人之道爲而不爭。"

七賢第十三

竹林七賢〔注〕魏晉之阮籍、嵇康、劉伶、向秀、山濤、王戎、阮咸。此七人常手執麈尾，宣揚名理，捫蝨而談，臧否人物，醉酒裸裎，舉動駭俗。談莊論老，意在去老子治世高論〔注〕老子之說一分爲二：一者治世，一者修生。而留莊子修生〔注〕莊子修生而不治世。如班固所云：絕聖棄智，修生保真，清虛澹泊，歸之自然。玄言。阮籍不仕，蔑視禮教，終日不開一言，〔注〕《晉書·阮籍傳》："籍本有濟世志，屬魏晉之際，天下多故，名士少有全者。籍由是不與世事，遂酣飲以爲常。籍容貌瑰傑，志氣宏放，傲然獨得，任性不羈，而喜怒不形於色。或閉戶視書，累月不出，或登臨山，一日忘歸。博覽羣籍，尤好莊、老。嗜酒能嘯，善彈琴。當其得意，忽忘形骸，時人多謂之癡。……時率意獨駕，不由徑路，車跡所窮，輒慟哭而反。嘗登廣武，觀楚、漢戰處，歎曰：'時無英雄，使豎子成名！'"以"終身履薄冰，誰知我心焦"〔注〕《詠懷·其三十三》自遣。竹林釋莊有不同：嵇康、阮籍、劉伶、阮咸主"越名教，任自然"，〔注〕自然乃禪宗之濫觴。雪峰因入山采得一枝木，其形似蛇，於背上題曰："本自天然，不假雕琢"，寄于師。師曰："本色住山人，且無刀斧痕。"（《五燈會元》卷四）；山濤、向秀、王戎主"名教即自然"。果嵇康越名教而死，山濤恃名教而達。

阮籍作《大人先生傳》，喻君子爲"逃乎深縫，匿乎壞絮，自從爲吉宅也。"以虱喻人前人有之，[注]《莊子·徐無鬼》、王充《論衡·本性》皆以蝨子喻君子。阮籍喻之，意在抨擊名教，以樹大人之風。[注]《大人先生傳》："乃與造物同體，天地並生；逍遙浮世，與道俱成；變化散聚，不常其形。"七賢之後，王衍、樂廣貴虛无而無所作。裴頠[注]（267－300）頠讀偉。"崇有"乃爲反彈好友王衍。[注]《晉書·裴頠傳》："深患時俗放蕩……至王衍之徒，聲譽太盛，位高勢重，不以物務自嬰，遂相放效，風教淩遲，乃著《崇有》之論，以釋其蔽。"

貴有之據有三：其一宇宙自足；其二萬物假外資[注]外者外部也，資者供給也。而生；其三人類"寶生存宜，其情一也。"貴无之由有二：其一貴无乃爲全[注]全者保全也。有，[注]《易經》之謙卦、損卦皆言處世之道，非《易經》之主旨。不去欲不能全生；其二貴无者"虛无之言，日以廣衍，眾家扇起，各列其說，上及造化，下被萬事，莫不貴无。"[注]《晉書·裴頠傳》扇風造事之屬，非關學問也。高懸魚竿，河魚安來？不稼不穡，食物安得？閉目打坐，世事安知？不習經典，腹藏曷豐？以經世致用而論，裴頠之說能補王弼之不足，以本體論而言，裴頠實不足以抗衡王弼。[注]裴頠貴有之本體論以爲萬物乃自足者，"自生必體有，則有遺而生虧矣。生以有爲己分，則虛无是有之所謂遺者也。"（《崇有論》）自生之說已經被今之物理學證其僞。無乃是世界本體，此不爭之事也。雖然，王弼以器物中空爲貴无之徵驗反不美，器物因有而成，非因中空而有也。

郭象①第十四

郭象［注］元康清談場之清談家。王衍曰："聽象語。如懸河瀉水，注而不竭。"《世說新語·文學》："當時名士，王、裴子弟悉集，郭子玄在坐，挑與郭談。子玄才甚豐瞻，始數交未快，郭陳張甚盛，裴徐理前語，理致甚微，四坐咨嗟稱快，王亦以爲奇。"史書以爲郭象《莊子注》多有剽剥向秀處，且增衍其說，故向秀《莊子注》不傳。斷王弼諸子之本根論，［注］斷定宇宙本無決定者。以爲天、天道、太極、陰陽、道、自然、無不根，合有無，並爲無爲，共自然名教，使玄學不獨玄，亦理亦用，亦虚亦實。［注］郭象《莊子注·知北遊·"有先天地生者物耶"注》：誰得先物者乎哉？吾以陰陽爲先物，而陰陽者即所謂物耳，誰又先陰陽者乎？吾以自然爲先之，而自然即物之自爾耳，吾以至道爲先之矣，而至道乃至無也。既已無矣，又奚爲先？然則，先物者誰乎哉？而猶有物，無已，明物之自然，非有使然也。物無造之者，乃自造［注］郭象《莊子注·齊物論·"惡識所以然"注》："世或謂，罔兩待景，景待形，形待造物者。請問：夫造物者，有耶？無耶？無也，則胡能造成者？有也，則不足以物重形。……故造物者無，

---

① 郭象（約252-312）以注莊子而聞名。有人認爲郭象的注比原文還精彩，一位禪宗僧人就說："曾見郭象注莊子，識者云，卻像莊子注郭象。"（《大慧普覺禪師語録》卷二十二）

而物各自造。物各自造而無所待焉，此天地之正也。"道本無能，言道以明物之自得耳。［注］《莊子注·大宗師·"傅說得之，以相武丁"注》："道，無能也。此言'得之於道'，乃所以明其自得耳。"自造易言，何以自造爲難言；道無易言，何以道無能爲難言。是故老子曰"道可道，非常道。"［注］《道德經·第一章》。郭象所言之道與老子抵牾者，所言非常道也。曰"有生於無。"［注］《道德經·第四十章》："天下之物生於有，有生於無。"郭象以爲有乃自生，教之玄元皇帝退步十萬八千里也。曰"上士聞道勤而行之；中士聞道若存若亡；下士聞道大而笑之，不笑，不足以爲道。"［注］《道德經·第四十一章》。下士笑者，以爲道乃空物也。郭象以爲道無能，無能即空洞，空洞即無能。由此觀之，郭象乃下士也。以郭象不經之論煽誘後人者下下士也。就本體論而言，郭象蔑視造物主，去老子有甚於莊子。

雖然，郭象承王弼之餘緒，舉獨化［注］獨化乃郭象用語，言人雖各各自造，卻互相依存，連袂方能行遠，子然一身難成大事，暗含反莊子一人逍遙遊之意。《莊子注·大宗師》："知認知所爲者"注："人之生也，形雖七尺而五常必具。故雖區區之身，乃舉天地以奉之。故天地萬物，凡所有者，不可一日而相無也。一物不具，則生者無由得生；一理不至，則天年無緣得終。"和自我［注］《莊子注·德充符·"死生存亡"注》："故人之生也，非誤生也；生之所有，非妄有也。天地雖大，萬物雖多，然吾之所遇，適在於是。……故凡所不遇，弗能遇也。其所遇，弗能不遇也。凡所不爲，弗能爲也。其所爲，弗能不爲也。故付之而自當矣。"之大纛，雖有宿命之嫌，於安身立命有裨益焉。老莊蔑侮典章道德，［注］《道德經·第十九章》："絕聖去智，民利百倍；絕仁棄義，民復孝慈；絕巧棄利，盜賊無有。"凡此皆蔑侮典章道德之言也。而郭象異其趣，以變除其弊而後留之，惟理不足矣。［注］郭象《莊子注·大宗師·"然而夜半有力者負之而走"注》："夫無力之力，莫大於變化者也。故乃揭天地以趨新，負山嶽以捨故。故不暫停，忽已涉新，則天地萬物無時而不移也。……今交一臂而失之，皆在冥中去矣。故向者之我，非複今我也。我與今俱往，豈常守故哉。"《莊子注·天運·"圍于陳蔡之間"注》："夫先王典禮，所以適時用也。時過而不棄，即爲民妖，所以興矯效之端也。"《莊子注注•胠篋•"然而田成子一旦殺齊君而盜其國"注》："法聖人者，法其跡耳。夫跡者，已去之物，非應變之具也，奚足尚而執之哉？執成跡以馭乎無方，無方至而跡滯矣。"郭象之理似合于史跡。[注]黃帝、神農講道，堯舜禹文王武王講德，孔子講仁，孟子講義，荀子講禮，至於秦無所講。然不合乎天理。[注]天理不易。《莊子•養生主》："依乎天理，批評大郤，導大窾，因其固然。"理在固然，不在變態。[注]物之變不足以改人之志也。《荀子•君道》："故君子恭而不難，敬而不鞏，貧窮而不約，富貴而不驕，竝遇變態而不窮，審之禮也。"天網恢恢，疏而不失[注]《道德經•第七十三章》："天之道，不爭而善勝，不言而善應，不召而自來，繟然而善謀。天網恢恢，疏而不失。"——此古今無異也；天人合一①，[注]天人合一之名乃董仲舒首倡，實則爲孔子所張。若其思想萌芽則甚早，爲儒家、道家所共主。《周易•乾•文言》："夫大人者與天地合其德，與日月合其明，與四時合其序，與鬼神合其吉凶，先天而天弗違，後天而奉天時。"《荀子•天論》："故大巧在所不爲，大智在所不慮……故錯人而思天，則失萬物之情。"《莊子•齊物論》："天地與我並生，而萬物與我爲一。"人類生存之大法也。今之世界證明：天人合一則生，天人對峙則亡。合一與否，由不得人耳。——此古今無異也；天地養人——此古今無異也；道尊德貴[注]《道德經•第五十一章》："道之尊，德之貴，夫莫之命而常自然。"——此古今無異也；善始善終[注]《莊子•人間世》："以巧鬥力者，始乎陽，常卒乎陰，大至則多奇巧。以禮飲酒者，始乎治，常卒乎亂，大至則多奇樂。凡事亦然：始乎諒，常卒乎鄙；其作始也簡，其將畢也必巨。"善哉莊子之言！言新好於舊、今強於昔者，其言必僞也矣。與大富六害[注]《莊子•盜跖》："今富人耳營鐘鼓筦籥之聲，口嗛於芻豢醪醴之味，以感其意，遺忘其業，可謂亂矣。侅溺於馮氣，若負重行而上也，可謂苦矣；貪財而取慰，貪權而取竭，靜居則溺，體澤則馮，可謂疾矣；爲欲富就利，故滿若堵耳而不知避，且馮而不舍，可謂辱矣；財積而無用，服膺而不舍，滿心戚醮，求益而不止，

---

① 張東蓀認爲天人合一來自于中國人特有的思維方式。他在分析比較中西方不同思維方式時說："這兩種思想不僅在範疇上與名學的根本律有些不同，並且在態度上亦甚爲不同。拿發問的態度來說，我以爲西方思想對於一個東西或者一件事情總是先問'是什麼'，然後方講如何對付，這個思想卻並不注重於是什麼而返注重於如何對付。所以我名前者爲'是何在先的態度'（what priority attitude）；後者爲如何在先的態度（how priority attitude）。"

可謂憂矣；內則疑劫請之賊，外則畏盜寇之害，內周樓疏，外不敢獨行，可謂畏矣。此六者，天下之至害也，皆遺忘而不知察；及其患至，求盡性竭財，單以反一日之无故，而不可得也。故觀之名則不見，求之利則不得，繚意體而爭此，不亦惑乎？"莊子此言，價實不可訾，用之今日尤宜。今之富人豈筦甘鐘鼓筦篪之聲、芻豢醪醴之味？聽鄭樂而心歡，包二奶方感意，遠甚古人矣。佚溺于馮氣，負重行而上也者又豈止富人哉！人人皆欲張其名，誇其富，借博客自煽，唯恐天下不知其名，不知無功之名猶如聚蟻，但有紅蟻、黃蟻之分，安知予矛哉？今所謂市場經濟，貪財乃安身立命之正途，貪權者亦爲財耳。貪而名正，千古奇疾乎？"欲富就利，馮而不捨"此非今人之寫照乎："GDP"損少許輒如喪考妣，"WTO"進一步則歡喜若狂。今人積財何用？爲積財耳！人間歡喜而天地憂矣！"內則疑劫請之賊，外則爲盜寇之害，內周樓疏，外不敢獨行。"嗚呼！甚矣哉！莊公何以知今日之事乎？——此古今無異也；道家之志，〔注〕《莊子·天下》："不累於俗，不飾於物，不苟於人，不忮於眾。願天下之安寧以活民命，人我之養畢是而止。以此白心。"鴻鵠大志也。莊子生年，物產並不豐，人欲並不強，卻能防患於未然，以天下安寧、人我之養爲滿足，羞殺今人也。以道家之志作今人之志有何不可？——此古今無異也；克己復禮爲仁〔注〕《論語·顏淵》："顏淵問仁。子曰：'克己復禮爲仁。一日克己復禮，天下歸仁焉。爲仁由己，而由人乎哉。'"儒家之克己與道家之去欲保真侔，皆爲人之正途，古今不易之理，反之縱己爲獸，天下亂矣。——此古今無異也；己所不欲，勿施於人，〔注〕《論語·顏淵》，世謂之黃金法則，非但古今一，用之四海而皆準也。——此古今無異也；無信不立〔注〕《論語·顏淵》："子貢問政，子曰：'足食，足兵，民信之矣。'子貢曰：'必不得已而去，於斯三者何先？'曰：'去兵'。子貢曰：'必不得已而去，於斯二者何先？'，曰：'去食。自古皆有死，民無信不立。'"——此古今無異也；中庸之道〔注〕《中庸·第二章》："君子中庸，小人反中庸。君子之中庸也，君子而時中；小人之反中庸也，小人而忌憚也。"《中庸·十一章》"索隱行怪，後世有述焉，吾弗爲之矣。君子遵道而行，半途而廢，吾弗能已矣。君子依乎中庸，遯世不見知而不悔。"推而廣之，中庸之道亦天人相處之道，依乎中庸，天人共存；反中庸，則玉石俱焚。——此古今無異也；富貴如雲［注］《論語·述而》："飯疏食飲水，曲肱而枕之，樂亦在其中矣。不義而富且貴，於我如浮雲。"古之聖人視富貴如浮雲，今之聖人亦如是也。今有聖人乎？視富貴如浮雲者，庶幾近之。——此古今無異也。孟子之義利觀［注］《孟子·梁惠王上》："何必曰利？亦有仁義而已矣。王曰何以利吾國，大夫曰何以利吾家，士庶人曰何以利吾身，上下交征利而國危矣……苟爲後義而先利，不奪不饜。未有仁而遺其親者也，未有義而後其君者也。"孟子之義利觀放置今日，效必增百倍也。——此古今無異也；孟子之清心寡欲［注］《孟子·盡心下》："養心莫善於寡欲。"此論與道家不謀而合，與佛家不謀而合，用之古昔，用之今日，用之來茲，並無不同。——此古今無異也。佛教之放下屠刀立地成佛［注］謂作惡之人，決心改過向善，即可變爲好人，其善心與佛心無異。——此古今無異也。郭象但見異而未察無異也。

郭象有爲、無爲之辨弗若老莊。［注］郭象《莊子注·馬蹄·"饑之渴之"注》："夫善馭者，將以盡其能也。盡能在於自任。若乃任驚驥之力，適遲疾之分，雖則足跡接乎八荒之表，而眾馬之性全矣。而惑者聞任馬之性，乃謂放而不乘，聞無爲之風，遂人行不如臥；何其往而不返哉？斯失乎莊生之旨遠矣。"以"委必然之事、付之天下"［注］郭象《莊子注·大宗師·"以知爲時者"注》："夫高下相愛，不可逆之流也；小大相羣，不得已之勢也；曠然無情，羣知之府也。承百流之會，居師人之極者，奚爲哉？任時世之知，委必然之事，付之天下而已。"爲無爲，無爲有爲何以分哉？郭象之謬頗可與黑格爾氏之"存在皆合理"媲美。若必然之事皆可付之天下，則盜賊亦英雄，末日亦可盼矣。郭象之謬不爲奇，奇者今仍有以其謬言爲圭臬者。

老莊去智［注］老子言絕聖棄智《道德經·第十九章》，莊子亦言絕聖棄智《莊子·胠篋》，皆去知在先而後有聖人。此時世不以老莊爲聖人之反撥邪。郭象糾其偏，若或聖人志無盈求、事毋過用，則當其所能不爲重，［注］郭象《莊子注·養生主·"而知也無涯"注》："故知之爲名，生於失當；而滅於冥極。冥極者，任其至分，而無毫銖之加。是故，雖負萬鈞，苟當其所能，則忽然不知重之在身。"當去似智非智者。［注］郭象以似智非智者有三：其一，言古而不能用於今者；其二，俗人仿效聖人猶常人仿效離朱、師曠，終不能目明於離，耳聰于師也；其三，棄彼任我，是真無爲。余嘗以"堆泥"［注］堆泥造像，以喻做"他人學問"也。喻仿效聖人者，今之學人什九堆泥而不發明，［注］開導。宋玉《風賦》："愈病析酲，發明耳目。"仰息故人，釋聖揚己。難怪普覺禪師曰：曾見郭象注莊子，卻是莊子注郭象。［注］《大慧普覺禪師語錄》卷二十二。

郭象反復相喻，曰：天下無是，天下無非天地一指也，萬物一馬也。［注］：《莊子注·養生主》："將明無是無非，莫若反復相喻；則彼之與我，既同於自是，又均於相非。均於相非則天下無是；同於自是，則天下無非。何以明其然耶？是若果是，則天下不得復有非之者也。非若果非，則天下亦不得復有是之者也。今是非無主，紛然淆亂。明此區區者，各信其偏見而同於一致也。仰觀俯察，莫不皆然。是以至人知天地一指也，萬物一馬也。故浩然大宇，而天下萬物，各當其分；同於同得，而無是無非也。"莊生以地籟、人籟、天籟闡發"生生者誰哉，塊然而自生"之理，郭象"相非無是、相是無非"已無理矣！

所待不失，則同於大通。［注］大通猶自由。矣［注］郭象《莊子注·養生主·"天地一指也，萬物一馬也"注》："天地者，萬物之總名也。天地以萬物爲體，而萬物必以自然爲正。自然者，不爲而自然者也。故大鵬之能高，斥鷃之能下，椿木之能長，朝菌之能短，凡此皆自然之所能，非爲之所能也。不爲而自能，所以爲正也。故乘天地之正者，即是順萬物之性也；馭六氣之變者，即是遊變化之塗也。如斯以往，則何往而有窮哉？所遇斯乘，又將惡乎待哉？此乃至德之人玄同彼我者之逍遙也。苟有待焉，則雖列子之輕妙，猶不能以無風而行，故必得其所待，然後逍遙耳，何況大鵬乎？夫唯與物冥而循大變者，爲能無待而常通，豈獨自通而已哉？又順有待者，使不失其所待。所待不失，則同於大通矣。"既待而後大通，又何必拘泥自然之待而拒人文之待於門外乎？儒家之禮義道德待也，內聖外王，［注］儒家之內聖外王，內以道德爲體，外以仁政爲用，乃由堯而來。人間大通也。道家去仁義，內聖外王，［注］與無爲而治伴，所謂"闇而不明，鬱而不發，天下之人，各爲其所欲焉，以自爲方"（《莊子·天下》）人大通也。儒、道所修殊異耶。

比方西學第十五

西學主[注]主猶注重。《論語·學而》:"主忠信,無友不如己者。"人,中學主自然。

人何司牧自然爲?西方未嘗理論,上帝予奪斯。[注]《聖經·創世記》:"神說:'我們要照着我們的形象,按着我們的樣式造人,使他們管理海裏的魚、空中的鳥、地上的牲畜和全地,並地上所爬的一切昆蟲。'神就照着自己的形象造人,乃是照着他的形象造男女。'"牛頓云:"世上沒有一門科學能比得上《聖經》的信仰那樣確鑿有力。"科學與信仰結合,使人之主格地位愈發牢固也。神賦予人神格,人即成爲神,人既爲神,是以人司牧自然。①

人何司牧于自然爲?道家以爲萬物得一而生,一乃形變之始,自然鳥獸並無牧之者。[注]《黃老帛書·道原》云:"恆無之初,迥同大虛,虛同爲一,恆一而止。濕濕夢夢,未有明晦。神微周盈,精静不熙。故未有以,萬物莫以。

---

① 誠如金嶽霖氏所言:"西洋人底思想大都是以人類爲中心的。……不但人爲萬物之靈,而且差不多人爲萬物之主。基督教底思想之一是上帝造人以他(上帝)自己爲模型。大多數底人似乎沒有想到這個說法實在對不起上帝。……有人類中心觀底人不但有人類中心觀,有時還有自我中心觀。前者把人類從萬物中提出,後者把自己從人類中提出。基督教革命之後,這種看法更是容易流行。個人和上帝直接交通恢復之後,關於個人底感覺或思想,事實上他自己是權威。自我中心觀和求無可懷疑護不敗之地有互爲因果底情形。個人既是他自己思想底權威,不敗之地或無可懷疑祇有在自己底感覺或思想上才可以得到。……有些人喜歡談天演,可是同時似乎又以爲天演在人類上打住了。……如果天演在人類上打住,豈對得起宇宙洪流?"

故爲有形，大迴無名。天弗能覆，地弗能載。小以成小，大以成大。盈四海之內，又包其外。鳥得而飛，魚得而游，獸得而走，萬物得以生，百事得以存。人皆以（用）之，莫知其名，人皆用之，莫見其形。一者其號也，虛其舍也，無爲其素也，和其用也。"又《呂氏春秋·大樂》云："太一出兩儀，兩儀出陰陽。陰陽變化，一上一下，合而成章……萬物所出，造於太一，化於陰陽。"又《淮南子·天文訓》云："天地未形，馮馮翼翼，洞洞灟灟，故曰太昭。道始於虛霩，虛霩生宇宙，宇宙生氣，氣有涯垠，清陽者薄靡而爲天，重濁者凝滯而爲地。清妙之合專易，故濁之凝竭難，故天先成而地後定。天地之襲精爲陰陽，陰陽之專精爲四時，四時之散精爲萬物。"

華人不獨理論，〔注〕《莊子·知北遊》："夫昭昭生於冥冥，有倫生於無形，精神生於道，形本生於精，而萬物以形相生。"可見，人乃以形相生者。亦觀天文，察人事，使理論愈深。儒家以教葆道之真。〔注〕《禮記·中庸》："天命之謂性，率性之謂道，修道之謂教。"人不修不得道之佑，故有禮，禮者修道也。道家以無爲〔注〕無爲者慎行、少行、不行，亦無庸司牧自然也。葆道之真。

人司牧自然乎？人司牧于自然乎？實中學、西學之分別。西夷以理性司牧自然，人雖暴富而使自然不自然；華人以仁義道德司牧于自然，人雖窮踧而使自然自然。

華夏、西夷以有爲無爲分。華夏無爲，〔注〕《莊子·天地》："技兼於事，事兼於義，義兼於德，德兼於道，道兼於天。"農事不出道之閫，故爲猶無爲。令道兼於天；西夷有爲，〔注〕工具理性或科學。科學出道之閫，爲必害道。令道兼於人。華夏大智若愚，西夷大愚若智，百年之內必有判焉①。

---

① 地球資源不足以支持西方經濟發展模式再持續百年。到月球上開發資源或尋求替代能源也無濟於事。人類自救的唯一方式就是放棄掠奪式經濟發展模式，回到天人合一的軌道上來。

反智第十六

　　反智，乃道家各宗所共主，雖然，智非常智，故不能不以非常心辨之。若夫禮樂教化，雖施於民人之身亦尤物也，去之無理甚。王弼注老子曰："明，謂多智巧詐，蔽其樸也。愚，謂無知守真，順自然也。多智巧詐，故難治也。"［注］王弼注老子"古之善爲道者，非以明民，將以愚之。民之難治，以其多智。"句。唐魏徵極推崇此注，云："不使智惠之人，知國之政事，則民守正直，上下相親，故爲國之福也。""明民"謂何？可謂禮樂教化，亦可謂多智巧詐。若夫禮樂教化，諳，民反難治，不如教。若夫多智巧詐，教，反難治，不如不教。治國之術無外德、［注］儒家之德治。法［注］法家之法制。無爲［注］道家無爲而治。法有刑名與權術勢之分，刑名可使民知，知權術勢則危矣；無爲乃帝王南面之術矣，不能授於民；唯德不告之於民不能行德治。老子所言愚，括德、法、無爲，王弼雖以無知守真辯，不能蔽其說之偏也。或曰：中國之治，外德内法，法又源於道，［注］法家之治有二：一曰法（術、勢）；二曰爲無爲。《韓非子·大體》：（帝王所爲）"日月所照，四時所行，雲布風動；不以智累心，不以私累己；寄治亂於法術，託是非於賞罰，屬輕重於權衡。"與莊子之"乘天地，馭萬物，而用人羣"（《莊子·天道》）、"故古之王天下者，知雖落天地，不自慮也；辨雖雕萬物，不自說也；能雖窮海內，不自爲也。"(《莊子·天道》) 庶幾近之。故道是中國中國學術思想之主流。若是，中國兩千年豈不上有智而下蒙昧乎？以余之察未必也。華人蒙化[注]漢人蒙化成俗、教化成風。所謂"是故古之王者莫不以教化爲大務，立大學以教于國，設庠序以化於邑。"(《漢書·禮樂志》) 多夷人百倍。以樹喻華夏文化，道家根也，法家幹也，佛家枝也，百家葉也，儒家花與果實也。

道家反智之初心，不在去禮義，不在去權謀，欲去者唯機心耳。機心[注]求真求公之心。可造不仁之天地，[注]不仁之天地猶道之外之道、自然之外之自然、世界之外之世界（新世界）也。老子先覺，曰："天地不仁，以萬物爲芻狗，聖人不仁，以百姓爲芻狗。"老莊以人欲去之，是不願人類甘做芻狗也。智與反智以寬緩天人相煎，返璞歸真以延息遊履之程，使人與道長在，本與素[注]離本必邪，離素必驕，邪而驕必亡，故《漢書·禮樂志》云："兆民反本，抱素懷樸。"久存。湯川秀樹氏深知老子初心，故深省己智、己爲①，以爲以巧智得利乃"福兮禍之所伏"②。掃智帶禮，去巧累義，是發洩以快喙鳴耳。

華夏智慧在道家，智慧第一人非老非莊，荀卿也。荀卿無爲於天與老莊無異，[注]《荀子·天論》："故大巧在所不爲，大智之所不慮……故錯人而思天，則失萬物之情。"異者老莊是絕對無爲，荀子是相對無爲，荀子無爲于天而有爲於人，[注]《荀子·非十二子》："莊子蔽於天而不知人。"人事可勝天命。人事者，造傳統也，傳統者載道德也，道德者正人性也，人性者，使非人回歸人也。天網恢恢，疏而有漏，人性乖則道德失，道德失則傳統亡，傳統亡則人不成類，人不成類反不如牲畜也。牲畜全身素樸，全身自然，全無害天之念。雖然，存雄[注]存雄猶爭強鬥勝。而外別無作用[注]作用猶作爲。智不可倚，亦不可不使，由此而論，荀子高於老莊也。

---

① 湯川秀樹在《創造力和直覺——一個物理學家對於東西方的考察》一書中深情地告誡世人："對於人類來說，聽天由命可能是重要的，我不得不失望的時刻可能來到了。……人生的唯一目的就在于使生活更有價值，這個目標超越了一切成敗問題。"
② 湯川秀樹認爲科學發展最終有可能導致人類分裂，導致人性的喪失，因爲科學能夠製造第二個自然，使人類脫離原來的真正的自然。

［注］《莊子·大宗師》："古之真人，不知說生，不知惡死；其出不欣，其入不距；倏然而往，倏然而來而已矣。……是之謂不以心捐道，不以人助天。""不以人助天"吾可贊一詞，"不以心捐道"則人而無心，畜牲不如也。

樸素第十七

樸素之美是自然之美，非人造也。華夏有四美：一曰儒家之美，主張美生于善且寓于善，善生于心而寓于心，心有所思身有所行，故美生于善行；二曰道家之美，主張美生于真且寓于真，真生于自然且寓于自然，故自然之美人不能奪之，亦不能造作之；三乃楚騷之美，合儒、道之美于一身，借山川花草使善內寓于思而外成于詩；四乃禪宗之美，亦合儒道之美于一身，借山川花草使靜內寓于心而外發于形。〔注〕形猶形體。道家以爲道之美在極峰〔注〕《莊子·知北遊》："天地有大美而不言，四時有明法而不議，萬物有成理而不說。聖人者，原天地之美而達萬物之理，是故至人無爲，大聖不做，觀於天地之謂也。"《莊子·天道》："樸素而天下莫能與之爭美。"天地有大美，莫能與之爭美，皆言自然之極美，言則減其美，議則減其美，說則減其美，欲恆其美唯無爲。儒家以爲自然之美在盡美。道家言美之內在，儒家言美之外形，楚騷言美之作古，佛家言美之妙覺。〔注〕《大正藏》：妙覺常住，湛然明淨，名一切智地。常處中道一切法上，超過四魔，非有非無，一切相盡，頓解大覺，窮化體神，二身常住，爲化有緣。各各不一者，有言自在之美，有言他在之美，有以人爲基趾，有以自然萬物爲基趾，儒家說毛嬙美，道家說魚鳥不知其美，

［注］《莊子·齊物論》：《咸池》《九韶》之樂，張之洞庭之野，鳥聞之而飛，獸聞之而走，人卒聞之，相與還而觀之。魚處水而生，人處水而死，彼必相與異，其好惡故異也。毛嬙、麗姬，人之所美也；魚見之深入，鳥見之高飛，麋鹿見之決驟。非言美，是言人獸鳥魚之異，混而言美，美必不存焉。人各有其美，人類則有共美，美醜與善惡，相生相伴，豈能去此留彼乎。讀莊子去美之言，不能不絕倒也。［注］《莊子·山木》：陽子之宋，宿於逆旅。逆旅人有妾二人，其一人美，其一人惡。惡者貴而美者賤。陽子問其故，逆旅小子對曰："其美者自美，吾不知其美也；其惡者自惡，吾不知其惡也。"陽子曰："弟子記之！行賢而去自賢之行，安往而不愛哉！"逆旅小子混人品相貌于一談，病矣。莊生以病人之事說常人之理，亦病矣！信言之"信"，尚可作另解。［注］"信"或可解作"隨意"，未加雕琢之言不美。如白居易《答故人》詩所言："讀書未百卷，信口嘲風花。"莊子亦效此構，曰："既雕既琢，複歸於樸。"（《莊子·山木》）劉勰乃作另解之高手，辯曰："老子疾偽，故稱美言不信，而五千精妙，則非棄美矣。周莊云：'辯雕萬物，謂藻飾也。'夫鉛黛所以飾容，而盼倩生於淑姿；文采所以飾言，而辯麗本於情性。故情者文之經也，辭者理由之緯；經正而後緯成，理定而後辭暢，此立文之本源也。"莊子之與物皆殉；［注］《莊子·則陽》："與物化者一不化者也。闔嘗舍之。夫師天而不得師天，與物皆殉。"成玄英疏：（殉物者）"有心師學，而乖于自然。"安排而去化，乃入於寥天一。［注］《莊子·大宗師》夫水之汋也，無爲而才自然矣，［注］無爲而才自然，誠如是。雖然，天生我才必有所爲，爲必有美與不美、善與不善，欲避而不能也。凡此皆滅造作之美也。余難以盡數，舉舉大者如"古今勝語多非補假，皆由直尋"、［注］鍾嶸《詩品》"直尋之義，在景即會心，自然靈妙"、［注］許文雨《詩品講疏》"洗盡鉛華"、［注］源自周邦彥《花犯·梅花》詞："疑淨洗鉛華，無限清麗。""不著一字，盡得風流"、［注］六祖惠能《檀經》"自然爲法而無法自然之名"、［注］林希逸《南華真經口義》"琢對要寧粗毋弱，寧拙毋巧，寧樸毋華"、［注］楊載《詩法家數》"標自然以爲宗教"、［注］紀曉嵐《紀曉嵐文集》"古今之大文學，無不以自然勝"、［注］王國維《宋

元戲曲考》"豪華落盡見眞淳"、［注］現代人語。"絢麗之極而歸於平淡"［注］現代人語。①皆不如蘇軾中肯，蘇子曰：古今洗盡鉛華者唯陶淵明一人耳，我等不能也。［注］《歷代詩話》東坡先生謙虛了，陶翁亦未必能，其《閒情賦》"斂輕裾以複路，瞻夕陽而流歎；步徙倚以志趣，色慘慘而矜顏。葉燮燮以去條，氣淒淒而就寒；日負影以偕沒，月媚景於雲端。"如雲紋繡，似錦華章，豈能以樸素二字概之？凡造美必有逆於自然者，有造心中之自然者，有別于自然者，有補苴自然所無有者。自然至美，效法自然未必得至美。"知其不可奈何而安之若命，德之至"［注］《莊子·人間世》可，知自然之美不可奈何而另闢蹊徑有何不可？是故有"言之無文，行之不遠"［注］《左傳》引孔子語。之說，有"文者，會集眾彩以成錦繡，會集眾字以成辭義，如文繡然也。"［注］劉熙《釋名》之說，有（文者）"合纂組以成文，列錦繡而爲質。"［注］司馬相如：（引自《西京雜記》）之說，有"聖賢書辭，總稱文章，非采而何？"［注］劉勰《文心雕龍·情采》之說……生可以順物自然，治可以順物自然，行爲法程可以順物自然，唯審美不一，有自然得美者，有不自然得美者，［注］譬如男女構精，以自然之法爲之，若禽獸，得禽獸之樂；以人爲之法爲之，禽獸之樂而外，諸種美感生焉。皆因人以境待美，［注］金聖歎《水滸傳序》："心之所至，手亦至焉，文章之聖境；心之所不至，手亦至焉，文章之神境；心之所不至，手亦不至焉者，文章之化境。"而自然待人則有境，不待人則無境也。莊子之誤在於混淆眞與美。眞之道不可聞，不可見，不可言；［注］《莊子·知北遊》："道不可聞，聞而非也；道不可見，見而非也；道不可言，言而非也。"美之道則可聞，可見，可言［注］以文字使希聲有聲，無形有形，得象而不忘言，得意而不忘象。，眞在內［注］《莊子·漁父》：眞者，精誠之至也。不精不誠，不能動人。故強哭者雖悲不哀，強怒者雖嚴不威，強親者雖笑不和。而美在外也。

老莊之後，屈原、［注］屈子小莊生八歲，韋當以弟子論。《天問》處處有莊文窠臼："天其運乎？地其處乎？日月其爭於所乎？孰主張是？孰維綱是？

---

① 宗白華給予莊子美學的評價最高："莊子是具有藝術天才的哲學家，對於藝術境界的闡發最爲精妙。"（《中國藝術意境之誕生》）

孰居無事推而行事？……"雖然，屈子效其美構，而去其反樸。韓非首宗其風，[注]《韓非子·解老》"天得之以高，地得之以藏，維斗得之以成其威，日月得之以恆其光，五常得之以常其位，列星得之以端其行，四時得之以禦其變氣，軒轅得之以擅四方，赤松得之以與天地統，聖人得之以成文章。道，與堯舜俱智，與接輿俱狂，與桀紂俱滅，與湯武俱昌。以爲近乎？遊於四極；以爲遠乎？常在吾側；以爲暗乎？其光昭昭；以爲明乎？其物冥冥，而功成天地，和化雷霆，宇內之物，恃之以成。"逼宵老莊文風矣。雖然，逼宵者老莊美論之別解，非正解也。"信言不美"者，隨便之言不美也，須雕之琢之，以求盡美。與物皆殉者，須用心師學，免得乖于自然也。故韓非子正襟危坐，雕之琢之，而出此磅礡淩厲之勝言也。賈誼、[注]《鵩鳥賦》："萬物變化兮，固無休息。斡流而遷兮，或推而還。形氣轉續兮，變化而嬗。沕穆無窮兮，胡可勝言！禍兮福所倚，福兮禍所伏……"司馬遷、[注]寫《悲士不遇賦》，數欲棄俗遊仙。其文有仙道之氣。董仲舒、[注]寫《夫不遇賦》欲棄俗遊仙。其文亦皆有仙道之氣。張衡、[注]寫《歸田賦》："諒天道之微昧，追漁父以同嬉。超塵埃以遐逝，與世事乎長辭。"與莊子乎同風。趙壹之[注]《刺世嫉邪賦》："寧計生民之命，唯利己而自足。"無莊子何來此言邪。繼其踵。

　　老子曰道可道非常道，[注]《道德經·第一章》，莊子曰言不盡意，[注]《莊子·天道》："世之所貴道者，書也。書不過語。語有貴也。語之所貴者意也。意有所隨：意之所隨者，不可以言傳也。"猶輪扁斫輪之術妙不能言。寧美同斫輪之術乎？非也。誠然，老莊以爲言道，實則言美而已。雖然，道不可道美可道[注]老莊偏道不可道之道。言不盡意美盡意。[注]《道德經》《莊子》盡之。《道德經》與《莊子》之美，昭假[注]昭假猶明告。天下並無疑者，有疑者皆疑其道也。所以然者，非老莊返樸，道自反樸耳。山川、河流、野獸、禽鳥、雨雪、風霜皆素物，無論美醜，摹其形而造字，美蘊於字，[注]《說文解字·敘》："古者庖犧氏之王天下也，仰則觀象於天，俯則觀法於地，視鳥獸之文與地之宜（儀），近取諸身，遠取諸物，于是始作易八卦，以垂憲象。及神農氏，結繩爲治而統其事，庶業其繁，飾爲萌生。黃帝之史倉頡，見鳥獸蹄远之跡，知分理之可相別異也，初造書契，百工以乂，萬品以察，蓋取諸'夬'。"何者？文字可以造美也，其美可言也，其言可用也，其用可利生民也。山川、河流、野獸、禽鳥、雨雪、風霜之類，以自然待之，自然而已；以美心待之美乃出。不落言筌［注］《莊子·外物》："筌者所以在魚，得魚而忘筌；蹄者所以在兔，得兔而忘蹄；言之所以在意，得意而忘言。"有是焉，然其非自然力，造美之力也。寧言外之意不可言察乎？詩話作者無不極盡美化自然之能事，又無不極盡造美之能事者，效法老莊也。

自然第十八

　　田園自然詩反樸之詩乎？造美之詩乎？造美之詩也。陶淵明公若不"誤落塵網中"，[注]陶淵明《歸園田居五首》之一："少無適俗韻，性本愛丘山，誤落塵網中，一去三十年。羈鳥戀舊林，池魚思故淵，開荒南野際，守拙歸園田。方宅十餘畝，草屋八九間，榆柳蔭後簷，桃李羅堂前。曖曖遠人村，依依墟裏煙，狗吠深巷中，雞鳴桑樹巔。戶庭無塵雜，虛室有餘閒，久在樊籠裏，複得返自然。"怎能因出世而得高名乎？陶淵明公之"忘言"[注]陶淵明《飲酒二十首》之五："結廬在人境，而無車馬喧。問君何能爾？心遠地自偏。采菊東籬下，悠然見南山。山氣日夕佳，飛鳥相與還。此中有真意，欲辨已忘言。"非關言，關者得意于無車馬喧也。[注]陶公若生於今之鬧市，一日亦不得活也。

　　田園詩、自然詩之美未必洗鉛華，謝朓田園詩雖施粉黛卻不失自然之美：

　　茹溪發純水

　　阺山起朝日

　　蘭色望已同

　　萍跡轉如一

巢燕生上下

黃鳥弄儔匹

邊郊阻遊衍

故人盈契闊

夢寐借假簧

思歸賴倚瑟

幽念漸鬱陶

山楹永爲室［注］引自《春思》。謝朓詩風別于陶翁，並不刻意揀素樸之字，雖字華麗而意素樸。

李白之自然詩不洗鉛華，亦見自然之美："蜀道之難難於上青天｜使人聽此凋朱顏｜連峰去天不盈尺｜枯松倒掛倚絕壁｜飛湍瀑流爭喧豗｜砯崖轉石萬壑雷……［注］引自《蜀道難》。李白雖道家，造語弄詞並不樸素，其所用詞語句式，疾可走丸，暴可驚雷，壯可劈山，豪可醉人，靈令仙嫉，美令花羞，思令天小，恆久令隙駒羡。若素樸如話，《蜀道難》難傳矣。非恃平齊天人。［注］莊子曰："天地與我並生，而萬物與我爲一。"（《莊子·齊物論》）自然與我齊一，則無美可言。自然異於我，所以有美與醜。因田園本無鉛華，故寫田園無需鉛華。此爲素美。譬如西施，着華服美，着素服亦美，唯裸不美。面對裸身，已由美境轉樂境故也。別白［注］別白猶辨別明白也。主賓，華主素賓也。［注］謝靈運《江妃賦》："姿非定容，服無常度，兩宜歡顰，但適華素。"華主素賓猶歡主顰賓。素面雖美，不及歡顏；綠蔭雖令人闊達，花香尤使人心醉也。今有一女心如靜水，坐忘不搖，又有一女芳蘭竟體，翩若驚鴻，吾寧棄前而就後也。

貴時第十九

貴時，華夏之傳統也。黃帝制調曆［注］中國最早之曆法，今已失傳。順四序［注］猶春夏秋冬。以興農；西伯演周易，循天時以易轍；［注］易轍猶改變生存方式。老子寫經文，反智慧以求久；［注］《道德經‧第七章》："天長地久。天地所以能長且久者，以其不自生，故能長生。"莊子著內篇，知時疾［注］莊子以時者如白駒之過隙。而避世。及至漢初，貴時論複出，［注］如《淮南子‧道訓》："時之反側，間不容息，先之則太過，後之則不逮。夫日回而月周，時不與人遊。故聖人不貴尺之璧，而重寸之陰，時難得而易失也。"乃與儒家合軌。時者，不能握於手，不能附於身，不能滯於毫間，不能逃於一念，能者唯匯于常川，鑄於青史，令時、道、名合而爲一——此正儒家以文章系名者，以道德爲判者，以形式爲常住者，［注］佛教用語。猶恆久不變。以常名爲名者，以財貨爲糞土者，"天下有道則見，無道則隱"者，［注］《論語‧泰伯》隱或可失于時而得于史也。儒家之目標非君子、聖王，神也。［注］《孟子‧盡心下》："可欲之謂善，有諸己之謂信，充實之謂美，充實而有光輝之謂大，大而化之之謂聖，聖而不可知之之謂神。"得時在於後，［注］言後發制人者得時。成道在於鬼［注］言人死而得名，乃得真名，乃得恆名。後道家與儒家合一——

鬼神不受制于時也。

《說文解字》循道釋字，以真從匕，乃化之原形，言真乃化而成。漢初道家以死生爲一化，以萬物爲一方。〔注〕《淮南子·精神訓》："故有而若無，實而若虛；處其一不知其二，治其內不知其外。明白太素，無爲複樸，體本抱神，以遊于天體之樊，茫然仿佯於塵垢之外，而逍遙於無事之業。浩浩蕩蕩乎，機械知巧弗載於心。是故死生也大矣，而不爲變；雖天地覆育，亦不與之捴抱矣。審乎無瑕，而不與物糅；見事之亂，而不能守其宗。……以死生爲一化，以萬物爲一方。"理路順而詞脈貫，乃化之術也。道教煉丹以求長生，離道家初心遠矣，以學術論，道教已出道家之閾矣。

調和第二十

　　道與儒調和之術異。道家調和於道［注］天不自生故長久；人不自生則能全生保真。儒家調和於心。［注］《論語·里仁》："吾日三省吾身：爲人謀而不忠乎？與朋友交而不信乎？傳不習乎？"可合而參印；道家求于自然，［注］葛洪《抱樸子·內篇辨問》："按仙經以爲諸得仙者，皆其受命偶值神仙之氣，自然所稟。故胞胎之中，已含通道之性。及其有識，則心好其事，必遭明師而得其法。不然，則不信不求，求亦不得也。"儒家求于人文；［注］仁、義、禮、智、信，皆人文也。道家煉丹求仙，儒家煉性求仁；道家求一己之長久，儒家求人類之久安；道家出世以糾功利之偏，［注］調和欲與道。儒家入世以成功利之全；［注］調和欲與理。道以"玄"［注］葛洪《抱樸子·內篇辨問》："玄者，自然之始祖，而萬殊之大宗也。眇昧乎其深也，故稱微焉。綿邈乎其遠也，故稱妙焉。其冠蓋乎九霄，其曠則籠罩乎八隅。光乎日月，迅乎電馳。"反功利之直白，儒家以禮［注］《禮記·曲禮上第一》："夫禮者，所以定親疏，決嫌疑，別同異，明是非也。禮，不妄說人，不辭費。禮，不逾節，不侵侮，不好狎。修身踐言，謂之善行。行修言道，禮之質也。禮，聞取於人，不聞取人；禮，聞來學，不聞往教。"正功利之偏頗。［注］《論語·顏淵》："非禮勿視，非禮勿聽，非禮勿動。"道家，世道陵夷則隱，儒家有道則仕無道則隱，皆調和之術，又豈能偏廢其一乎？《呂氏春秋·本味》："調和之事，必以甘酸辛鹹，先後多少，其齊甚微，皆有自起。鼎中之變，精妙微纖，口弗能言，志不能喻。"不微不能調和，故調和之大患乃在于大。近世，吳虞、胡適、魯迅之反孔，無不假道家之言病儒家之說。[注]魯迅之《狂人日記》與唐人無能子筆下之狂者何其相似乃爾：樊氏之族有美男子，年三十。或被髮疾走，或終日端居不言。言則以羊爲馬，以山爲水。凡名一物，多失其常名。其家及鄉人狂之，而不之罪焉。無能子亦狂之。或一日，遇于叢間，就而歎曰："壯男子也，貌複豐碩，惜哉病如是！"狂者徐曰："吾無病。"無能子愕然曰："冠帶不守，起居無常，失萬物之名，忘家鄉之禮，此狂也，何謂無病乎？"狂者曰："被冠帶，善起居，愛家人，敬鄉里，豈我自然哉？蓋昔有妄作者，文之以爲禮，使人習之至於今，而薄醪固酎也，知之而反之者，則反以爲不知，又名之曰狂。且萬物之名，亦豈自然哉？清而上者曰天，黃而下者曰地，爛晝者曰日，爛夜者曰月；以至風雲雨露，煙霧霜雪；以至山嶽江海，草木鳥獸；以至華夏夷狄，帝王公侯；以至士農工商，皂隸臧獲；以至是非善惡，邪正榮辱，皆妄作者強名之也。人久習之，不見其強名之初，故沿之而不敢移焉。……強名自人也。我亦人也，彼人何以強名，我人胡爲不可哉？則冠帶起居，吾得以隨意取捨；萬狀之物，吾得以隨意自名。狂不狂吾且不自知，彼不知者狂之亦宜矣。（《無能子》卷下）無能子之論初聞似高妙，思之則無理，且非自見，可與嵇康舊說[注]嵇康《難自然好學論》："及至人不存，大道陵遲，乃始作文墨，以傳其意；區別羣物，使有族類；造立仁義，以嬰其心；制爲（僞）名分，以檢其外。勸學講文，以神其教。故六經紛錯，百家繁熾，開榮利之途，故奔騖而不覺。是以貪生之禽，食園池之梁菽；求安之士，乃詭志以從俗。操筆執觚，族容蘇息；積學明經，以代稼穡。是以困而後學，學以致榮；計而後習，好以習成；有似自然，故令吾子謂之自然耳。推其原也，六經以抑引爲主，人性以從欲爲歡。抑引則違其願，從欲則得自然。"相參，與自然扞格，人性與道德乖刺，相爭而俱損，不調而兩失。

陰陽第二十一

陰陽乃華夏文化之性別。道家屬陰，[注]《德道經·第五十二章》："天下有始以爲天下母。既得其母，以知其子。既知其子，複守其母，沒身不殆。"以母爲物物；[注]物吾猶主宰萬物。《莊子·在宥》："有大物者，不可以物，物而不物，故能物物。"儒家屬陽，[注]班固《白虎通·三綱六紀》：三綱者，何謂也？謂君臣、父子、夫婦也。……故《含文嘉》曰："君爲臣綱，父爲子綱，夫爲妻綱。"以父爲物物；佛家以無爲法爲陽，[注]無爲法謂離因緣造作之法也，有三無爲六無爲等。三無爲中之擇滅無爲，六無爲中之真如無爲，即涅槃也。涅槃爲無爲法中之最勝者。以有爲法爲陰。[注]有爲法謂色聲等之有爲法也。其解釋諸師各異。天臺謂陰有二義：一陰者蔭覆之義，謂色聲等之有爲法蔭覆真理也。二積聚之義，謂色聲等之有爲法積聚生死之苦果也。止觀五上曰："陰者陰蓋善法，此就因得名。又陰是積聚，生死重遝，此就果得名。"淨影取積聚之一義。大乘義章八本曰："積聚名陰，陰積多法故。"是言色聲等之有爲法，多法積聚而爲體也。老子負[注]負猶仗恃。陰抱[注]抱猶守持。陽，故貴柔尚弱，寧處下而不暴暴，[注]《荀子·富國》："汸汸如河海，暴暴如丘山。"是陰柔可以保真，其用也小。儒家陽一陰二，是爲大順。[注]《禮記·

禮運》："天子以德爲車，以樂爲御，諸侯以禮相與，大夫以法相序，士以信相考，百姓以睦相守，天下之肥也，是謂大順。"故，男女之事體大，不能不辨。道守一，人豈能不守一乎？人守一豈能無男女之序乎？分男女之序豈能不一尊一卑乎？［注］有尊必有卑，有卑必有尊。尊卑之，合順於道而理於義，尊卑複歸於尊而卑沒①。儒家陽一陰二而不失和者，納道家之陰弱反強之術也。上善若水，［注］《道德經·第八章》："上善若水，水善利萬物而不爭。處眾人之所惡，故幾於道。居善地，心善淵，與善仁，言善信，正善治，事善能，動善時。"女人之卑也若水，不爭也若水，居善地［注］善地唯家也。若夫女人與男人同爭于朝市場，同困于名韁利鎖，國無善者矣。也若水，心善淵［注］心善淵，故教子亦善淵。也若水，言善信，［注］母言而有信則子亦然。正善治［注］言善治家務。也若水，事善能，動善時。［注］教子之事，非能者莫辨，此尤女人之專能也。也若水。觀夫西夷，女與男同上而無卑者，國無善地，家無善治，人與人交無善信，女徒有高名而不能爲善事也。反身今之道德敗壞，豈獨理性主義、功利主義使然，女人處位不當，此亦要因矣。設寰宇之內男人皆壞，若女人尚有善心，無所憂；反之，天亦憂人間之事矣。

道家疏觀

---

① 圭索頗諳此理，尤有具眼。他說："（中國古代經典文獻）所提供的主要觀點也是最基本的，即男人和女人不同，就如同天與地不同、陽和陰不同一樣。然而，中國的觀點區別于其他大多數文化的地方是其推論的結果。在那種有機的整體化的宇宙裹，男人和女人無法擺脫地連在一起，他們分別給于莊嚴而受尊敬的角色，並期待彼此在合作與和諧的基礎上互相作用和影響。但是兩者的關係並不平等……也許在他們的宇宙觀中，性別概念潛藏著優越和低劣的含義，但更主要的是強調男性和女性之間的差異。不同性別有著各自不同的互補的功能，婦女的地位既非不體面，也並不一定就低於男子，除非是在地低於天、月亮低於太陽這個意義上。……儒家解決男女性別衝突的方法有三層：功能分離、承認等級，以及理想化的告誡，即男人與女人彼此在他們的關係中輸入愛與尊重。"（《澤上有雷——五經和早期中國對婦女的認識》）圭索之論義旨皎然，無庸疑揣矣。

世俗第二十二

　　世俗之于道與儒大異焉。道家不恥世俗①，故避之；［注］道家以入世爲世俗且鄙夷之，故尋覓世外桃源。儒家入世，近而染之，令其雅。［注］無禮則人民俗，有禮則人民雅，所以孔子克己復禮也。交爭匯于何以處當。［注］處當猶處理。人之自利心，宜避功利令自利心不出乎？［注］如阮籍《與山巨大源絕交書》所云："今但願守陋巷，教養子孫。時與親舊敍述闊，陳說平生。濁酒一杯，彈琴一曲，志願畢矣。"抑或修身進德以禦之乎？道家擇其前者而儒家擇其後者。

　　阮籍云"教養子孫"，若子孫效之，教又有何益哉？仕途路雖險，功利場雖汙，正抗險濯汙以富人生之機，曷避之如虎耶？阮籍病功利，［注］

---

① 魏晉稽康以"七不堪""二不可"括其對官場的厭惡："一不堪，喜歡睡懶覺晚起床，而當官必被差役傳呼上朝。二不堪，喜歡彈琴唱歌，打獵釣魚，而當官有吏卒在旁守候，無法隨意行動。三不堪，頭戴官帽，身穿官服，拜見上司，須長時間正襟危坐，腿腳麻痹也不得亂動；而我身上蝨子很多，必須不停地搔癢。四不堪，一直不善於寫信，也不喜歡寫信，而人際交往少不了此事，往往書信堆滿幾案，如果不予以回復，則違背了道義；如果勉強酬答，又是本性難以爲之的。五不堪，人們非常重視弔喪，而我不喜歡參加道類活動，容易被那些不能諒解的人所怨恨，以至想中傷我。雖然在恐懼的矩使下，也感到自己不對，但是本性無法改變，即使違心地順從世俗習慣，也難以徹底偽裝，會露出馬腳，最終不會平安無事。六不堪，不喜歡俗氣之人，而當官本人要與道類人共事。在官場上，賓客滿座，寒暄問後、阿諛奉承之聲不絕於耳；低眉順眼，點頭哈腰。七不堪，性情急躁怕麻煩，而當官偏要處理繁忙雜亂的公務。行政雜務，勞其心志；人情世故，窮于應付。一不可，我否認商湯王和周武王，看不起周公與孔子。入仕以後不會改變觀點，無法被當局容忍。二不可，性格剛烈，疾惡如仇，輕肆直言，遇事便發。"

《大人先生傳》：（以爲功利）"誦周、孔之遺訓，歎唐虞之道德。唯法是修，唯禮是克。手執珪璧，足履繩墨。行欲爲目前檢，言欲爲無窮則。少稱鄉閭，長聞邦國"乃"上欲圖三公，下不失九州牧。故挾金玉，垂文組，享尊位，取茅土。揚聲名于後世，齊功德于往古。奉事君上，牧養百姓。退營私家，育長妻子。卜吉宅，慮乃億祉；遠禍近福，永堅固已。"以爲宇宙終會崩壞，世俗終會化灰，[注]《大人先生傳》：往者天嘗在下，地嘗在上，反覆顛倒，未之安固。故以向善之舉爲自封自樂，無異于"逃于深縫，匿乎壞絮，自以爲吉宅也。行不敢離縫際，動不敢出褌襠，自以爲得繩墨也。饑則齧人，無窮食也。炎丘火流，焦邑滅都。羣虱死於褌中而不能出。汝君子之處寰區之內，亦何異夫虱之處褌中乎？"[注]《大人先生傳》。禮法不能免炎丘火流，隱士狂徒獨能乎？誠然，水火交替，難免劫燒①，諸法無常，禍福難卜。無人知天何時塌，地何時陷，生靈何時遭塗炭。所以，死則死矣，生當奮迅，[注]鳥獸飛奔狀。競高比疾，以增其趣。譬如死囚，刑期將至，有伏案疾書留言于後人者，有放飯流歠[注]放飯流歠言吃飯放佚不羈狀，典出《孟子·盡心上》："放飯流歠，而問無齒決，是之謂不知務。"充實於灰念者。以自然爲名教者，自以爲脫俗，作此解會實俗之又俗也。

嵇康著《釋私論》，正名公與私，初心欲糾世俗藏匿真情之弊，然事與願違。人與禽獸有分者，人有所匿，有所違，有所不得已，而禽獸則無。人若直發其情，無所藏匿，無所違心，思者必爲，庶幾墮爲禽獸矣。老莊可愛，在其尚存一絲世俗，至王坦之、殷康子、袁宏之[注]以上諸位以參與"公謙之辯"而著稱。王坦之著《公謙論》。已不可愛矣。

---

① 劫燒：佛教用語。指壞劫時的大火災。壞劫，即三千大千世界進入破壞的時期。由火、水、風等三大災所次第破壞，火災由七個日輪出現而起，色界（位於欲界上方，乃天人之住處）初禪天以下悉成灰燼；水災由雨霖而起，第二禪天以下悉被浸沒；風災由風之相擊而起，第三禪天以下悉被飄散。然破壞僅至色界第三禪天以下，第四禪天以上不受破壞。

儒道释琉观

無傳第二十三

魏晉之後無名家，道有說無傳也。老莊而後，何晏、（？－249）［注］魏晉玄學之始創者。夏侯玄、（209－254）［注］正始玄學之領袖。爲司馬師所害。王弼（226－249）［注］舉世無雙之天才少年，雖年壽僅二十有三，《老子注》《周易注》已成學術重典。山濤、（205－283）［注］竹林七賢之一。仕途得意，嵇康因與絕交。阮籍、（210－263）［注］竹林七賢之一。博覽羣書，尤好老莊。有《阮籍集》傳世。嵇康、（223－262）［注］竹林七賢之一。魏晉義士。爲司馬昭所害，刑前奏《廣陵散》，後人持爲美談。向秀、（227－272）［注］竹林七賢之一。著《莊子注》，郭象用之。阮咸、［注］生卒年月不詳。竹林七賢之一。劉伶、［注］生卒年月不詳。竹林七賢之一。唯酒是務之虛无主義者。《抱樸子》曰：「閹官無情，不可謂貞。」獨以酒脫俗可謂超俗乎？王戎、（234-305）［注］，清談家。竹林七賢之一。因貪吝聚財而遭詬病。王衍、（256－311）［注］清談家。被石勒所俘，欲苟活，未能。樂廣、（？－304）［注］清談家，裴頠、（267－300）［注］反無崇有，著有《崇有論》。郭象、（？－312）［注］大清談家。或曰：「聽象語，如懸河瀉水，注而不竭。」有《莊子注》傳世。王導、（276－339）［注］清談家。謝安、（320-338）［注］清談家。任吏部尚書，中護軍。韓康伯、（332–380）［注］輕象數，重義理。著《繫辭注》。張湛、［注］生卒年月不詳。長於歧黃之術，或求醫眼疾者，張湛開六言方，曰"損讀書，減思慮"。著《列子注》。何晏、王弼雖見解每異。［注］《王弼集校釋》：何晏以聖人無喜怒哀樂……弼與不同，以爲聖人茂于人者，神明也；同於人者，五情也。神明茂，故能體沖和以通無；五情同，故不能無哀樂以應物。然則聖人之情，應物而無累於物者也。謝安、韓康伯之後，道家沉淪，所見陳陳相因而已。老莊巨大，王郭睿智，蟲臂鼠肝［注］《莊子·大宗師》："以汝爲鼠肝乎？以汝爲蟲臂乎？"不敢逞強故也。故近千年，道家之作用弗若儒家，弗若佛家，弗若法家，弗若陰陽家，弗若農家，弗若雜家矣。近世反然，道家炙手，老子名高。然，今之老莊之說，多取其無爲法天，返璞歸真，以爲抵禦工具理性主義之利器。［注］工具理性主義驅惡德以求財貨，寧惡終而聚黃白。潘朵拉盒開，人不能禦也。老子之去仁義、莊子之逍遙遊、楊朱之貴己、魏晉之清談不爲今人所重。［注］今仁義道德已墮，不能複去；人人逍遙，不必複遊；各各爲己，無以復加；今人人眼觀財貨，心想發達，縱有個把清談家，談與誰聽？唯二三不識時務者效法何王夏侯，觸慮成端，溯源結緒，不能不放，故或清談於密室，或激昂於學館。然旨已去老莊甚遠矣。［注］枚乘《上書諫吳王》："銖銖而稱，至石必差。"況人言，傳千年能不差乎？雖然，"丹可滅而不能使無赤，石可毀而不能使無堅。"（魯褒《錢神論》）

道家疏觀

跋

近世，抑儒揚道之風甚疾，因司馬遷襃揚孔子而嫉恨之。[注]孔子入《世家》而老子列傳未及篇幅之半。人以爲史遷偏心也。以智而論，二人實難分伯仲，[注]老子於五千言中屢屢有驚人之語，令物理學家愕然無語。雖然，國學不但以睿智論高下，德在其上也。智用於國則價高，用于身則下之。此論贊之據也。以利國利民而論，孔子略勝一籌也。且夫大賢不贊，至聖無分，又何必分高下乎？

余愛道家者一曰重農，[注]倭人用以自然農法，得數倍之利，深得其法也。二曰儉樸，[注]此非但救中國者，亦救世界者。三曰爲學日益爲道日損，[注]此大益於學人也。四曰反智。[注]莊子之反伎巧，作何評價亦不爲高。有此四者，道家後人即便安睡，亦不失萬世之功也。至於以道伐儒、以無爲伐有爲，以道伐德或反是者，皆不能通體察儒、道之精華而致用也。

王文元
甲午季秋

儒道釋疏觀之
釋家疏觀

目錄

叙 .... 二二三

佛理篇 .... 二二九

佛第一 .... 二三〇

波羅密第二 .... 二三八

業第三 .... 二四三

心所有法第四 .... 二四九

戒定慧第五 .... 二五五

八正道第六 .... 二五七

四諦第七 .... 二六〇

涅槃第八 .... 二六二

禪宗第九 .... 二六六

達摩——慧可第十 .... 二六八

惠能第十一 .... 二七〇

無欲第十二 .... 二七二

唯識論第十三 .... 二七四

一合第十四 .... 二七八

儒道釋比類篇 —— 二八五

緣起・有生於無・易第一 —— 二八六
變易生死與名檢第二 —— 二九〇
周孔即佛第三 —— 二九三
中道與中庸第四 —— 二九五
人生方略第五 —— 三〇〇
言與行第六 —— 三〇二
儒道釋之求第七 —— 三〇五
因果律與禮義廉恥忠孝第八 —— 三〇八
教化第九 —— 三一一
朱昭之批判第十 —— 三一四

跋 —— 三一六

儒道釋疏觀跋 —— 三一七

遂古無言而明天道，終古微言而顯大義，近世煩言而悖天極。
——《佛陀如是説》

    余好釋學始于去歲仲春，玉浦先生囑余校譯點評佛典譬喻經①，時染重屙，憑噫［注］司馬相如《長門賦》："心憑噫而不舒兮，邪氣壯而攻中。"無主，整日閉門，抱疾就閒，學業漸廢。本欲以"體力乏弊，不堪驅使"爲由婉拒玉浦先生好意，終因前身［注］前身猶前世。《晉書·羊祜傳》："時人異之，謂李氏子則祜之前身也。"所欠，今生不可推諉不償，竟然口不應心，不量己力而應諾。

    佛典禪藻浩如煙海，余孤陋未之睹也，今駕舟涉水方知深不可測。本欲括囊，［注］《易經·坤》："天地變化，草木蕃，天地閉，賢人隱。"所謂"藏言于心，常處玄默者必有大言"。靜待欲損。既蒙垂青，卻之不恭。於是秉要執本，涉獵佛典幾千卷，常廢書而歎：余知佛何其晚也。所幸佛門不分先後，雖奪先哲之席而越次談經，菩薩遭苦不捨，［注］謂菩薩運大悲心，

---

① 佛典譬喻經包括《舊雜譬喻經》、後漢月支沙門支婁迦讖譯本《雜譬喻經》、失譯本《雜譬喻經》、後秦鳩摩羅什譯本《雜譬喻經》與僧伽斯那撰之《百喻經》，共計五部。

憐憫六道眾生，受諸苦惱，故隨類現形，種種開示，令得出離。雖代受其苦，心無棄捨，是爲遭苦不捨。定爲我消孽也。

唐以還，文人墨客多好佛。余以爲因由有四：

其一，余觀乎釋學乃形而上之器，[注]器猶技能。《易經·繫辭上》："形而上者謂之道，形而下者謂之器。"釋學形而上，然釋學是器，非道也。異於形而下之器。[注]形而下者一物一器，釋學乃是通道，習之非爲精於一技，非爲解脫一難，解脫生命也。生命者形而上也，故曰釋學是形而上之器，與哲學異趣，亦與神學不侔。《易經》《論語》《周禮》諸經皆形而上之道，合釋學形而上之器，道器俱備，學臻美善焉。

其二，少年宜習儒，中年宜習道，老年宜習釋。釋學之至境爲涅槃。[注]涅槃又作泥曰，泥洹，泥畔，涅槃那等。舊譯諸師，譯爲滅，滅度，寂滅，不生，無爲，安樂，解脫等。新譯曰波利匿縛喃，譯爲圓寂。滅者，滅生死因果之義也。滅度者，滅生死之因果，渡生死之瀑流也。是滅即度也。寂滅者，寂有無爲空寂安穩之義，滅者生死之大患滅也。不生者，生死之苦果不再生也。無爲者，無惑業因緣之造作也。安樂者，安穩快樂也。解脫者，離眾果也。此中單譯滅爲正翻。他皆爲義翻。肇師之涅槃無明論曰："泥曰，泥洹，涅槃，此三名前後異出。蓋是楚夏不同耳。云涅槃，音正也，（中略）秦言無爲，亦名度。無爲者，取於虛无寂寞妙滅絕于有爲。滅度者，言其大患永滅，超度四流。"《涅槃玄義上》曰："既可得翻，且舉十家：一竺道生，時人呼爲涅槃聖，翻爲滅。二莊嚴大斌，翻爲寂滅。三白馬愛，翻爲秘藏。四長幹影，翻爲安樂。五定林柔，翻爲無累解脫。六大宗昌，翻爲解脫。七梁武，翻爲不生。八肇論，雲无爲亦雲滅度。九會稽基，偏用無爲一義。十開善光宅，同用滅度。"《大乘義章十八》曰："外國涅槃，此翻爲滅。滅煩惱故，滅生死故，名之爲滅。離眾相故，大寂靜故，名之爲滅。"《涅槃經四》曰："滅諸煩惱，名爲涅槃。離諸有者，乃爲涅槃。"《圓覺經》曰："以因緣俱滅，故心相皆盡，名得涅槃。"《賢首心經略疏》曰："涅槃，此云圓寂。謂德無不備稱圓，障無不盡名寂。"《俱舍論二十四》曰："通達言唯自見道，是證圓寂初加行故。"《唯識述記一本》曰："西域梵音云波利匿縛喃。波利者，圆也。匽縛喃，言寂。即是圆满体寂灭义。旧云涅槃，音讹略也。今或顺古亦云涅槃。"《华严大疏五十二》曰："译名涅槃，正名为灭。取其义类，乃有多方。总以义翻称为圆寂。以义充法界，德备尘沙曰圆。体穷真性，妙绝相累为寂。"耄耋老者涅槃之外无所求也。儒家名俭由人不由己、道家之物化〔注〕《庄子·天地》："方且与物化而未有恒。"由物不由人。释家之涅槃无所由，无所恃，无所羁，无所期。涅槃般若〔注〕般若犹智慧。儒道不及也。儒士老而习佛，死途别无坦路也。①

其三，儒家保守，释家权变，和合之，人类可活，文章可文。〔注〕《周易·系辞上》："物相杂，故曰文。"令王维成诗伯者，实虚相杂故也。方便言②、不了义③甚合文人心意，此亦不可不察。

其四，光阴难握，唯心君〔注〕《荀子·解蔽》："心者，形之君也。"能留；诸法皆空，唯佛法不空。知光阴不能握而不握，知佛法能留阖留邪？此近世文人墨客十九归于佛者。

有此四由，文人墨客趋之若鹜不足怪。是故余亦忝入其列，意在申戒〔注〕反复告诫。守死〔注〕坚持至死。之现代化登徒子：现代化者，末

---

① 基督教告人以死后事，然一方水土养一方人，基督教平等而不平秩，与华夏伦理龃龉不合。
② 方便有二释：一对般若而释。二对真实而释。对般若而释，则谓达于真如之智为般若，谓通于权道之智为方便。权道乃利益他之手段方法，依此释则大小乘一切之法，概称为方便。方者方法，便者便用，便用契于一切众生之机之方法也。又方为方正之理，便为巧妙之言辞。对种种之机，用方正之理与巧妙之言也，又方为众生之方域，便者教化之便法，应诸机之方域，而用适化之便法，谓之方便。是皆通一大佛教而名之也。《往生论下》曰："正直曰方，外己曰便。（中略）般若者达如之慧名，方便者通权之智称，达如则心行寂灭，通权则备省众机。"《法华文句三》曰："方者法也，便者用也。法有方圆，用有差會。三权是矩是方，一实是规是圆。若智诣于矩，则善用偏法逗会众生。若智诣于规，则善用圆法逗会众生。"《嘉祥法华义疏四》曰："一者就理教释之，理正曰方，言巧称便。即是其理深邃，其语巧妙，文义合举，故云方便。此释通于大小。二者众生所缘之域为方，如来适化之法称便。盖欲因病授药，藉方施便，机教两举，故名方便。此亦通于大小。"《法华玄赞三》曰："施为可则曰方，善适机宜曰便。（中略）方是方术，便谓稳便，便之法名方便。"《大集经十一》曰："能调众生悉令趣向阿耨多罗三藐三菩提，是名方便。"对真实而释，则谓究竟之旨翻为真实，假设暂废为方便。故又名善巧，或曰善权。即入于真实能通之法也。利物有则云方，随时而施曰便。依此释，则从小乘入大乘之门，故谓之方便教。三乘为通于一乘而设者，故亦名方便教。由斯判一切法为方便真实之二也。《法华文句三》曰："又方便门也，门名能通，通于所通。方便权教，皆是弄引，为真实作门。真实得显，功由方便。从能显得名，故以门释方便，如开方便门，示真实相。"《法华义疏四》曰："方便是善巧之名，善巧者智之用也。理实无三，以方便力，是故说三，故名善巧。"《法华玄赞三》曰："权巧方便，实无此事，应物权现，故言方便，谓以三业方便化也。此对实智名为方便，利物有则曰方，随时济名便。"天台更有一释，以解法华经方便品二字，谓方者秘也，便者妙也，谓秘密之妙义也。盖法华已前之方便，为对真实之方便，方便之外有真实，因而谓之为体外之方便。今三乘之方便，即藏一乘之实法者，是乃方便品中所说，故谓之为体内之方便，又曰同体之方便。是为秘密之妙义，尔前一向不明之，至今始开说，故曰秘妙。《法华文句三》曰："又方者秘也，便者妙也。（中略）王顶上唯有一珠，无二无别。指客作人是长者子，亦无二无别。如斯之言，是秘是妙。"
③ 不了义谓诸经中宣说世俗等事，或说厌离生死，欣求涅槃等，种种文句差别，不为究竟显了，名不了义。俗等事，或说厌离生死，欣求涅槃等，种种文句差别，不为究竟显了，名不了义。

法哀象而已，有向佛之心者，縱身不得不處其中，心實不能遠離塵囂也。

古老文明，多如冥鴻霧豹，難窺其全，惟華夏文化歷盡滄桑，包羞忍辱，光彩依舊，佛學得其庇廕，強死於故宇［注］故宇猶故居。顧反［注］顧反猶反而。活於異鄉。所以然者，佛學暗合于中國聖人之思緒也。禪宗直指心源頗似子思、孟子之人性說。［注］孟子以爲：善乃是與生俱來之人性，乃是仁、義、禮、智四德之端。欲合天道，盡心、知性，反求諸己可也。子思著《中庸》，以克"不勉而中，不思而得，從容中道"者爲聖人。有思孟之正心誠意、不假外求之本體論，而後有中國式佛教—禪宗也。太虛大師①之"解之豁然大通之謂道，踐之浩然均得之謂德"頗似老子之道德觀，［注］道德經·十章》："生而不有，爲而不恃，長而不宰，是謂玄德。"太虛大師之"害他終害自，而致自他俱害，故爲惡。利他終利自，而成自他俱利，故爲善"頗似夫子之"己所不欲，勿施於人"，《佛經》供養父母之法［注］其一供養侍奉父母；其二服從父母之教誨；其三恭敬承順；其四不違父母之命；其五繼承父志。頗似儒家之《孝經》，《善生經》之夫妻之道則與儒家庶幾近之，［注］《長阿含經·善生經》："（妻子）一者起先，二者後坐，三者和言，四者敬順，五者先意承旨。"《阿含經·大品·善生經》："一者重愛敬夫，二者重供養，三者善念其夫，四者攝持作業，五者善攝眷屬，六者前以瞻待，七者後以愛行，八者言以誠信，九者不禁制門，十者見來善贊，十一者敷設床侍，十二者施設淨美豐饒飲食，十三者供養沙門、梵志。"至於釋家之時節觀更與儒家毫爽不差。［注］《論語·子罕》："子在川上曰：逝者

---

① 太虛（1889–1947）：中國僧人。俗姓呂，本名淦森，法名唯心，別號悲華。浙江崇德（今浙江桐鄉）人。光緒三十年（1904）于蘇州平望小九華寺出家，同年依寧波天童寺寄禪和尚受具足戒。1909年隨寄禪參加江蘇省僧教育會，又于南京金陵刻經處祇洹精舍從楊文會學佛經。1911年在廣州組織僧教育會，住持白雲山雙溪寺。時值黃花岡之役，因作詩憑弔，不容于清廷，遂離粵返滬。1912年與同學仁山等創設中國佛教協進會，後中國佛教協進會併入中華佛教總會，被推爲會刊《佛教月報》總編輯。撰文宣揚"佛教復興運動"，建立新的僧團制度。1917年應請至臺灣弘法。曾在上海與章太炎等組織覺社，出版《覺社叢刊》，後改爲《海潮音》月刊。1922年創辦武昌佛學院。1925年率佛教代表團出席在日本東京召開的東亞佛教大會，並考察日本佛教。1927年任廈門南普陀寺住持、閩南佛學院院長。1928年在南京發起成立中國佛學會，是年秋出國訪問，曆遊英、法、德、比、美諸國，宣揚佛教。與英、法等國學者共同發起，在巴黎籌組世界佛學苑，爲中國僧人去歐美傳播佛教之始。1931年在重慶北碚縉雲寺創辦漢藏教理院。1943年組織中國宗教徒聯誼會。抗戰勝利後，任中國佛教整理委員會主任。1947年病逝於上海玉佛寺。他對法相唯識深有研究，並主張把唯識思想應用于現實社會。主要著作有《真現實論》《法相唯識學》《起信論研究》《整理僧伽制度論》《太虛大師寰遊記》等，門人輯有《太虛大師全書》行世。

如斯夫。"香嚴禪師①曰:"去年貧,未是貧,今年貧,始是貧。"(《五燈會元》卷九)日本禪師井上希道《參禪如斯》云:"一次拔草後,禪師問弟子拔了多少草。弟子遲疑,不知如何答。禪師斥責,弟子方纔醒悟,回答:拔了一棵草。"凡此種種皆言現時之難於歸我也……余之習佛者,弘化國學也,非以釋代儒也。釋家自言乃是無上正覺,[注]無上正覺:無上正等正覺之簡稱。謂佛之悟也。無過於此之悟,故云無上,離偏邪故云正,悟真理故云覺。梵語阿耨多羅三藐三菩提,此譯無上正等正覺。無量壽經上曰:"決定必成無上正覺。"非對儒、道而言也。[注]中道纔是佛之至高境界。。近世向佛者夥,非佛高于儒——佛亦有所不能,[注]元圭言佛有三不能:一於定業無能為力;二不能度無緣;三不能盡度眾生。(《景德傳燈錄》卷四),乃是背儒之徒不願自咎,向佛以示複歸傳統也。若斯之輩,文人者如魯迅、胡適、李舒同、郭沫若、周作人、瞿秋白、郁達夫、許地山、廢名之流因習佛而彰文韜;武夫者如段祺瑞、孫傳芳、吳佩孚、趙恆惕、陳樹藩、湯化龍、靳雲鵬、李書城、韓大載、柏文蔚、朱慶瀾、李開洗、李濟深、王柏齡、李根源之輩因入心[注]三乘行位之地,每地分入住出三位,初入其地時,謂之入心。而顯武略[注]真向佛乎假向佛乎?大浪過後俱見真跡。惟蔡元培不以佛學為學,別生枝節,倡美術而拒宗教。佛一律而人百態,自古如是也。喜佛者如梁武帝蕭衍②,幾將華夏變為佛國。[注]梁武帝時佛之盛可參閱《南史》卷七十之《循吏傳》:"都下佛寺,五百餘所,窮極宏麗。僧尼十余萬,資產豐沃。所在郡縣,不可言勝。道人又有白徒,尼則皆畜養女,皆不貫人籍。天下戶口,幾亡其半,而僧尼多非法,養女皆服羅紈。其蠹俗傷法,抑由於此。請精加檢括。若無道行,四十以下,

---

① 香嚴大師:唐代僧。法號智閒。青州(山東益都)人。生年不詳。初在百丈懷海出家,後謁溈山靈祐禪師,不契,泣涕辭去。偶於山中芟草,瓦礫擊竹作響,廓然有省,乃悟溈山秘旨,因嗣其法。住于鄧州香嚴山,化法大行,淨侶千餘人,後世稱之為香嚴禪師。師生性簡謹,語喜簡直,有偈頌二百余首,諸方盛行。後敕諡"襲燈大師"。
② 梁武帝蕭衍(464–549):南朝蘭陵(江蘇武進)人,字叔達。原為南齊雍州刺史,以齊主殘忍無道殺其兄懿,蕭衍乃兵陷建康,別立和帝;遂于中興二年(502)篡位,國號梁,稱梁武帝。在位期間,整修文教,國勢因之大盛。武帝篤信佛教,有"皇帝菩薩"之稱。天監三年(504)宣佈舍道歸佛,十六年廢天下道觀,令道士還俗。十八年從鐘山草堂寺慧約受菩薩戒;當時名僧僧伽婆羅、法寵、僧邈、僧旻、法雲、慧超、明徹等,皆受其禮敬。首創建康有大寺七百餘所,僧尼講眾常萬人。大通元年(527)同泰寺落成,設無遮大會、平等大會、盂蘭盆會,將平等慈悲之精神普及萬民;複設水陸法會,恩及水陸所有眾生。帝一生精研佛教教理,固持戒律,四次捨身同泰寺,自講涅槃、般若、三慧等經;著有涅槃經、大品經、淨名經、三慧經等之義記數百卷。後因侯景起兵反叛,攻陷建康,於太清三年餓死于台城。在位四十八年,世壽八十六。

皆似還俗附農。……不然，恐方來處處成寺，尺土一人，非複國有。"檄佛者如韓昌黎、[注]《迎佛骨表》："夫佛本夷狄之人，與中國言語不通，衣服殊制，口不言先王之法官，不知君臣之義、父子之情……況其身死已久，枯朽之骨，凶穢之餘，豈宜令入宮禁？……乞以此骨付之有司，投諸水火，永絕根本，斷天下之疑，絕後代之惑，使天下之人知大聖人之所作爲，出於尋常萬萬也。豈不盛哉！豈不快哉！佛如有靈，能作禍祟，凡有殃咎，宜加臣身，上天鑒臨，臣不怨悔。"李翱、[注]《複性書》："人之所以爲聖人者，性也。人之所以惑其性者，情也。喜、怒、哀、懼、哀、惡、欲七者，皆情之所爲也。情既昏，性斯匿矣，非性之過也。七者循環而交來，故性不能充也。"李翱以爲佛教所戒，情也，滅情未若導性也。朱熹[注]《朱子語類》卷十八："萬物皆有此理，理皆出於一源。但所居之位不同，則其理用不一，如爲君須仁，爲臣須敬，爲子須孝，爲父須慈。物物各具此理，而物物各異其用，然莫非一理之流行也。"朱子所言與李翱之言有異曲同工之妙也。唯恐禮教動搖，其心可鑒也。余不以佛教爲信仰[注]余所信者，惟自然而已。至於而然，可以求索之，斷不可信仰之。亦不排佛，以佛教爲探求宇宙原始要終之一途，[注]格物之途，多多益善焉。此余着意佛學之由也。

王文元
庚寅仲夏

佛理篇

佛第一

　　佛非常人，[注]以無爲常，宇宙乃非常之宇宙；以靜爲常，人間乃非常之人間；以常人爲常，佛乃非常之人。佛心[注]如來之心也，覺悟之心也。《觀無量壽經》曰："佛心者大慈悲是。"又，《頓悟入道要門論上》曰："無住心者是佛心。"非常心，[注]儒有忠恕之心，道有清净之心，佛有覺悟之心，各各不同也。佛印[注]印者決定不變之義，諸法實相爲諸佛之大道，決定不變，故名佛印。非常印，[注]印乃實相，佛家所言之實相異于俗家所言，故曰非常印。佛因[注]得佛果之因。一切之善根功德是也。非常因，[注]因在前身，故曰非常。佛見①非常見，[注]常見以因人而異，異中求同；釋家之正見皆宗於佛，佛乃同中辨其異。佛性②非常性，[注]儒家有主性惡者，有主性善者，佛家以覺悟爲人之本性，非常之論也。佛事[注]諸佛之教化，謂之佛事。《觀無量壽經》曰："於肉髻上有一寶瓶，盛諸光明，普現佛事。"非常事，[注]佛之教化，非常人教常人以非常事也。佛果[注]佛爲萬行之所成，故云佛果，能成之萬行爲因，而所成之

---

① 佛見：佛之正知見。
② 佛性：佛者覺悟也，一切衆生皆有覺悟之性，名爲佛性。性者不改之義也，通因果而不改自體是云性，如麥之因，麥之果，麥之性不改。《華嚴經三十九》曰："佛性甚深真法性，寂滅無相同虛空。"《涅槃經二十七》曰："一切衆生悉有佛性，如來常住無有變易。"

萬德爲果也。隋煬帝文曰："上求佛果。"非常果，［注］佛果乃萬行所成之最高者。釋迦牟尼乃最高之最高者。佛家［注］佛之淨土也。《觀無量壽經》曰："當坐道場生諸佛家。"《觀經散善義》曰："即入諸佛之家，即淨土是也。"又初地以上爲佛家。《觀經慧遠疏》曰："不思議佛法，是佛住處，名爲佛家。初地已上，入佛家中。依之趣行，名生佛家。"非常家，［注］佛家即淨土。淨土五濁（劫濁、見濁、煩惱濁、眾生濁、命濁。佛語［注］佛語，佛之言語也。佛語法門經分別佛語非佛語之法門。《金剛經》曰："如來是真語者、實語者、不誑語者、不異語者。"非常語，［注］佛言皆妙諦，無言則言語道斷。佛壽［注］佛壽，佛之壽命也。釋迦佛化身之壽命限於八十，報身之壽命則爲無量。非常壽，［注］釋迦牟尼報身壽無量，換言之，其壽同佛教之壽。各教之教主，壽最長者釋迦牟尼是也。佛力［注］佛之力用。佛具有二智，故亦稱智力；以方便智慧攝化眾生，故亦稱方便力；顯示由佛果而起之力，故又稱願力。《大智度論卷二、十住毗婆沙論卷五易行品》："佛力無所畏，解脫諸三昧，及佛諸餘法，無能測量者。"非常力，佛境［注］佛之境界。《華嚴經二》曰："諸佛境界不思議，一切法界皆周遍。"《中阿含經十三》曰："我今獲此義，得入佛境界。"非常境，［注］佛境界不思議，一切法界皆周遍。此語最切。儒道之境界皆可思議，惟佛境不可思議，故曰非常。佛慧［注］諸佛平等之大慧，即一切種智。無上正覺也。《法華經方便品》曰："如來所以出，爲說佛慧故。"《無量壽經下》曰："佛慧無邊際。"《維摩經菩薩品》曰："趣向佛慧，起于宴坐。"非常慧，［注］孔子之智慧止于直與仁，孟子止於善與義，荀子止於羣禮僞，老子言自然之道，莊子言處世之道，智慧皆有所不及，惟佛慧括一切種智。無在其上者。佛德［注］如來所具之功德也。《俱舍論二十七》曰："佛德者，諸有智者思惟如來三種圓德，深生愛敬。其三者何？一因圓德，二果圓德，三恩圓德。"非常德，［注］佛德者，萬德充滿，能證涅槃，使眾生永脫三惡趣之德也。佛教而外，無能成此德之教法。佛願［注］佛之誓願。非常願，［注］佛願與耶和華之願可連類。雖然，佛願宏大無邊，故曰非常願。佛寶［注］三寶之一。佛者覺之義。能自覺，又使他覺，自他之覺行窮滿者名曰佛。是爲世之真寶，故稱佛寶。佛寶有同體別相、住持、大乘、小乘等之別。非常寶，［注］佛初于菩提樹下成道，但示丈六之身，及說《華嚴經》時，現爲盧舍那尊特之身，是爲佛寶。謂佛之寶相。若夫孔子之相、老子之相，隨造像者意耳。惟佛相非常。佛法［注］有三意：其一佛所說之法，即八萬四千法門是；其二佛所得之法，即無上之真理是；其三佛所知之法，即一切諸法。非常法，［注］八萬四千法門，因其夥而非常也。佛教非常教，［注］儒，舉善而教；道，教人以直致；佛教不以美、善、直致爲教，無美無善無直與曲，惟關思生前死後，不藉眼、耳、鼻、舌、身、意分別物象，不使色、香、味、觸、法染心。以淨心畫象，開悟者覺，鈍根不開。佛教之智實不同于常智也。故余名之"非常教"。佛門［注］佛之法門、佛教之門。又作釋門、法門、緇門、玄門、真門、道門、空門、諦門、祖門、宗門。依三論玄義，知菩薩之造論，即爲開顯諸佛之教門，此教門即法門之意。後代"佛門"一語，主要爲佛教對於儒、道二教之自稱。如信仰佛教者，稱爲佛門弟子；舍離世事而修行佛道，即稱爲入佛門。非常門。［注］佛門弟子聚而愈大，墨門弟子聚而愈小者，前者張本大義理，後者張本小義理之故也。……不以非常心習之不得其要。故曰：佛教之眾多非常，終歸於非常心。

有問：釋尊之智何來？

曰：從非常心來。

有問：非常心何來？

曰：從平心來。［注］《荀子·大略》："是非疑，則度之以遠事，驗之以近物，參之以平心。"平心猶今人所謂"平常心"。

有問：平心何來？

曰：從非常心來。［注］世人心多不平，故平心反爲非常心。

有問：心何來？

曰：從大空來。［注］大空涅槃是也。涅槃者，無智之智也，諸智生於斯。

有問：孰能觀大空？

曰：佛能。

止于此。

有問：佛教何用？

曰：佛教有無用之用。［注］無用之用猶朔之望舒，其形卻（半）月，用後必見。有問：無用爲無，有用爲有，何謂無用之用？

曰：以割爲用，用于俎者惟刀刃，然而去餘物刃無所用。刃，刀之用也，餘者無用之用也。有用之用而無無用之用，非刀，非刃，非鐵，非有相之物也。以命［注］佛教以支持暖識爲生物之元者。《俱舍論五》曰："命根體即壽，能持暖及識。"爲用，六根、［注］眼、耳、鼻、舌、身、意之六官。五蘊［注］陰者積集之義。眾者眾多和聚之義，亦蘊之義也。是顯數多積集之有爲法自性。作有爲法之用，無純一之法，或同類，或異類，必多數之小分相集而作其用故，則概謂之陰，或蘊（陰者蔭覆之義，舊譯之一義也。（參見：陰）），大別之五法：一、色蘊，總該五根五境等有形之物質。二、受蘊，對境而承受事物之心之作用也。三、想蘊，對境而想像事物之心之作用也。四、行蘊，其他對境關於嗔貪等善惡一切之心之作用也。五、識蘊，對境而了別識知事物之心之本體也。以一有情徵之，則色蘊之一即身，他四蘊即心也。心之中，受想行之三者心性上各爲一種特別之作用，故名之爲心所有法，即心王所有之法（略云心所），識之一者爲心之自性，故名之爲心王。蓋五蘊爲身心之二法，如色界欲界有身之有情，從五蘊而成，如無色界無身之有情，自四蘊（除色蘊）而成也。《毗婆屍佛經上》曰："五蘊幻身，四相遷變。"《增一阿含經二十七》曰："色如聚沫，受如浮泡，想如野馬，行如芭蕉，識爲幻法。"乃有用之用，人因其用而知命在。業乃無用之用，業不分明，命不能續也。業不知命，缺之命絕，正其無用之大用者。［注］此理莊子最明，不可不讀《莊子》。

有問：佛陀與常人何異？

曰：佛陀諳無用之用，智藏於力用，緣藏于功業，善藏于作用，智、緣、善皆無用之用，佛陀善使無用之用，故法力無邊。常人以力用示其能，以功業立其身，以作用度其生，用未盡用，難得圓滿。［注］謂諸如來萬行具足，種智圓明，於世間、出世間一切功德皆悉成就；超過聲聞、緣覺、菩薩之上，故曰圓滿。

有問：有人人皆可成佛［注］成佛，即得道。之說乎？

曰：有。立地［注］立地極言時間暫短。可成佛，初發心即可得大智慧。

有問：吾立地而不習法，發心而不研習，可成佛乎？

曰：立地即習法，不習法之行事非立地也；發心即研習，不研習無以發心。

有問：佛祖統紀［注］天臺宗仿照司馬遷《史記》之體例，一佛二十九祖，稱本紀，旁出諸祖謂世家，廣智①以下稱列傳。井然有序，一佛一切佛，無不尊者。統紀安出？

曰：自出。［注］譬如罪犯，犯則罪，非指證而定其罪。今，無。

有問：佛法［注］佛所說之法，八萬四千之法藏是也。《勝鬘經》曰："一切佛法攝八萬四千法門。"《法華經序品》曰："照明佛法，開悟眾生。"《無量壽經上》曰："光融佛法，宣流正化。"又一，佛所得之法。法界之真理是也。《止觀二》曰："法界法是佛真法。"佛所知之法名佛法，一切諸法即佛法也。《大寶積經四》曰："如來嘗說一切諸法皆是佛法，以於諸法能善了知名爲佛法。"《俱舍頌疏界品一》曰："佛法者佛所知，即極遠時等是也。"《金剛經》曰："如來說一切法皆是佛法。"《大集經九》曰："佛法者名一切法。"《大寶積經四》曰："諸法本性與佛法等，是故諸法皆是佛法。"有邊乎無邊乎？

曰：言有則有，言無則無。

有問：何爲有邊？

曰：八萬四千法藏是言有邊。

有問：何爲無邊？

曰：言無邊［注］無邊指佛所說之教法，包括各種教義，及其所表達之真理廣大無邊，非任何世間之道法、典籍所可比擬、局囿者。《大乘起信論因緣分大三二·五七五下》："爲欲總攝如來廣大，深法無邊義故，應說此論。"今之俗語多套用"佛法無邊"一語，比喻神通廣大，無所不能。是言佛法無所不覆也。［注］猶道之無所不在。性空、相空、虛空、人空，諸法無邊眾生無邊，故

---

① 廣智：宋延慶寺尚賢，賜號廣智。依四明尊者法智學教觀。悟性宗之旨。仁宗天聖六年，繼法智主延慶寺。道化大行。雪竇山顯禪師出山來訪，申賀禮。人傳以爲盛事。與靈芝淨覺論性具之旨，輔四明之說。學者賴之。見佛祖統紀十二。

心行差别亦无边，佛法亦无边。

有问：佛与众生有差别不？

曰：心无差别，[注]心体一念，圣与凡壹，诸佛与众生之性无有差别也。佛无差别，[注]谓十方诸佛，了悟十界、十如是等法而成正觉，即是悟本心之所具，亦是悟众生之所迷。迷悟虽殊，其体不二。故法华经云：唯佛与佛，乃能究尽诸法实相，是名佛无差别。众生无差别，[注]众生无差别，谓九界众生各具十界十如是之法，诸佛之所悟与本心之所具，其体无有差别也。《华严经》曰："心佛及众生，是三无差别。"根亦有差别，[注]人之根性有利根①、中根②、钝根③之分别。以根不同，得道之疾缓、开悟之难易亦不同，余不惑年智力④弗若常人弱冠之年，根之差别也大矣。故众生修生[注]修生乃是由修行而得者。与得于自然法尔者有区别，同修证。有所不同，结解[注]结与解。结是烦恼所缚；解是证悟真理而得自在。言解除烦恼而得自在。几何亦不同。缘[注]攀缘之义。人之心识，攀缘于一切之境界也。如眼识攀缘色境而见之，乃至身识攀缘触境而觉之。因而心识为能缘，其境界为所缘，其心识向境界而动之作用，谓之缘。即心攀缘境界也。缘为心对于境之作用，易言之，则为心之虑知。故常曰缘虑，示缘即虑知也。《成唯识论一》曰："在第六识，缘识所变五取蕴相。"又由藉之义。依藉於他者。《大乘义章三本》曰："缘者由藉之义，缘别不同，故分为四：一者因缘，二者次第缘，三者缘缘，四者增上缘。"亦有差别。[注]以缘而论有因缘、次第缘、缘缘、增上缘种种差别；以人而论心识有种种攀援之境界。业有差别，善业生乐果，恶业生恶果。[注]《有部毗奈耶四十六》曰："不思议业力，虽远必相牵。果报成熟时，求避终难脱。"住心[注]住心犹行者安住于道之心相。有差别，[注]佛无心与住心之差别，众生有，故佛与众生有差别。行走坐卧皆露心相也。果位[注]阿罗汉、菩萨、

---

① 利根：利者锐利，根者信等之五根，又眼等之五根也。又根为根器，即天性也。又利者速疾之义，根者能生之义，速疾生妙解也。《法华经方便品》曰："有佛子，心净柔软亦利根。"
② 中根：六根之利钝，有上中下三者，有非利非钝之六根者，谓之中根。
③ 钝根：愚钝之根机，不堪成就佛道者。《法华经药草喻品》曰："正见邪见，利根钝根。"指月录曰：此是接引钝根人语。未审接上根人复说何法？苏轼诗曰："钝根仍落箭锋机。"
④ 智力：正智与神通力也。又正智之力用也。《无量寿经上》曰："魔率官属，而来逼试，制以智力，皆令降伏。"《法华经普门品》曰："观音妙智力，能救世间苦。"

佛是也。小乘果位以阿羅漢爲最高，大乘以菩薩爲最高。有差別。果位決於因位，［注］修行佛因之位。自發心至成佛之間也。《玄義六上》曰："果地圓極，非複因位。"因位決於緣覺、聲聞、自證，緣覺、聲聞、自證決于修行，修行決於自性戒。［注］十善戒者，不待佛之制止，自性可受持之戒也，故云自性戒，又云本性戒。《大日經疏十七》曰："菩薩戒，略有二種：一在家，二出家。此二眾中複有二種戒：一自性修行，二是制戒。今此十戒是菩薩修行戒也。以此善性故，一切菩薩應行之，即涅槃所謂性自能持戒，或云自性戒也。"眾生各各有差別，故自性戒亦有差別。

有問：既言差別，云何平等？［注］相對於差別而言。無高下淺深之別曰平等。《南史‧梁武帝紀》曰："幸同泰寺，設平等會。"《五燈會元》曰："天平等，故常覆。地平等，故常載。日月平等，故四時常明。涅槃平等，故聖凡不二。人心平等，故高低無諍。"

曰：日耀眼而天平等；山高聳而地平等；日月明亮有所別而值遇平等，［注］各六時辰。故而佛光［注］佛之光明。《贊阿彌陀佛偈》曰："佛光照耀最第一。"耀眼而眾生平等；佛心慈悲而凡聖不二。

有問：既有崇拜，［注］對所信奉之物加以尊崇與敬拜，爲宗教基本要素之一。依不同之崇拜物件，可對不同之宗教進行分類，如自然宗教有自然崇拜，部落宗教有圖騰崇拜，文明社會之宗教有偶像崇拜、神靈崇拜等；其目的主要在於對所信奉之對象進行感恩、祈求，或爲學習模範，因而發展出各種儀式，及主持儀式之專職人員，如祭司、僧侶等。云何平等？

曰：云崇拜者，云崇拜佛之法身，［注］佛之真身也。其釋名性相二宗各異其義。相宗據唯識論謂法身有總相真如爲佛之自性，故名自性身，又此真如具真常之功德。非佛之肉身，［注］肉身猶父母所生之人身也。崇拜法身非常崇拜也。

有問：釋迦肉身，偶像泥身。佛陀生前參拜者寡，圓寂之後參拜者夥。泥貴於肉乎？

曰：佛像乃佛之涅槃相，泥之本意俱失。佛之法身無形，以泥示其法身，垂跡［注］佛菩薩之本體，曰本地，由其本體示現種種之身濟度眾生，曰垂跡。猶佛無定所，以寺刹［注］寺院之別稱。養其身，以法力［注］法王法力超羣生。顯其靈，以信仰聚其眾，以波羅蜜［注］到彼岸。應信眾所求。

波羅蜜第二

佛教，以信度無極［注］度者，即到彼岸之義，無極，謂其行法無際限也。《玄應音義三》曰："度無極，或言到彼岸，皆一義也。梵言波羅蜜多是也。"之教法，破無明煩惱業障也。人，無不欲度無極者，［注］謂其行法無際限也。《玄應音義三》曰："謂一切無漏善法，教化眾生，能度無極，或言到彼岸，皆一義也。梵言波羅蜜多是也。"不欲度無極者非人。人倫，身有待［注］謂人身為待食物衣服等之資而立者。《止觀四上》曰："有待之身，必假資籍。"而壽有窮，行不自由，願不得償，惟有諸苦。［注］二苦說1源於身心的苦稱為內苦；2受外界逼迫所產生的苦（如惡賊、天災等），稱為外苦。三苦說1對不如意之對象感受到苦，為苦苦；2對所愛者之毀壞感到苦，是壞苦；3見世間一切無常不實而感到苦，是行苦。四苦說1生苦；2老苦；3病苦；4死苦。八苦說1生苦；2老苦；3病苦；4死苦；5愛別離苦；6怨憎會苦；7求不得苦；8五陰熾盛苦。　十八苦說1老苦；2死苦；3憂苦；4悲苦；5苦苦；6惱苦；7大苦；8無明苦；9行苦；10識苦；11名色苦；12六入苦；13觸苦；14受苦；15愛苦；16取苦；17有苦；18生苦。不堪諸苦，必思得度。度者渡也，度無極猶出苦海也。

大凡宗教，皆言度人，因"待"而有異。基督教無待，［注］欲度者求主即可，主無不應者。佛教待善業。[注] 好的行爲或造作，如五戒十善等善事是也。惡業積重者欲度不能。待六波羅蜜。[注] 六波羅蜜猶六度。一檀那（布施）、二屍羅（持戒）、三羼提（忍辱）、四毗離耶（精進）、五禪那（禪定）、六般若（智慧）。亦有十波羅密①說。波羅蜜具五種心。[注] 一知實相、二起慈悲、三發願、四回向、五具足方便。檀波羅蜜、[注] 檀（施捨）波羅蜜有二：一財施，二法施。羼提波羅蜜[注] 羼提（忍辱）波羅密有二：一生忍（順、逆）、二法忍（心、非心）。皆度之待，不行善者不得度。唐曾設度科[注] 度科者，得度之試科也。唐中宗景龍初，詔天下試經度僧，山陰靈隱僧童大義誦法華經第一，是爲唐土度科之始。見《佛祖統紀》第五十一。不能因襲久遠，是因度之待繁雜，非度科所能測也。

有問：超度是度無極不？[注] 佛教、道教爲救度亡靈，使其超脫苦難，請僧尼、道士爲亡者誦經拜懺。

曰：非。度極，變易生死也；[注] 因移果易，名爲變易。言佛噴灑不死也。超度，去除苦難也，二者不能置于同案。

有問：無極有極不？

曰：下品[注] 往生彌陀淨土之人有九種類，其中之下三種曰下品。有極，中品有無有有，佛無有無無。

有問：生可度無極不？

曰：生如田地，[注] 生如稼穡之田地，播種則禾，獲後則土。春播秋獲，乍生乍獲，流轉不已。雖然，有善禾苗與惡禾苗之分，善禾苗茂豫挺拔，惡禾苗朽蠹枯槁，差別在雲泥之間。死在其中，轉轉不可分，度其不可分者。

有問：大乘、小乘皆可度無極不？

曰：大乘者，因行業廣大得其名，小乘，因聲聞、聞覺得其名。若行業廣大[注] 行業廣大謂"大行"。小乘亦無妨。

有問：修成菩薩者萬不及一，行業至大行者少而又少，波羅蜜關一切眾生底事？

曰：日止一，月止一，得其光者萬眾；不二法門[注] 顯示超越相對、

---

① 十波羅蜜：一施波羅蜜、二戒波羅蜜、三忍波羅蜜、四精進波羅蜜、五禪波羅蜜、六般若波羅蜜、七方便波羅蜜、八願波羅蜜、九力波羅蜜、十智波羅蜜。此十波羅蜜是唯識論所立，稱爲十勝行，即菩薩在十地時所修行的道法。

差別之一切絕對、平等真理之教法。即在佛教八萬四千法門之上，能直見聖道者。今之俗語多援引佛教"不二法門"一語，轉指學習某種學問技術唯一無二之方法。一，《維摩經·入不二法門品》卻載有三十三種不二法門。波羅蜜譬如日月，一切眾生可得其光照；度無極譬如不二法門，一切眾生可抵達彼岸。

有問：修波羅蜜須幾通？［注］作用自在無礙，謂之通。

曰：六通。

一曰境智證通。［注］神爲天心，境爲心所遊履攀緣者。如色爲眼識所遊履謂之色境，法爲意識所遊履，謂之法境。《俱舍頌疏一》："色等五境爲境性，是境界故。眼等五根名有境性，有境界故。"《玄義二上》："以境妙故，智亦隨妙。以法常故，諸佛亦常。函蓋相稱，境智不可思議。"通爲慧性。以天心辨識不可思議之境而無礙謂神境通。

二曰天眼智證通。［注］依天眼與眼識相，以所起之智證知所對之境通達無礙，是爲天眼智證通。

三曰耳智證通。［注］以與天耳相應之智證知一切聲境而通達無礙者。《俱舍光記廿七》："天眼天耳是所依根，智是二識相應慧，智緣二境無壅名通，從根及能證爲名天眼智證通天耳智證通。"此天耳通有修得報得二種，修得者在人界修四禪定，依定力發得天界之四大，因使爲天耳之用者。報得者座於色界之四禪爲彼天之果報而自得之，猶如人界之肉眼者。《法界次第中上》："修天耳者，若於深禪定中發得色界四大清淨造色，住耳根中，即能聞六道眾生語言及世間種種音聲，是如天耳通。"

四曰心智證通。［注］離欲惑而得色界之根本禪已上，得發無智，於六通中，謂之他心通。他心智乃知他人心念之智。《大乘義章十五》："他心智者，非己之慮，稱曰他心。照斯之解，名他心智。"《智度論二十三》："他心智，緣他心有漏無漏心心數法。"

五曰宿住隨念智證通。［注］宿住隨念智證通又作宿住隨念智通、宿住智通、宿命智通、宿命通證、識宿命通、宿住通、宿命通。謂能隨意知悉自己宿昔住世（前世）之生死，姓名、壽命、苦樂等之通力。此智以慧爲自性，隨憶念之勢力，能知諸過去生於欲、色界中之自他有漏五蘊，故稱宿住隨念智；又此智因依色引發，故唯局限於欲、色界，不通無色界。能憶之劫數，大毗婆沙論卷一〇〇謂外道由二萬劫至八萬劫，大智度論卷五謂大阿羅漢、辟支佛可至八萬大劫。俱舍論卷二十七載，修行此通力之加行，先審察滅於次前之心，漸逆觀此生分位以前之差別至結生之心，乃至能憶念中有前之一念。

六曰盡智證通。[注]漏盡智證通，菩薩至高智也，證漏盡即涅槃之境而無礙自在之智也。

有問：汝修波羅蜜不？

曰：修行而不修波羅蜜者，余未之聞也。

有問：汝能度無極不？

曰：我[注]此我乃"我修"之我，即自在無礙之我，非我執之我，無我法中有真我。不能度無極，孰能度者？雖然，我[注]此我爲"我愛"之我，愛著自己之妄執之我。不能也。

有問：修波羅蜜與修涅槃一乎二乎？

曰：一切萬法，至理虛玄，無二可一者。涅槃，度無極有相[注]相者，事物之相狀，表於外而想像於心也。波羅蜜之相，造作之相也，六通是也。有爲，涅槃無相無爲。

有問：波羅蜜與涅槃俱是假名，云何說有差別？

曰：波羅蜜是假名，涅槃是假名，有名者皆是假名。今無名者，但付與名，亦是假名。名雖假名，相則實相，[注]指稱萬有本體。佛菩薩得法自在[注]《法華經譬喻品》曰："我爲法王，于法自在。"曰法王。波羅蜜是假名，渡生死海之行法非名，不作想亦存于心。涅槃是假名，滅生死因果之義，名亦隨之滅。波羅蜜、涅槃者詎能混以常物，共以假名同論乎？

有問：波羅蜜所度者何？

曰：度六塵、[注]六塵：一色塵①、二聲塵②、三香塵③、四味塵④、五

---

① 色塵：佛告舍利佛說，六根色塵皆是虛妄法，並非實有。雖六根对待色塵，然而可以做到不爲所染。
② 聲塵：謂耳所聞絲竹環佩之聲，及男女歌詠等聲。
③ 香塵：塵者染汙之義。色聲香味等爲汙人之情識而覆真性者，故斥之曰塵。香者六塵之一。《三藏法數二十八》曰："塵即染汙義，謂能染汙情識，而使真性不能顯露。（中略）旃檀沈水，飲食之香，及男女身分所有香等，是名香塵。"
④ 味塵：六塵之一。食味之法汙真性，故云塵。

觸塵①、六法塵②也。大海。

有問：何以度？

曰：苦練三昧，［注］指定、受、調直定。心定于一處而不動，故曰定。正受所觀之法，故曰受。調心之暴，直心之曲，定心之散，故曰調直定。勤修德本，［注］猶言善根。德者善也，本者根也，諸善萬行之功德，爲佛果菩提之本者。庶幾可得度矣。

---

① 觸塵：六塵之一。身根所對之境爲觸，堅濕等是也。此境能眩惑人之識情而汙真性，故斥之云塵。
② 法塵：一切之法，爲意識之所緣者謂之法塵。在十二處中，謂之法處，在十八界中謂之法界，於根境相對之語，則曰法境。《楞嚴經一》曰："縱滅一切見聞覺知，內守幽閉，猶爲分別影事。"《行宗記二下》曰："法塵一界，兼通色心。"

業① 第三

　　釋家以人人皆有業垢，[注]業垢指罪業與煩惱。又作罪垢、業塵。垢，煩惱之異名；煩惱者，其性不淨而心染汙，故稱垢。又業之性不淨，譬之於塵垢，故稱業垢。乃由人之惡性[注]人人心中有惡性亦有善性。所積也。釋家去之以發願[注]發願乃發起誓願之意。又作發大願、發願心、發志願、發無上願。總指發求佛果菩提之心，別指完成淨土，以救濟眾生之心。蓋菩薩所發之願，有總願、別願、淨土成佛願、穢土成佛願等，種類甚多。于淨土宗，誓願往生淨土者發遣自己修善，此發願往生之心，稱爲回向發願心。與稱念，稱念則去此不遠也。[注]去此不遠：意即阿彌陀佛去此不遠；言極樂淨土雖離此西去十萬億佛土，然由法味觀念上觀之，則去此座不遠。

　　漢字之"業"，從木，從羊，從业。木者，言其根形藏於地，雖不見

---

① 業：身口意善惡無記之所作也。其善性惡性，必感苦樂之果，故謂之業因。其在過去者，謂爲宿業，現在者謂爲現業。《俱舍光記十三》曰："造作，名業。"業爲造作之義。是有二種：一如身之取捨屈伸等造作，名爲身業，音聲之屈曲造作，名爲語業，是直指身之造作，語之造作爲業也。二與第六意識相應而起，心所中思之心所也，思之心所以造作爲性，故以之爲業性。即動作身之思爲身業。動起語之思爲語業。作動意之思爲意業。依此義而俱舍就十業道區別業道與業道。謂殺等七支爲身語二業，故爲業，又爲業之道。業爲身語之二業，自體是業，業之道爲思心所遊履之處。又貪嗔等三者，唯爲業之道，以彼非自體業，唯爲思心所遊履之所故也（依大乘之教，則意亦有業之義，依此則貪等之意業亦爲業道也）。此二種中，小乘俱舍以第一種爲實業，爲正感果之異熟因，大乘唯識以第一種爲假業，以第二種正發動身語之現行思心所，爲招當果之實業。

而自力於樹冠，猶業果①生於業。羊者，言業當擇善，以求善果〔注〕依善業所招之善妙結果也。《本業經》曰："是故善果從善因生。"業者，言百般造作，各各不同，業有所異，業果亦不同。業字音葉，言其如葉。〔注〕葉落歸根，越明年，根蓄養新葉，循環不已，如《楞嚴經三》所云："生死死生，生生死死，如旋火輪。"

余不證業力〔注〕善業生樂果。惡業生惡果，其力用涇渭分明。《有部毗奈耶四十六》："不思議業力，雖遠必相牽。果報成熟時，求避終難脫。"之有無，〔注〕有為有法，無為無法。惟論善業〔注〕善業有五戒（殺生，偷盜，邪淫，妄語，飲酒之制戒），有十善（不殺生、不偷盜、不邪淫、不妄語、不兩舌、不惡口、不綺語、不貪、不嗔、不癡）之積聚。〔注〕無量壽經下："精明求願，積累善本。"信與不信，業之力用仍舊貫。

善業積累之力有自力〔注〕自力猶自己所修之善根。有他力。〔注〕他力＝佛之本願力＋被力。釋家自力與儒家之自強不息〔注〕《周易·乾》："天行健，君子以自強不息。"頗可類聚：釋家自力因人有善種，儒家自強因人有四端。善種、四端非異物也。釋家悟而發菩提之心，儒家直而發忠孝之心，菩提之心與忠孝之心雖不同亦不遠也。惟釋家不假他人教誡，而自能以精進勇猛之力去除無明，此儒家不能苟同者。〔注〕儒家之自強不息固出於自力，然不能不假聖人教誡也。

釋家自力、他力分明，〔注〕菩薩以自力證果，聲聞借他力開悟。儒家合內外而無間。

釋家以力因求力果，〔注〕力因力果，謂于他人有如法（如法猶契於理）之事，隨其力能悉往營助，是名力因。由成就力因故，即得少病，少煩惱，堪任修諸善法，故名力果。得力持身。〔注〕力持身，謂如來神力任持全身、碎身，永久不壞，作眾生福田，是名力持身（全身，即如來真身也；碎身，即如來化身滅後舍利也）。儒家非如法於他人，如法於萬世，亦不得力持身，得名檢〔注〕持身猶名檢。而已。

---

① 業果：業為善業惡業，果為其業所感，人天鬼畜等之果報也。《新譯仁王經中》曰："三有業果，一切皆空。"《楞嚴經四》曰："唯殺盜淫三為根本，以是因緣業果相續。"《義林章二》曰："斷見眾生，不信後世善惡業果。"

釋家業天［注］善業引樂果，惡業引苦果，如天道自然，故名業天。天行。［注］天者第一義天，天然實相之理也。菩薩依天然實相之理，而成妙行，故曰天行。儒家業道。［注］儒所謂天道，即佛之業道也。《無量壽經下》曰："天道自然。"《日本望西樓注》曰："憬興云：天者業也，惡業之道故。瑜伽亦云業天，蓋同此矣。瑜伽論云：業天所惱，雖無作者，而業果自屬，難得逃。"假名雖異，其實不差。

釋家修力忍［注］人受辱時，必起嗔心，若能即時覺悟嗔火之害，以功力克制，竭力忍耐，使不發作。此種功夫名力忍。釋之力忍頗與基督教合拍。求平常心；［注］平常心蓋日常生活中所具有之根本心，見於平常之喝茶、吃飯、搬柴、運水處，皆與道爲一體。儒家小則忍之［注］小不忍則亂大謀。大則拒之，［注］士可殺不可辱。果同業殊也。

釋家以力波羅蜜［注］力即力用，謂行滿功成，萬境無動，能善辦眾事也。經云：菩薩具深心力，無有雜染，乃至具加持力，令信解領受，是名力波羅蜜。爲大善業，儒家以修齊治平爲大善業。

釋家力度三行［注］力即力用，謂力用有三種：一、思擇力，謂思惟揀擇一切善法，而得其力；二、修習力，謂修行數習殊勝妙行，證得其力；三、變化力，謂神通力用，化度眾生，是爲力度三行。以爲善業；儒家力用五：一學習［注］學而時習之二問難、三行禮［注］以禮踐學。四愼獨、五體天格物。

釋家以爲業病［注］業病猶前世惡業而感之病。不可免，以業病詮釋罪過；儒家傳善業以防業病，不以個人論善惡。［注］釋家論人，儒家論人類——此儒家之優長也。

釋家以爲生人業有，［注］業有爲七有《長阿含十報法經》：因果不亡曰有，謂由身口意所作善惡之因，能招六趣生死之果。因果相續，故名七有。（六趣者，天趣、人趣、修羅趣、餓鬼趣、畜生趣、地獄趣也）［一、地獄有］（亦名不可有），地獄者，此獄在地之下也。謂眾生由過去惡逆之因，感現在地獄之果，因果不亡，故名地獄有。［二、畜生有］，畜生者，禽獸之類也。謂眾生由過去愚癡之因，感現在畜生之果，因果不亡，故名畜生有。［三、餓鬼有］，餓鬼者，常受饑餓也。謂眾生由過去慳吝之因，感現在饑餓之果，因果不亡，故名餓鬼有。［四、天有］，天者，天然自然樂勝身勝也。謂眾生由過去戒定之因，感現在快樂之果，因果不亡，故名天有。〔五、人有〕，人者忍也。于世違之境能安忍故。謂眾生由過去戒善之因，感現在人倫之果，因果不亡，故名人有。〔六、業有〕（亦名行有），業者，謂身口意所作善惡之業因，能招未來善惡之業果，因果不亡，故名業有。〔七、中有〕，中有，亦名中陰。謂諸眾生此身死後，識未託胎，現在所作善惡業因，必取當來善惡諸趣之果，因果不亡，故名中有。之六。不行善業不能除之；儒家以爲人雖有惡，教可除之。此儒與釋之大異也。

釋家以智慧除業障；〔注〕稱業障除。儒家以天爲明，以道爲智，效天法道而已，造作者惟此耳。

有問：前身有罪，予皆不知，曷予償之？

曰：我母生我，我亦不知，曷予在世？

有問：生則生矣，罪豈敢應乎？

曰：惡業者，假我〔注〕五蘊之假和合。之罪，非實我〔注〕假我之外有實我。之罪也。

有問：假我之罪何須在意？

曰：假謗流傳，街談巷議，充耳不聞者能有幾人？

有問：我非信者，不問釋學，安染業垢？〔注〕惡業不淨而感苦果，故譬之於塵垢。

曰：惡趣〔注〕眾生以惡業之因而趣。其自，豈由人乎？欲多惡夥，不由人也。

有問：今世造孽，果報來世，關"我"何也？

曰：以爲關乎我者關乎我，以爲不關乎我者不關乎我。縱不關乎我，關乎天真也。〔注〕天然之真理，非人之造作者。《止觀一》曰："法門清妙，爲天真獨朗，爲從藍而青。"

有問：惡業、善業何以分？

曰：依器無可分，依道可分。

有問：道皆在佛家乎？

曰：非。

有問：道皆在儒家乎？

曰：非。

有問：道皆在道家乎？

曰：非。莊子曰在便溺中。

有問：在釋者何？

曰：工欲善其事必先利其器，格物亦然。假釋家形而上之器庶幾可得道矣。

有問：五臟所患身病，鬼神所造乎？[注]鬼為六趣之一。神為八部之通稱。有威雲鬼，有能雲神。業報所感乎？

曰：有鬼神所造者，[注]氣候、風水招致之病是也。有業報所感者，[注]自殘、橫禍、遺傳等病是也。有自生者。[注]安心修道者亦不能免病，或不能善調適身心息三事，內外有所違犯，故有病患。

鬼障身，神障心[注]《釋摩訶衍論》曰："鬼並及神，云何差別？障身為鬼，障心為神。"佛告比丘："一切人民所居舍宅，皆有鬼神，無有空者。……凡諸鬼神，皆隨所依，即以為名。依人名人，依村名村，……依河名河。佛告比丘，一切樹木極小如車軸者，皆有鬼神依止，無有空者。一切男子女人，初始生時，皆有逐神，隨逐擁護。若其死時，彼守護鬼，攝其精氣，其人則死。"[注]《長阿含經二十》事修[注]將所做善事念念于心。拜藥師佛①，鬼不侵身；事行[注]《十二頭陀行經》云："十二頭陀行，

---

① 藥師佛：又作藥師如來、藥師琉璃光如來、大醫王佛、醫王善逝、十二願王。為東方淨琉璃世界之教主。此佛于過去世行菩薩道時，曾發十二大願，願為眾生解除疾苦，使具足諸根，導入解脫，故依此願而成佛，住淨琉璃世界，其國土莊嚴如極樂國。此佛誓願不可思議，若有人身患重病，死衰相現，眷屬於此人臨命終時晝夜盡心供養禮拜藥師佛，讀誦藥師如來本願功德經四十九遍，燃四十九燈，造四十九天之五色彩幡，其人得以蘇生續命。此種藥師佛之信仰自古即盛行。藥師佛之形像，據藥師琉璃光王七佛本願功德念誦儀軌供養法載，左手執持藥器（又作無價珠），右手結三界印，著袈裟，結跏趺坐于蓮花台，台下有十二神將。此十二神將誓願護持藥師法門，各率七千藥叉眷屬，在各地護祐受持藥師佛名號之眾生。一般流傳之像為螺髮形，左手持藥壺，右手結施無畏印（或與願印），日光、月光二菩薩脅侍左右，並稱為藥師三尊。此二脅侍在藥師佛之淨土為無量眾之上首，是一生補處之菩薩。亦有以觀音、勢至二菩薩為其脅侍者。此外，或以文殊師利、觀音、勢至、寶壇華、無盡意、藥王、藥上、彌勒等八菩薩為其侍者。依唐代義淨譯藥師琉璃光七佛本願功德經載，藥師佛又作七佛藥師。即善稱名吉祥王如來、寶月智嚴光音自在王如來、金色寶光妙行成就如來、無憂最勝吉祥如來、法海雷音如來、法海慧遊戲神通如來、藥師琉璃光如來。其中前六如來為藥師如來之分身。七佛藥師法則為日本台密四大法之一。如以藥師如來為本尊，修息災等法，則稱為藥師法。其儀軌與七佛藥師法相同。其三昧耶形為藥壺。真言有大咒與小咒之分，小咒為"唵呼嚧呼嚧戰馱利摩橙只莎訶"。

梵語頭陀，華言抖擻，謂能抖擻煩惱之塵垢也。蓋比丘當離憒鬧，不樂飾好，心絕貪求，無諸憍慢，清淨自活，以求無上真正之道，故有十二種之行焉。"神不侵心，庶幾可避鬼神所造之病。

凡通，業通最疾，[注]《俱舍論九》曰："一切通中，業通最疾，凌空自在，是謂通義。通由業得，名為業通。此通勢用速故名疾，中有具得最疾業通，上至世尊無能遮抑，以業勢力最強盛故。"所謂病來如山倒是也。業報所感之病最疾，人力無奈。生老死人皆有之，惟病不均，壽不齊耶。釋學以理醫人之心病，惟諸身病，還須就事論事，施以藥石，一一差別，[注]高僧多兼郎中也。與俗醫無異。

要行可避自生之病。[注]《佛升忉利天為母說法經上》："堅固志願，建立要行。"修行與防病一而二，二而一也。

有問：何可滅業？

曰：涅槃。

有問：涅槃是善業之樂果乎？

曰：是菩提之果。

有問：菩提之果是業果不？

曰：菩提之果是業果，至於涅槃，無業無果也。

心有所法① 第四

　　遍行法一曰作意。[注]突然警覺而將心投注某處以引起活動之精神作用。作意者，警覺心也。惡出於惡念。惡念疾，[注]《大藏法數》："一念中有九十刹那，一刹那中有九百生滅。"《楞嚴經二》："沉思諦觀，刹那刹那。念念之間不得停住，故知我身終從變滅。"不作意不足以止之。釋家之作意可與儒家之"吾日三省吾身"、道家之"全身免害"參互。

　　二曰觸。身根所對之境爲觸。心所有法之觸令根、[注]能生，增上之義。草木之根，有增上之力，能生幹枝，因而眼之眼根，有強力，能生眼識，則名爲眼根。境、[注]心之所遊履攀緣者，謂之境。如色爲眼識所遊履，謂之色境。乃至法爲意識所遊履，謂之法境。識、[注]心之異名。了別之義也。心對於境而了別，名爲識。和。[注]《大乘義章二》："令根塵識和合名觸。"根主增上，境主攀援，識主了別，根增上而境不能遊履或根增上境遊履而識不能了別，心必亂矣，人之心亂必非人。釋家之觸可與儒家之"食無求飽，居無求安"、道家之"爲道日損"參互。

---

① 心所有法：對八識心王而言之，共五十一法。遍行法有五，此五種法，起則同起，故云遍行也。別境法有五，此五種法，起時各起，故云別境也。善法有十一，此十一種法，皆是善法，故總云善也。煩惱法有六。隨煩惱法有二十，此二十法，隨逐前六種煩惱而生，故云隨煩惱也。不定法有四，此四種法，於善、惡、無記三性，不定而起，故云不定也。如是諸法，從阿賴耶藏識種子所生，依心所起，與心俱轉相應，故皆名心所有法。（無記者，謂不善不惡，無所記錄故也。）

三曰受。領納［注］領受納得。境曰受［注］受有三種：即苦受（違受）、樂受（順受）不苦不樂受（俱非受）。修行所爲者變苦受、俱非受爲樂受也。釋家之受可與儒家之"體天爲道，格物爲用"、道家之"道法自然"參互。

四曰想。於境取像曰想。［注］《楞嚴經》："想愛同結，愛不能離，則諸世間父母子孫相生不斷。"想能生善，亦能生惡，善惡決於心王。［注］王讀旺。心之主作用，對于心所之伴作用，而謂爲心王。心王者，總了別所對之境，心所者，對之而起貪嗔等之情也。釋家之想可與儒家之情、道家之神參互。

五曰思。心造諸業曰思。釋家導思以法，以求善業。釋家之思可與儒家之以詩化情、道家之以忘化我參互。

別境法一曰欲。望樂境曰欲。釋家以欲爲生苦之本，生必有欲，有欲必苦，若不修行，苦隨世轉，萬劫不復。故克欲者惟修行。釋家之欲可與儒家之名檢、［注］別儒釋之修行者釋家苦修，儒家樂修也。道家之避世之術參互。二曰勝解。殊勝之心解曰勝解。［注］見聞義理而生心解。此直覺之智高於西方理性之慧遠矣。至於無學得解脫，［注］聲聞乘四果中，前三果爲有學，第四果阿羅漢果爲無學。學道圓滿，不更修學也。《法華玄贊一》曰："戒定慧三，正爲學體，進趣修習名爲有學，進趣圓滿止息修習，名爲無學。"《法華嘉祥疏九》曰："若緣真之心更有增進義，是名爲學。緣真之心已滿，不復進求，是名無學。"釋家之勝解可與儒家之"知天命"、［注］孔子語。道家之"大智若愚"［注］老子語。參互。三曰念。［注］對所緣之事明白記憶而不令忘失之精神作用。以其具有殊勝力，而爲五根、五力之一，稱爲念根、念力。不忘習境曰念。念者追逝境業也。世間之正教正學，主張各異，念則同一。［注］無念之教必妄想未形之物，故曰：無念之說必邪說。釋家之念可與儒家之傳統、道家之尚古參互。四曰等持。專注不散曰等持。科學朝此夕彼，此乃余惡之者。釋家之等持可與儒家之韋編三絕、［注］孔子事蹟。道家之坐忘［注］莊子語。參互。五曰慧。擇善祛惡之法曰慧。［注］此慧非西方科學理性之慧。釋家之慧可與儒家之知天達命、［注］孔子語。道家之"人法地，地法天，天法道，道法自然"［注］老子語。參互。

善法一曰信。不疑善法曰信。此善學之通則，釋家之信可與儒家之"信而好古"、[注]孔子語。道家之"信言不美美言不信"[注]老子語。參互。二曰慚。自省之心曰慚。[注]釋家有自咨之制。釋家之慚可與儒家[注]孔子語。之"吾日三省吾身"、道家[注]老子語。之"爲道日損"參互。三曰愧。羞惡之心曰愧。釋家之愧可與儒家之四端、[注]孟子語。道家之"辨乎榮辱之境"[注]莊子語。參互。四曰無貪。厭離貪欲曰無貪。釋家之無貪可與儒家之"富貴於我如浮雲"、[注]孟子語。道家之不爲物役[注]莊子語。參互。五曰無瞋。不生瞋恚曰無瞋。釋家之無瞋可與儒家之不怨天尤人、[注]孔子語。道家之"善吠非良犬"[注]莊子語。參互。六曰無癡。理明不惑曰無癡，反之則無明。釋家之無癡可與儒家之"四十而不惑、[注]孔子語。極言經驗之切要。道家之無智之智參互。七曰精進。勤于修習曰精進。[注]聖人學問與日俱增，小人學問與日俱減。釋家之精進可與儒家之"學而時習之"、[注]孔子語。道家之"爲道日損"[注]老子語。參互。八曰輕安。遠離昏亂曰輕安。釋家之輕安可與儒家之潔身自好、道家之與世無爭參互。九曰不放逸。心不染著曰不放逸。釋家之不放逸可與儒家之慎獨、道家之恬淡爲上[注]老子語。參互。十曰舍。遠離掉舉[注]令心高舉而不安寧之煩惱曰舍。爲舍。釋家之舍可與儒家之"存天理滅人欲"、[注]朱熹語。本意乃以一妻爲天理，欲多妻之冗滿之欲爲"人欲"，當滅之。道家之不敢爲天下先參互。十一曰不害。不損有情曰不害。寰宇之下有頌害天者[注]譬如科學主義者頌科學家。無頌害有情者。釋家之不害可與儒家之"己所不欲勿施於人"、[注]孔子語。西方謂此不害有情之戒律爲黃金法則。道家之"聖人無棄"[注]老子語。參互。

煩惱法一曰貪。引取無厭曰貪。釋家去貪之法可與儒家之中庸之法、道家之去欲之法[注]知足者不貪。老子："知足不辱，知止不殆。"參互。二曰瞋。忿怒不息曰瞋。釋家去瞋之法[注]修行。可與儒家去瞋之法、[注]移情于文章道德。道家之去瞋之法[注]去欲。參互。三曰慢。自恃陵他曰慢。釋家去慢之法可與儒家之修身齊家、君君臣臣父父子子、孝道、師道與道家之聚民之道［注］上不慢下，下則不慢人。老子曰：夫民，不難聚也。愛之則親，利之則至，譽之則勸，致其所惡則散。參互。四曰無明。無所明瞭曰無明。釋家去無明之法可與儒家之"知來藏往"、道家之"淡泊明志"［注］《淮南子·主術訓》參互。五曰見。邪見曰見。釋家去見之法可與儒家之畏聖人、［注］孔子語。道家之去智［注］老子、莊子語。參互。六曰疑。猶豫不決曰疑。釋家去疑之法可與儒家之"上智不移"［注］孔子語。"天不變道亦不變"、［注］董仲舒語。與道家之以古禦今［注］老子曰：執古之道以禦今之有，能知古始，是謂道紀。參互。

隨煩惱法一曰忿。暴怒曰忿。釋家去忿之法可與儒家之"忍辱負重"、［注］牝馬頂風賓士，曰"忍辱負重"。此乃《周易》坤卦之大義也。道家"容人者人親"［注］莊子曰："不能容人者無親，無親者盡人。"參互。二曰恨怨。由怨生恨曰恨怨。釋家去恨怨之法可與儒家之聞過則喜、［注］孟子語。道家之"不責於人"［注］老子語。參互。三曰覆。隱覆［注］隱覆猶隱瞞。自造之罪之精神作用曰覆。釋家去覆之法可與儒家之"吾日三省吾身"、［注］《論語·學而》道家之坐忘［注］《莊子·大宗師》參互。四曰惱如。不自安隱［注］安隱猶安穩。曰惱如。釋家去惱如之法可與儒家之修身、道家之辟穀參互。五曰嫉心。妒忌曰嫉心。釋家去嫉心之法可與儒家之"不忮不求"、［注］《詩經·邶風·雄雉》。道家之窮通皆樂［注］《莊子·讓王》參互。六曰慳於。慳吝不施曰慳於。釋家去慳於之法可與儒家之助人爲樂、道家之"拔一毛利天下而不爲"［注］楊朱語。參互。七曰誑詭。詭詐不實曰誑詭。釋家去誑詭之法可與儒家之"君子坦蕩蕩小人常戚戚"、［注］《論語·述而》道家之不爭之德［注］《道德經·第六十八章》參互。八曰諂媚。悅人意曰諂媚。釋家去諂媚之法可與儒家之"諂媚怯懦"、［注］《論語·爲政》道家之"至貴忘爵"［注］《莊子·天運》參互。九曰害損。惱有情曰害損。釋家去害損之法可與儒家之"仁者愛人"、道家之尊生重身［注］《莊子·讓王》參互。十曰憍矜。盛氣凌人曰憍矜。釋家去憍矜之法可與儒家之聖人無常師、道家之"上善若水"［注］《道德經·第八章》

參互。十一曰無慚。不知羞恥曰無慚。釋家去無慚之法可與儒家之知恥而後勇、道家之"盲聾之蔽"〔注〕《莊子·逍遙遊》參互。十二曰無愧陰。不善曰無愧陰。釋家去無愧陰之法可與儒家之"直"、〔注〕孔子語。"惻隱之心"、〔注〕孟子語。道家之"真人精神"、〔注〕《莊子·田子方》"見素抱樸"〔注〕《道德經·第十九章》參互。十三曰掉舉內心。搖動曰掉舉內心。釋家去"掉舉內心"之法可與儒家之"修身"、道家之"守雌"參互。十四曰昏沉心。迷惑曰昏沉心。釋家"去昏沉心之法"可與儒家之"多聞多見"、〔注〕《論語·述而》道家之周莊夢蝶〔注〕《莊子·齊物論》參互。十五曰不信邪。多疑曰不信邪。釋家去"不信邪"可與儒家之"不語亂力怪神"、〔注〕《論語·述而》道家之畏人之畏〔注〕《道德經·第二十章》參互。十六曰懈怠身。不勤曰懈怠身。釋家去"懈怠身"之法可與儒家之"敏以求之"、〔注〕《論語·述而》"勤中求樂"、道家之"事求可，功求成"〔注〕《莊子·天地》參互。十七曰放逸縱。恣欲曰放逸縱。釋家去"放逸縱"之法可與儒家之"無欲則剛"、〔注〕《論語·公冶長》道家之"善抱不脫"〔注〕《道德經·第五十四章》參互。十八曰失念遺。失正念曰失念遺。釋家防失念遺之法可與儒家之"克己復禮"、〔注〕《論語·顏淵》道家之"不敢爲天下先"〔注〕《道德經·第六十七章》參互。十九曰散亂心。放逸曰散亂心。釋家去"散亂心"之法可與儒家之內省、道家之"罪因對欲"〔注〕《道德經·第四十六章》參互。二十曰不正知以。以妄爲真曰不正知以。釋家防"不正知以"之法可與儒家之"知之爲知之，不知爲不知"、〔注〕《論語·爲政》道家"自知者明"〔注〕《道德經·第三十三章》參互。

不定法一曰惡作。作惡事或因循或追悔曰惡作。釋家防作惡之法可與儒家"亢龍有悔"、〔注〕《周易·乾》道家之"不以欲亂"〔注〕《道德經·第三章》參互。二曰睡眠。睡夢或善夢或惡夢曰睡眠。可與儒家之孔子夢周公、道家之逍遙遊參互。三曰尋。起善念或惡念曰尋。可與孟子之人性善、荀子之人性惡、道家之爲惡必懲〔注〕《莊子·庚桑楚》參互。四曰伺。心念或粗浮或沉細曰伺。可與儒家之"君子安其身而後動，易其心而後語，定其交而後求"、［注］《周易·繫辭上》道家之"處其厚不居其薄，處其實不居其華"［注］《道德經·第三十八章》參互。

有問：佛理中有作意，又有定心？既作意何必定心乎？

曰：定心者，遠離亂意也。《智度論二十六》曰："定心者，定名一心不亂。亂，心中不能得見實事，如水波蕩，不得見面。如風中燈，不能得點。"無"面"與"點"不能見實相也，無實相不能作意也。

有問：善夢可求乎？

曰：可求。此所以孔子常夢周公而他人不能也。

有問：有儒、道、釋通體［注］合爲一體曰通體。之高人不？

曰：有。知人不勝，格物體天，自覺覺人，自度度人，自知自勝，摹於化工——此儒、道、釋通體之高人也。

戒定慧① 第五

戒者，諸家皆有，[注]儒家戒"以用代體"，戒"以心代言"，戒"以今非昔"。道家戒機巧，戒機心，戒積重（輕方可羽化成仙）。基督教戒等級，戒家庭倫理……非釋家獨之。釋家獨有者以戒入手耳。大而言之，清心之術有三：教化其一，戒律其二，無待其三，此所以分別儒、釋、道者。

釋家以爲人身燥且熱，故令其清涼。[注]孟子言人性善，是說人身本不燥不熱，教化可保其清涼之身。此大異於釋說也。《大乘義章一》："言屍羅[注]屍羅乃梵文戒之音譯。者，此名清涼，亦名爲戒。三業炎火，焚燒行人。事等如燒，戒能防息，故名清涼。清涼之名，正翻彼也。以能防禁，故名爲戒。"[注]庚寅孟夏，受薛公之邀，余參拜五臺山，真乃清涼聖地也。

有問：戒可清涼人身否？

曰：余以爲可。爲決於欲，止決於戒，無戒不足以止。佛教之戒律猶

---

① 戒定慧：亦稱佛教三學。戒者防身之惡。定者靜心之散亂。慧者去惑證理也。《五燈會元》曰："法要有三：曰戒定慧。唐宣宗問弘辨禪師曰：云何名戒？對曰：防非止惡謂之戒。帝曰：云何爲定？對曰：六根涉境，心不隨緣名定。帝曰：云何爲慧？對曰：心境俱空，照覽無惑名慧。"《名義集四》曰："防非止惡曰戒，息慮靜緣曰定，破惡證真曰慧。"學此三法而到涅槃，故云三學。若人防止三業之邪非則心水自澄明，是由戒而生定者。心水澄明，則自照萬象是由定而生慧者。此三者次第相生。入道之關鍵也。《玄義三下》曰："增三數明行者，謂戒定慧。此三是出世梯橙，佛法軌儀。"《三藏法數九》曰："如來立教，其法有三：一曰戒律，二曰禪定，三曰智慧。然非戒無以生定，非定無以生慧，三法相資，不可缺一。"

俗世之法律，無法律可乎？

有問：佛門無戒律可乎？

曰：不可。定者，諸家皆有。［注］儒家以志不移爲定，道家以氣不散爲定，基督教以信不疑爲定。釋家定心治亂以發眞智，以定求智，以智求解脫。法言：夫說法者當如法說。雖然，說法常不能如法說，必變其說，故心不疑而說法常移，［注］曰權變、方便、不了。信移而心愈定。諸法無常，不定心［注］念慮兩忘，寂用無心，慧性明徹，湛然不動。不能觀其眞相。定心而後知一念［注］（一）極短促之時刻也；（二）思念對境一次也。不爲短，萬劫不爲長。儒家定之法心歸於傳統，道家定之法心歸於無，釋家定之法心歸於涅槃。［注］非無非有。

有問：心定于一念，諸法不定，奈何？

曰：無法有法空，無有有、有空，無無有、無空，何必求諸法定乎？

有問：入定之後，法安在乎？

曰：惟妙法在。［注］《觀無量壽經》："出定入定恆聞妙法。"

慧者，諸家皆有。［注］儒家以學而大成爲慧，道家以無爲而無不爲爲慧，基督教以理性（神性）爲慧。諸家皆分別論之，唯釋家不二。［注］一實之理，如如平等，而無彼此之別，謂之不二。諸家以爲不慧者，釋家以爲慧；諸家以爲慧者，釋家以爲不慧。

佛法言心體明瞭，［注］自知而他不知爲明瞭。以達觀事理、決斷疑念爲慧。疑者不慧，慧者不疑。釋家之心體明瞭乃是分別心與身，觀以空或實，擇無爲法或有爲法。

有問：戒先乎？定先乎？慧先乎？

曰：慧者戒，戒者定，戒者慧，定者亦慧……轉轉不休。

有問：女有智慧不？

曰：有智而慧不足。

問：曷慧不足？

曰：不齒言慧也。

八正道① 第六

釋家之"正道"頗似儒家之禮。

八正道一曰正見。〔注〕見苦集滅道四諦②之理而明之。以無漏之慧爲體，乃是八正道之主體。釋家以爲正見者，諸家未必。釋家之苦猶儒家之樂、〔注〕儒家以生爲樂，故言不孝有三，無後爲大；以修行爲樂，故言學而時習之不亦樂乎；

---

① 八正道：總謂之八正道分。俱舍作八聖道支。聖者正也，其道離偏邪，故曰正道。又聖者之道，故謂之聖道。《玄應音義三》曰："八由行，又作遊行，又作道行，或作直行，或言八直道，亦言八聖道，或言八正道，其義一也。"以無漏之定爲體。此八法盡離邪非，故謂之正。能到涅槃，故謂之道。總爲無漏，不取有漏，是見道位之行法也。七覺支者，修道之行法也，經以七覺八正爲次第者，是數之次第，非修之次第也。此中正見之一，是八正道中之主體，故爲道，亦爲道分道支，餘七者是道分道支而非道也。
② 四諦，聖者所見之真理也。一苦諦，迷之果，三界六趣之苦報。二集諦，貪嗔等煩惱，及善惡之諸業。此二者能集起三界六趣之苦報，故名集諦。三滅諦，即涅槃。涅槃滅惑業而離生死之苦，真空寂滅，故名滅。是爲悟之果。四道諦，八正道也，此能通于涅槃故名道。是爲悟之因。其中前二者流轉之因果也，故曰世間因果。後二者還滅之因果也，又曰出世間因果。此四者皆云諦者，言其真理實爲至極也。而二者皆先果後因者，果易見，因難知，故先示苦果令其厭，然後使斷其因，又舉涅槃之妙果使樂，然後使修其道，是乃誘引最劣小機之善巧也。佛起菩提樹下至鹿野苑，爲五比丘始說此法。是爲佛轉法輪之初。依之而修道證滅者，稱爲聲聞人。《法華經譬喻品》曰："昔于波羅奈，轉四諦法輪。"《涅槃經十二》曰："苦集滅道，是名四聖諦。"《涅槃經十五》曰："我昔與汝等不見四真諦，是故久流轉生死大苦海。若能見四諦，則得斷生死。"《止持會集音義》曰："苦諦者，苦以痛惱爲義。一切有爲心，行，常爲無常患累之所逼惱，故名爲苦。大論云：無量眾生有三種身苦：老病死。三種心苦：貪嗔癡。三種後世苦：地獄餓鬼畜生。總而言之有三苦八苦等，皆三界生死之患。諦審生死實是苦者，故名苦諦也。三苦，謂苦苦壞苦行苦，八苦可知。集諦者，集以招聚爲義。若心與結業相應，未來定能招聚生死之苦，故名爲集。審一切煩惱結業于未來，實能招集三界生死苦果，故名集諦也。盡諦者，亦名滅諦。滅即寂滅，滅以滅無爲義。結業既盡，則無生死之患累，故名爲滅。以諸煩惱結使滅故，三界業亦滅。若三界業煩惱滅者，即是滅諦有餘涅槃。因滅故果滅，舍此報身時，後世果果，永不相續，名入無餘涅槃。諦審涅槃實爲寂滅，故名滅諦也。道諦者，道以能通爲義。正道及助道，是二相扶，能至涅槃，故名道諦。審此二道相扶，實能通至涅槃不虛，故名道諦也。正道者，實觀三十七品三解脫門緣理慧行名爲正道。助道者，得解觀中種種諸對治法及諸禪定，是名助道。"

以友爲樂，故言有朋自遠方來不亦樂乎；以貧而守道爲樂，故顏回雖窮困卻樂也不改。道家之去欲。

二曰正思惟。［注］既見四諦之理，尚思惟而真智增長。以無漏之心所爲體。正思維猶儒家之"天生神物，聖人則之；天地變化，聖人效之；天垂象，聖人象之"、［注］《周易·繫辭上》道家之"人法地、地法天，天法道，道法自然"。［注］《道德經·第二十五章》釋家不言"則天效物"，然不則天，不效物，不能見四諦也。

三曰正語。［注］以真智修口業不作一切非理之語也。以無漏之戒爲體。正語是佛家之"不打誑語"，與儒家之"非禮勿視，非禮勿聽，非禮勿言"、［注］《論語·顏淵》道家之"知白守黑"［注］《道德經·第二十八章》逼肖之至。口業爲萬業之端，吾未嘗聞口無遮攔而能修成正果者。

四曰正業。［注］以真智除身之一切邪業住于清淨之身，事業也。以無漏之戒爲體。釋家之正業爲一人，儒家之正業爲眾人。［注］眾人者仁也，家族也，國家也，眾人之事業爲家族和也，爲國家興也。道家之正業亦爲一人，與釋家所異者，釋家但求名檢不求虛名、道家但求化不求知耳。

五曰正命。［注］清淨身口意之三業，順于正法而活命，離五種之邪活法（謂之五邪命）也。以無漏之戒爲體。釋家以釋迦牟尼之法爲正法，與儒家以伏羲周公孔子之說爲正統、道家以老子、莊子爲始祖侔。人文文化者，高風［注］高尚之風範。在先，後人從之；理性文明者，後輩愈高，與非理性正相反易也。［注］反易猶顛倒。

六曰正精進。［注］發用真智而強修涅槃之道。以無漏之勤爲體。儒家之修名檢猶修"涅槃"，故伏羲、周公、孔子、司馬遷、王勃、李白、岳飛、文天祥皆"涅槃"術高手，其命不死，其死變易生死而已。［注］今人謗聖，已成時髦。有言孔子非聖者，有言岳飛、文天祥非民族英雄者，井蛙之語，不足爲奇。道家之"涅槃"非"羽化而登仙"，［注］斯乃是道教所求，非道家所求。物歸其根也。［注］《道德經·第十六章》："夫物芸芸，各複歸其根。歸根曰靜，靜曰複命，複命曰常，知常曰明。"

七曰正念。〔注〕以真智憶念正道而無邪念也。以無漏之念爲體。正義之學皆有正念。正念何來？釋家以爲心與結業分離〔注〕爲此而有苦修、洗浴、坐禪等法。① 而後方有正念，儒家以爲"存天理，去人欲"〔注〕後人對此話多存誤解，以爲不近人情。實則其意在於維護一夫一妻之家庭。轉意爲祛除不正當之欲望。方得正念，道家與儒家無異。

八曰正定。〔注〕以真智入于無漏清淨之禪定也。以無漏之定爲體。正定求真智。釋家之真與儒家之真與道家之真皆言其有自有之道本。〔注〕道之根本。出自《周禮·地官·師氏》："一曰至德，以爲道本。"釋家之定與儒家之定與道家之定各異：釋家之定乃是心定，儒家之定乃是身定，道家之定乃是神定也。〔注〕神者精神也。

---

① 如古代印度有除十節。這個節日源于古代對河川女神之祭儀。每年陽曆五、六月舉行。印度教徒認爲此時在恆河等聖河中沐浴，可消除穢語、謊言、誹謗、騷語、盜竊、暗害、盲從、貪欲、惡意、愚妄等十種罪惡。沐浴時須口唱真言，度水十次，禮拜恆河神像，並布施婆羅門穀物十碗、牛十頭。

四諦① 第七

　　四諦者一曰苦諦。[注]三界六趣之苦報。是爲迷之果。漢字"苦"從古從草，"古草"者黄連也，世之苦味莫過於黄連者，故以苦喻生死輪回。生死不由己，苦則己受之，知苦諦而離苦受，[注]領納外境之義。境有順、違、俱非三境，故受有苦、樂、舍三受。逼迫身心，領納違情之境而起苦惱之感者，稱爲苦受。此釋家苦智也。[注]了苦諦道理之智，即緣苦諦而作"苦、空、無常、無我"之四行相，其惑斷除時所得之無漏智。大凡真理皆能覆蓋萬事萬物，讀書人爲求名檢而頭懸樑錐刺股，乃是以苦換樂之術也。

　　二曰集諦。[注]貪嗔等煩及善惡之諸業也。此二者能集起三界六趣之苦報，故名集諦。集之本意，類物理學之引力、語言學之黏着性、經濟學之"不見之手"。宇宙即集，集即宇宙，人即集，集即人。無集，無有宇宙無有人也。集起於心[注]集起。亦滅於心。[注]集滅。色法之集雖不能滅，心法[注]一切諸法，分色心二法，有質礙爲色法，無質礙而有緣慮之用，或爲

---

① 四諦：聖者所見之真理也。其中前二者流轉之因果也，故又曰世間因果。後二者還滅之因果也，又曰出世間因果。此四者皆云諦者，言其真理實爲至極也。而二者皆先果後因者，果易見，因難知，故先示苦果令其厭，然後使斷其因，又舉涅槃之妙果使樂之，然後使修其道，是乃誘引最劣小機之善巧也。佛起菩提樹下至鹿野苑，爲五比丘始說此法。是爲佛轉法輪之初。依之而修道證滅者，稱爲聲聞人。《法華經譬喻品》曰："昔于波羅奈，轉四諦法輪。"

緣起諸法之根本者爲心法。之集可滅，此釋家之集智也。[注]緣集諦而思惟"因、集、生、緣"等四方面之問題。若有所知、所見，皆能明瞭覺悟而斷惑；此種以慧觀察集諦所產生之無漏智，即稱集智。

三曰滅諦。[注]涅槃也。涅槃滅惑業而離生死之苦，真空寂滅，故名滅。是爲悟之果。滅諦乃是善業中滅業最難修者，故以滅智[注]滅即斷滅之義，謂斷滅見、思煩惱，得無漏智，故名滅智。爲最高智。儒家之涅槃捨生取義也、道家之涅槃羽化登仙也，所異者，名也。

四曰道諦。[注]八正道也，此能通於涅槃故名道。是爲悟之因。求菩提之心[注]是爲道心。人皆有之，能道法忍[注]謂觀欲界道諦，修此道品，真如理顯，生無漏法忍，是名道法忍。者萬無一人。道法忍，釋家之道智也。[注]緣道諦作道、如、行、出等四種行相，而斷除迷惑之無漏智。"忍"乃心上一把刀，刀但割肉而已，不分儒家、釋家、道家也。

有問：如何關通四諦？

曰：大凡學佛，知見苦諦乃菩提之始。繼而尋苦因，[注]《成實論六》："衣食等物皆是苦因。"繼而離苦，知見、尋、離皆須修道法。

有問：四諦之外還有諦不？

曰：有，如天臺所立之空諦、假諦、中諦者。雖然，常人習四諦足矣。

有問：儒家主人生樂，佛家主人生苦，道家以爲人生處處陷阱，避之不及。孰爲真諦乎？

曰：儒家知老死之苦然不受之，[注]以名檢去之。極言儒家知無苦諦不可也。道家修煉成仙與儒家之名檢途異而歸同，亦是不受老死之苦，言道家知苦諦亦無不可也。釋家言苦，爲求樂果也。名檢、成仙亦樂果也。此正儒、道、釋相融者。

涅槃第八

諸行無常

是生滅法

生滅滅已

寂滅爲樂

——《涅槃經》

釋佛之說始於死亦終於死，論及生亦以無常、滅、寂說之，皆以涅槃爲鵠的也。〔注〕《般涅槃經》：佛告諸比丘，天下無常堅固人，愛樂生死，不求度世道者，皆爲癡。父母皆當別離，有憂哭之念，人轉相恩愛貪慕，悲哀。天下無生不死者，我本經說，生者皆當死。死者複生，轉相憂哭，無休息時。須彌山尚崩壞，天上諸天亦死，作王者亦死，貧富貴賤下至畜生，無生不死者。莫怪佛卻後三月當般泥洹。佛去亦當持經戒，在者亦當持經戒。趣至度世，不復生死，無複憂哭。佛經當使長久，佛去後天下賢者當共持經戒，天下人自正心者。天上諸天皆喜助人得福，佛經可讀可諷可學可持可思可正，心可端意可轉相教。顯涅槃真如實相〔注〕一切萬有之真實。真如與實相，同體而異名，就假諦之妙有而言，即稱實相；就空諦之一如而言，則稱爲真如。者如來藏，[注]隱藏于一切眾生之貪嗔煩惱中的自性清淨如來法身。又稱自性清淨心、自性清淨藏。猶顯儒家之仁心者"直"[注]孔子說。與四端。[注]孟子說顯道家之无欲以靜。[注]老子說。發人之本心，儒、道、釋之通道也。或以爲釋家言死，儒家言生，道家寄于自然以求不生不死，此知其一而不知其二也。《般涅槃經》亦講生：端[注]端心正意之略。制止貪嗔癡之三毒而不作諸惡也。無量壽經下曰：端心正意，不作眾惡，甚爲至極。有四事：端身、端心、端志、埠。[注]謂菩薩心志，善能總持諸佛一切所說之法，化導眾生，是名志力。複有四事：欲怒者忍、惡念者棄、貪欲者棄、常當憂死。複有四事：心欲邪者莫聽、心欲淫者莫聽、思欲惡者莫聽、思欲豪貴莫聽。[注]與《論語·顏淵》所言"非禮勿視，非禮勿聽，非禮勿言，非禮勿動"逼肖之至。複有四事：心常當憂死，心所欲圖惡者莫聽，當撿心；心當隨人，人莫隨心，心者誤人，心殺身；心取羅漢，心取天，心取人，心取畜生蟲蟻鳥獸，心取地獄，心取餓鬼，作形貌者皆心所爲壽命，三者相隨，心最是師，命隨心，壽隨命，三者相隨；今我作佛，爲天上天下所敬，皆心所爲，當念生死之痛，與家室別離。

當念八事，思惟佛經：一者當棄妻子求度世道，不與世間諍，無貪心；二者不得兩舌、[注]於兩者間搬弄是非、挑撥離間，破壞彼此之和合。惡口、妄言、綺語、[注]又作雜穢語、無義語。指一切淫意不正之言詞。十惡之一。吟嘯、歌戲；三者不得殺生、盜人財物、思念淫泆；四者不得懷怒癡貪；五者不得嫉彼慢人；六者不得思念作惡，加痛於人；七者無作恣態，不得懈怠、著臥、存味飲；八者當憂身、生、老、病、死。持是八事自端心，可與天下無諍，當趣度世道。諸比丘當思惟是八事，佛經可長久。

賢者阿那律[注]佛陀十大弟子之一。說頌曰：

佛已無爲住　　不用出入息[注]謂鼻中之氣，無前三種粗相，而出入綿綿，若存若亡者，爲息。坐禪之人，依之而數，則資神安隱，情抱悅豫，其心易定，故須守而不舍也。

本由自然來　　靈耀於是沒

意淨無所著　　爲人受斯疾
施惠教已遍　　乃退歸寂滅
惟茲遇佛者　　莫不蒙恩澤
今已淪清虛　　求了時複出
彼爲滅不生　　不復受老死
亦爲不復會　　無有相逢憎
本已舍恩愛　　不爲別離憂
當爲求方便　　令致得是處

佛爲五陰［注］同五蘊，蘊是積集的意思，五蘊就是色蘊、受蘊、想蘊、行蘊、識蘊。色就是一般所說的物質，變礙爲義，是地、水、火、風四大種所造；受就是感受，領納爲義，其中包括苦、樂、舍三受；想就是想像，於善惡憎愛等境界中，取種種相，作種種想；行就是行爲或造作，由意念而行動去造作種種的善惡業；識就是了別的意思，由識去辨別所緣所對的境界。在此五蘊中，前一種屬於物質，後四種屬於精神，乃是構成人身的五種要素。淨　　已斷不復有

亦又不爲爲　　有受是五陰
苦爲已畢盡　　有本亦已除
當仍求方便　　令得如是安
佛已斷世間　　愛欲一切解［注］愛者貪愛、親愛。欲者貪欲、樂欲。深愛妻子等之情也。無量壽經下曰：愛欲榮華，不可常保。

亦爲悉能忍　　得離諸患難
爲已自安隱　　亦致天下安
當爲稽首是　　永得度三界［注］欲界、無欲界、色界。
佛所說經戒［注］經義與戒行。又經中所譯之戒法。又戒爲萬世之常經，故曰經戒。無量壽經下曰：奉持經戒，受行道法。爲世間最明
已廣現正道　　審諦無所疑
亦遍活天下　　令得度老死
諸得值佛者［注］遇佛。　　誰不受弘恩

譬月照於夜　　爲除陰冥闇
如日照於晝　　能使天下明
亦如電光現　　爲暫照厚云
佛明一時出　　都已明三界
一切所名河［注］恆河。　　無過昆侖河
一切名大水　　亦爲無過海
一切星宿中　　月爲第一明
佛爲世間導　　天上天下尊
佛所以度世［注］指度脫三世迷界之事。度即渡、出，猶言出世、出世間、離世間。如華嚴經離世間品，又稱度世品經。　　福施已周匝
所說教戒行　　在在悉分明
亦以法流布　　弟子樂受行
令天人鬼神　　龍敬承行禮
誠哉斯言。

禪宗第九

　　世人以禪宗［注］思惟真理靜息念慮之法，原爲三學六度之一。初祖達摩天竺人，梁魏之世，來支那傳佛心宗，其法唯靜坐默念，發明佛心，凝工夫而已，其外相一等於禪那，故稱爲禪宗。所謂禪宗者，非三學六度之一分禪，于是而如來禪，祖師禪之稱起。以經論所說，六度所攝之禪爲如來禪，達摩所傳之心印爲祖師禪。故由彼宗之本義言之，則與其謂爲禪宗。毋寧目爲佛心宗爲適當。釋尊在靈山會上拈華，迦葉破顏微笑，爲第一祖。二十八傳，至達摩。爲東土初祖。在少林寺面壁九年，是教無言之心印於無言也。惠可得其心印爲二祖。僧璨爲三祖。道信爲四祖。弘忍爲五祖。弘忍之下，有惠能神秀二大師，惠能之禪，行于南地，故稱南宗，神秀之化，盛於北地，故稱北宗。而北宗不免如來禪之跡，南宗的得祖師禪之神髓。六祖惠能之下，生南嶽青原兩系。南嶽傳于馬祖，青原傳於石頭。馬祖之下獨盛，轉傳而分潙仰曹洞臨濟雲門法眼之五家。至宋朝，臨濟之下又附楊岐黃龍之二流。總是五家七宗。案禪宗之稱，始于李唐。爲中國之佛教。雖然，以禪宗充"儒、釋、道"之釋則不當。

　　坐禪所求者全機全現。［注］機，機用之意。全機，即禪者自在無礙之活動。若生時，以獨立絕對之機用究竟法界，死時亦以死之獨立絕對之機用究竟法界，此即"生也全機現，死也全機現"之意，稱爲全機全現、全機現、全機現前。若對一切機用不加取捨，不加揀擇，一概受用者，稱全機受用。此外，當下即是，達到解脫自在無礙之境地者，稱爲全機透脫。《碧岩錄第十五則》曰："若非全機透脫得大自在底人，焉能與爾同死同生？"夫坐禪之法，若能善用心者，則四百四病，自然除差。若用心失所，則四百四病，因之發生。是故若自行化他，應當善識病源，善知坐中，内心治病方法。所謂全機全現者齊生死、一動靜、同差别也。禪之法力來自造作之果——無。［注］大異於不造作之無。坐禪乃是追慕諸法形成之初，效無之偉力。所以然者，無能助識也。夫識有變者有不變者，無惟助變識。變識有三，曰三能變識。［注］一切我法，皆是其假。不過隨情施設，妄有種種相轉。而種種我法之相，不過皆依識所變現。其原理乃出於老子。［注］《道德經·第四十二章》：故物或損之而益，或益之而損。欲損而識力增，此所謂"爲道日損"，可與世間禪①連類。老子曾適天竺否不得知，《道德經》傳至天竺無疑矣。老子之後，貴無說傳爲二支，莊子［注］坐忘法。其一，禪宗［注］靜慮法。其二。

---

① 世間禪，指有漏凡夫所修之禪定。三種禪定之一。爲"出世間禪"之對稱。又作有漏禪、世定、世間定。即凡夫所修之欲界定、色界之四禪定、無色界之四無色界定、四無量心定。例如外道禪、凡夫禪等，凡以有漏智所修之禪定皆屬之。

達摩──慧可① 第十

菩提達摩聰穎過人。據《五燈會元》卷一載，西天二十七祖般若多羅行化至南天竺國，欲探三子之智，指寶珠問曰："此珠七寶中尊。固無逾也。非尊者道力，孰能受之？"

達摩答曰：此是世寶，未足爲上。於諸寶中，法寶爲上。此是世光，未足爲上。於諸光中，智光爲上。此是世明，未足爲上。於諸明中，心明爲上。此珠光明，不能自照，要假智光。光辨於此，既辨此已，即知是珠。既知是珠，即明其寶。若明其寶，寶不自寶。然則師有其道，其寶自現。眾生有寶，心寶亦然。

雖然，達摩詰難梁武帝甚無理。梁普通八年十月初一，梁武帝會達摩于金陵。

梁武帝：朕即位以來，造寺寫經，度僧不可勝記，有何功德？

達摩：並無功德。

梁武帝：何以無功德？

---

① 慧可（487～593）：我國禪宗二祖。南北朝之僧。河南洛陽人，俗姓姬。初名神光。又作僧可。幼時于洛陽龍門香山依寶靜出家，于永穆寺受具足戒。早年周遊聽講，參禪冥想，精研孔老之學與玄理。北魏正光元年（520），參謁達摩祖師于嵩山少林寺，從學六年。據景德傳燈錄卷三載，師訪達摩時，終夜立於雪中，至天明仍不許入室，師乃以刀自斷左臂，表求道之至誠，遂面謁而大悟，達摩乃付予大法，並傳衣缽。

達摩：此但人天小果，有漏［注］因果不亡曰有，即色界、無色界見、思煩惱也。謂眾生因此煩惱，不能出離色、無色界，故名有漏。之因，如影隨形，雖有實非。

梁武帝：如何是真功德？

達摩：淨智妙圓，體自空寂，如是功德，不以世求。

梁武帝：如何是聖諦第一義？［注］聖諦第一義猶佛教之根本理論。

達摩：廓然無聖。［注］乃是祖師禪之第一義。

梁武帝：對朕者誰？

達摩：不識。［注］非達摩不識自，是眾人不識達摩。

帝不領悟，祖知機不契。

梁武帝不知達摩"教外別傳"［注］不持戒、不讀經、超佛越祖，謂之"教外別傳"。之大義也。

達摩之教外別傳果佛教乎？余疑之久矣。

禪宗華人初祖慧可之事蹟載於《五燈會元》：

時有僧神光，［注］神光乃是慧可之俗名。曠達之士也，久居伊洛，博覽群書，善談玄理。每歎曰："孔老之教，禮數風規；莊易之書，未盡妙理。近聞達摩大夫住止少林，至人不遙，當造玄境。

慧可棄孔老莊易而入玄門，［注］指玄妙之法門、深奧之妙理，爲佛法之總稱。又作佛門、空門、真門。是南北朝喜理厭禮之風使然也。

惠能第十一

《壇經》載：神秀上座三更于南廊下中間壁上秉燭題作偈，人盡不知道。偈曰：

身是菩提樹，心如明鏡台，
時時勤拂拭，莫使有塵埃。

神秀上座，題此偈畢，歸臥房……有一童，於碓房邊過，唱頌此偈，惠能一聞，知未見性，即識大意……亦作一偈：

菩提本無樹，明鏡亦非台，
佛性常清淨，何處有塵埃。

又偈曰：

心是菩提樹，身爲明鏡台，
明鏡本清淨，何處染塵埃。

院內徒作眾，見能作此偈甚怪。惠能卻入碓房，五祖忽見惠能偈，即善知識大意。

以我之見，神秀之偈不差，而惠能之偈實有自誣之嫌。最恨者人身有欲也。〔注〕《道德經·第四十六章》：罪莫大於多欲，禍莫大於不知足，咎莫大於欲得。老子人中之龍，尚且畏欲猶畏虎，惠能言己身清淨無欲必是虛言。儻若身非菩提樹何以修行？儻使性常清淨無有塵埃，何須打坐？不修行不打坐禪宗〔注〕禪宗即勤拂拭，勤拂拭即禪宗，是一非二。又有何事可做？余嘗作如是想：惠能圓寂之後，禪宗漸衰者，惠能二偈所致乎？

惠能因何不立文字？文字能表識〔注〕表識猶標記。物之象，不能表識思之辨。〔注〕西夷強爲，磨礪伐性之斧，滋起奢侈之風，人類危矣。惠能知其中利害關係否亦未可知也。

無欲第十二

慧琳①云：道在無欲，而以有欲要之。北行求郢，西征索越，方長迷於幽都，永謬滯于昧穀。遼遼閩、楚，其可見乎？所謂漸積者，日損之謂也。當先遺其所輕，然後忘其所重，使利欲日去，諄白自生耳[注]《均善論》。

慧琳大師主張六度[注]波羅蜜之行法有六種：一布施，二持戒，三忍辱，四精進，五禪定，六智慧。與五教[注]五教猶無常。並行，信順[注]道法自然。與慈悲[注]佛法。齊立。雖遭詬病，理在慧琳大師，而詬病者未審儒、道與釋之分也。"道在無欲"與老子"爲道日損"之說侔。道其公正，無私無欲，人欲得道，不去私心私欲，猶欲疾至而遲行，萬不可也。慧琳大師之"而以有欲要之"句精闢之極。要者威脅也。有欲，惡念斯須即至，其至人豈能阻？惡念廝攬，道遠遁矣。諄白者，誠心也。去欲見誠，心扉自明亮起來。

去欲爲儒道釋所共主，然去法有異：儒家不非欲，[注]《論語·里仁》：

---

① 慧琳：南朝劉宋僧。秦縣（陝西）人，俗姓劉。道淵之弟子。學通內外，尤善老莊，好語笑俳諧，長於著作。廬江王義真薦之于文帝，甚得寵信，時與議論機密，有黑衣宰相之稱。所著白黑論（均善論），批評當時般若本無之說："折毫空樹，無傷垂陰之茂，堆材虛空，無損輪奐之美。"押擊宗教虛構："欸神光無徑寸之明，驗靈變無纖介之實。（中略）諸若此類，皆謂于事不符。"認爲佛教用淨土、地獄之說誘引威嚇民眾；揭露寺院僧侶追求豪華，結黨營私；主張廢鬼神之說，做修利遷善之事。師之批判佛教，爲眾所厭棄。然由於文帝之庇護，得免被逐出僧團，後觸罪謫配交州。

富與貴，是人之所欲也。不以其道得之，不處也。貧與賤，是人之所惡也。不以其道去之，不去也。君子去仁，惡乎成名？君子無終食之間違仁，造次必於是，顛沛必於是。"非非分之欲。道家以有欲、無欲分。認知之次第。［注］《道德經·第一章》："無名天地之始。有名萬物之母。故常無欲以觀其妙。常有欲以觀其徼。"無欲者知道之玄，有欲者知道之常。釋家以海喻欲，［注］人類之愛欲熾盛、深廣，難以脫出，故以海爲譬喻。一般以愛欲難度，譬如急流，稱之爲欲流。眾生皆由於熾盛之煩惱而輪回生死，不能到達理想之涅槃界，稱之爲煩惱生死大海。煩惱中以愛欲爲最重，故稱愛欲爲欲海。極言善欲難出，惡欲難收。竺道生大師云：病有二種：謂從意從想，愜情而之，謂之從意；所貪無崖，謂之從想。是以小制損其意也，都制損其想也［注］《四相品》此所以儒家率由典常者，所以釋家以律制性者，所以道家逃世解脫者。法異而歸同也。

儒家導欲使人善也，道家去欲使人近道也，佛家戒欲，引人出苦海也。合爲一，善且近道，能出苦海也。

唯識宗第十三

窺基①大師云：言世間者，可毀壞故，有對治故。〔注〕對治斷煩惱。是有四種：一厭患對治，謂加行道，在見道以前，緣苦集二諦，生深為厭患之念也。二斷對治，謂無間道，於無間道緣四諦而正斷煩惱也。三持對治，謂解脫道，於無間道後起解脫道，更緣四諦，攝持彼無間道所得擇滅之得，以使所斷之煩惱不更起也。隱真理故，名之為世，墮世中故，名為世間。……聖者正也，與理相應於事無壅，目之為聖，又契理通神目之為聖。又聖者正也，心與境冥與神會名之為聖。〔注〕《成唯識論述記》

窺基大師直紹玄奘大師，獨立門戶，終成唯識宗初祖。師學統九流，義包十諦，情敦慈救，志存住法。窺基傳慧沼，慧沼傳智周。至於智周，止偏於河洛，旋後即衰。唯識宗其興也勃，其衰也疾。何也？唯識宗之八

---

① 窺基（632～682）：法相宗初祖。唐代京兆長安（陝西西安）人，俗姓尉遲。字洪道。又稱靈基、乘基、大乘基、基法師。或單稱基。俗稱慈恩大師、慈恩法師；其宗派則稱慈恩宗。師貌魁偉，裏性聰慧。十七歲出家，奉敕為玄奘弟子，入廣福寺，後移住大慈恩寺，從玄奘習梵文及佛教經論。或謂師初拒玄奘之命而不斷世欲，行駕三車相隨，前車載經論，中車自乘，後車載家妓、女僕、食饌，遂有"三車法師"之稱，然此說恐為訛傳。二十五歲參與譯經，顯慶四年（659），玄奘譯唯識論時，師與神昉、嘉尚、普光三師共同檢文、纂義，以議不合，玄奘乃遣出三師而獨留窺基，遂參糅十大論師之釋論而成一本，即成唯識論。玄奘又為師闡說陳那之因明正理門論及瑜伽師地論等，故師通達因明之學與五性之宗法。龍朔元年（661），玄奘主譯辯中邊論、辯中邊論頌、二十唯識論、異部宗輪論、阿毗達摩界身足論，皆由師筆受，除阿毗達摩身足論外，皆作述記。後遊太行、五臺山，宣講大法，及返慈恩寺傳授玄奘之正義，著述甚多，時稱百本疏主，或百本論師；而以唯識論為宗，故又稱唯識法師。永淳元年寂於慈恩寺翻經院，世壽五十一，葬于樊川北原之玄奘塔側。

教義有隙故也。

八教義之一：萬法唯識，依唯識論，宇宙萬有悉皆心識動搖所現影像，內外二界，物質非物質，無一非心識所變。此論差矣。人之心識各異，[注]故而有瞽者摸象之譬喻經。而萬法雖變，不離其宗。且夫物質之是非雖至聖、至人不能辨也。[注]電子、光子，物質乎非物質乎，雖科學家不可測也。萬法既無，何言其無；萬法既有，何言其有？

八教義之二：五位百法，[注]諸法的分類之一。法有持自性、軌生物解二義，乃一切萬有之總稱。一切萬有悉皆保持其自性，常不改變，是爲任持自性；以保持自性，故能成爲軌範標準，令人生起一定之瞭解，是爲軌生物解。一切諸法，即森羅萬象，在瑜伽論歸納爲六六〇法，世親更於百法明門論中立百法，分爲心法、心所法、色法、不相應行法、無爲法等五位。此等五位百法，皆不離識，即唯識所現。

實則一切萬有悉皆不能保持其自性。[注]水乎？冰乎？氣乎？冷暖知之，自性不自知也。不識則未自性質有，識則非自。[注]基本粒子不可識也。

八教義之三：種子現行，百法中，除無爲法之六法外，其餘之因緣所生有爲諸法，皆從種子生起。種子，于第八阿賴耶識中，能生起色法、心法等萬千諸法之功能，猶如草木之種子。

萬法可識，唯種子[注]法相宗將阿賴耶識中，能生一切法之功能，稱種子，如同植物種子開花結果。不可識。[注]若種子可識，可窺測長壽基因之秘訣，人人皆可與天同壽，若是，修行頓失一切意義。

八教義之四：阿賴耶緣起，宇宙萬有皆由識所變現，色境、聲境、香境、味境、法境分別爲眼識、耳識、鼻識、舌識、意識所變現。乃至末那識，恆以阿賴耶識爲物件，變現實我實法之影像。又諸識之轉變有因能變、果能變二種。因能變唯在第八識，對此而立阿賴耶緣起之名。

宇宙萬有非由識所變現，令變者道也。[注]老子言"道可道，非常道"者，令變者，非人力能究竟其實也。一切有情、一切至人、一切聖人能令道損，不能令道生。

梵志問佛："人從何來？"

佛陀答曰："人從穀而生。"

梵志問曰："穀從何而生？"

佛陀答曰："五穀從四大火風而生。"

梵志問曰："四大火風從何而生？"

佛陀答曰："四大火風從空而生。"

梵志問曰："空從何生？"

佛陀答曰："從無所有生。"

梵志問曰："無所有從何而生？"

佛陀答曰："從自然生。"

梵志問曰："自然從何而生？"

佛陀答曰："汝今問事何以爾深？泥洹者是不生不死法"①

不生不死法，令萬有變之道也。

八教義之五：四分，即：其一相分，一切所緣境；其二見分，諸識之能緣作用。其三自證分，證知見分之作用。其四證自證分，更確認自證分之作用。

諸法是法，故可知；諸法緣法，[注]因緣也。凡遇相契者謂有緣法。何以爲緣法未必可知、可修。

八教義之六：三類境，即性境、獨影境、帶質境。其一，能緣之心對所緣之境時，唯以現量如實量知彼境之自相，稱爲性境。其二，由於能緣之心妄想分別所變現之境界，稱爲獨影境。其三，境相兼帶本質，即主觀之心緣客觀之境，雖有所依之本質，而非爲彼境之自相，稱爲帶質境。

客觀之境是主，主觀之心是賓，二者錯位錯必在人而不在境。一切有情並無能緣之心，故不能對所緣之境。主賓之論《周易》早有闡發，天主人賓、天高地卑，此不易之義理也。唯識宗不能成中國佛教之主流，原因蓋在於此。

---

① 引自王文元《佛典譬喻經全集》重慶出版社2009年版，第381頁。

八教義之七：三性，一切諸法之體性相狀，有遍計所執、依他起、圓成實等三性。

有遍計所執〔注〕乃唯識宗所立三性之一。又稱遍計所執相、分別性、分別相、妄計自性、妄分別性。略稱遍計所執、計所執、所執性。凡夫於妄情上，遍計依他起性之法，乃產生"實有我、實有法"之妄執性。由此一妄執性所現之相，僅能存於妄情中，而不存於實理之中，故稱"情有理無"之法、"體性都無"之法。此種分別計度之妄執性乃周遍於一切境者，故以"遍計"稱之。實有我、實有法非"僅能存于妄情中"，存於人性中也。

依他起性〔注〕又作依他起相、緣起自性、因緣法體自相相。略稱依他起、依他。唯識宗所立三性之一。指依於他緣而生起一切如幻假有等現象之諸法。認識論之不二法門也。不依他（自然）而依何？

圓成實性、〔注〕又作圓成實相、圓成自性、第一義諦體性。略稱圓成實。唯識宗所立三性之一。指真如（諸法所依之體性）具有圓滿、成就、真實等三種性質，即：（一）圓滿，諸法之相僅局限於其自身之法體，不通餘處；相對於此，真如之妙理則可周遍四處。（二）成就，諸法具有空、無常、無我等共相；而真如之實體常住，無生滅作用。（三）真實，諸法之體虛妄不真；而真如之性常住遍通。宇宙不圓滿、人類無成就〔注〕宇宙自我完成過程乃是退化過程。人類自我發展過程亦是退化過程。真理不真實。〔注〕科學從無定著，無真理可言。

八教義之八：五性各別，一切有情本具聲聞、獨覺、菩薩、不定、無性等五種種性。此義無異議。

一合[①] 第十四

佛學駁雜，一言難括其旨。若以儒道釋之"釋"言之，釋家之津要一合而已矣。釋家所言"微尘"乃是今人所言之"基本粒子"與希格斯粒子。希格斯粒子乃是基本粒子所遇之緣。釋家所言之諸法由眾緣和合而成，乃與老子所言［注］《道德經·第四十二章》："萬物負陰抱陽，沖氣以爲和。"不謀而合。儒與釋皆以世界源於緣之和合，儒家稱之爲合一，釋家稱之爲一合，道家稱之爲"二生三，三生萬物"。［注］老子亦云"一生二"，是老子不知陰陽存於太極，太極蘊含二，非純一也。物生之由，三家撲一，故曰儒道釋云云。所異者，天人合一儒家之大分也，［注］大分猶綱領。一合釋家之一說也。儒家之陰陽抑亦釋家之緣竟爲何物、因何和合、緣起［注］緣起法謂有所作爲、造作之意。又稱有爲法。泛指由因緣和合所造作之現象；狹義而言，亦特指人的造作行爲。亦即一切處於相互聯繫、生滅變化中之現象，而以生、住、異、滅之四有爲相爲其特徵。相對于此，永遠不變而絕對存在者，則稱爲無爲法。據俱舍論光記卷五載，因緣造作稱爲"爲"，色、心等法從因緣生，

[①] 諸法由眾緣和合而成，非神怪造之。世間之一切法皆爲一合相。眾多極微分子合成爲有形物質，稱之爲一合相。人體是由四大五蘊合成，人身也是一合相。誠如《金剛般若波羅蜜經》所云："若世界實有者，則是一合相；如來說一合相則非一合相，是名一合相。"

有因緣之造作，故稱爲有爲，因此有爲亦爲緣起法之別名。小乘著重以有爲來說明人生無常，大乘則擴大爲對世界一切物質現象與精神現象之分析，說明性空、唯心之理。有爲法乃無常之法，於每一刹那皆在轉變、遷移，故又稱爲有爲轉變。複次，言有爲法爲無常者，系因凡有爲法皆具有生、住、異、滅四相，此即上記所謂的有爲法之四個基本特徵，稱爲四有爲相；此外，亦有將住、異二相合併爲一，而立三有爲相。無慮〔注〕無辦法。求答也。

聯儒、道、釋爲一體者天人合一也。〔注〕儒、釋、道皆極言合二而一，此別於西夷一分爲二者。儒、道、釋俱將人與物歸於壹，皆自然之造物，名雖異，實則同。〔注〕儒家曰陰陽；曰易有太極，是生兩儀，兩儀生四象（《周易》）；曰剛柔相推而生變化，曰一陰一陽之謂道繼之者善也，成之者性也（《周易》）；曰乾陽物也，坤陰物也，陰陽合德而剛柔有體，以體天地之撰，以通神明之德（《周易》）；曰天地猶人之父母（《西銘》）；曰天人感應（《春秋繁露》）；曰上天有好生之德（《周易》）；曰厚古薄今；曰天人合一。道家曰一生二，二生三，三生萬物；曰人法地，地法天，天法道，道法自然（《道德經·第二十五章》）；曰萬物負陰抱陽，沖氣以爲和（《道德經·第四十二章》）；曰萬物以自然爲最高（《莊子》）；曰自古通天者生之本，本於陰陽（《黃帝內經》）；主者天道也，臣者人道也（《莊子》）；釋家曰萬物從泥洹而生①；曰變易生死；曰涅槃，曰和合，曰一合。

合二而一、道法自然、一合之思想實爲治病之妙藥，起衰救弊之良方矣！舍此孰能？然大德所論每偏於一端。

羅含云：善哉！向生之言曰："天者何？萬物之總名也。人者何？天中之一物。"因此以談，今萬物有數，而天地無窮。然則無窮之變，未始出於萬物。萬物不更生，則天地有終矣。天地不爲有終，則更生可知矣。尋諸舊論，亦云萬兆懸定，羣生代謝。聖人作易，已備其極。窮神知化，窮理盡性。苟神可窮，有形者不得無數。是則人物有定，彼我有成分。有

---

① 《佛典譬喻經全集》：外道：人從何生？世尊：人從穀而生。外道：五穀從何而生？世尊：從四大火風而生。外道：四大風火從何而生？世尊：從空而生。空外道：從何而生？世尊：從無所有生。無外道：無所有從何而生？世尊：從自然而生。外道：自然從何而生？世尊：從泥洹而生。

不可滅而爲無，彼不得化而爲我〔注〕《更生論》。

令萬物更生者道〔注〕形而上者。也，非器也。〔注〕形而下者。更生者已非舊物——此羅含所未言者。

道安①云：擾柔弘潤，於物必濟曰儒；用之不匱，於物必通曰道。斯皆孔、老之神功，可得而詳矣。近覽釋教，文博義豐。觀其汲引，則恂恂善誘；要氣旨趣，則亹亹慈良。然三教雖殊，勸善義一；塗跡誠異，理會則同。至於老嗟身患，孔歎逝川，固欲後外以致存生，感往以知物化，何異釋典之壓身無常之說哉？但拘滯之流，未馳高觀，不能齊天地於一指，均是非於一氣，致令談論之際，每有不同。此所謂匿摩尼於胎卵，掩大明於重夜，傷莫二之淳風，塞洞一之玄旨，祈之彌劫，奚可值哉。〔注〕《二教論》

道安大師守公道，避私曲，〔注〕私曲猶邪惡曲，言不公正。故能濟美〔注〕集繼承先人事業曰濟美。國學，令保完璧。然"於物必濟曰儒"——不然。濟者成也。儒家之首事非於物必濟，天人合一也。體天而格物理，順天而謀事功，跪拜受福，〔注〕受天地所賜之福。少許則厭快，〔注〕滿足、快樂。絕不貪婪。至於"於物必濟"，儒術之小枝也。

"於物必通曰道"——然。道家亦天人合一，然其所重在於超然物外，不在人與物和協。

"三教雖殊，勸善義一"——然。善有百種，以敬天爲最大；惡有百種，以害天爲最甚。儒家敬天而與處之，道家敬天而逃之，釋家敬天而假之以設教。其衷皆善，其用皆吉，其化皆可行。

又，道安亦道德師。君賜牙笏彩帛，令其位列朝廷，然其辭而不就，其風可與管寧媲美矣。

大師以爲人者乃是"天中之一物"。儒家、道家以爲人者乃是天下之一物，一字之差，懸隔天壤。故而儒家體天而後格物，格物而知做人，知做人則以敬天爲第一要務。天之永永在理之不易，人之永永在類之不散，

---

① 道安：北周僧。馮翊胡城（陝西）人，俗姓姚。年少即慕道修禪，後隱於太白山研習定慧，傍通子史。受具足戒後，於渭濱之地宣揚《涅槃經》及《大智度論》，爲朝野儒道士子所崇。後奉北周武帝之命，駐錫大中興寺，聲名蜚然。其時世風多崇道謗佛，武帝亦奉道教，師乃書二教論一卷呈上，而後遁于林澤。帝敕令尋訪，既得，賜牙笏彩帛，位列朝廷，辭而不就。後入寂，世壽不詳。門弟子有慧影、寶貴等人。

豈能混天與人爲同物哉？人類生生不息者皆恃不更之天理，強更之，人類則不能更生矣。

羅大師以爲天地所以運行不止、生生不滅，乃因萬物反覆再生之故。實則非也。人類更生，生生不滅。自然恆一，更則必損。① 故人類于自然，保任而已，豈能隨意更之？譬如晝夜之輪值、四季之交替，其自如是，非人力可易矣。[注]《周易》之易，意指自然有三性：一曰易，二曰非易，三曰簡。人僅一性，易而已；人類二性：一曰不易，二曰易。若人類同于人僅余易之一性，人類之義即失，了無生趣。羅含：生卒年不詳。年七十七卒。曾任郎中令。認爲"神之與質""偶有離合"。

宗炳② 云：今稱"一陰一陽之謂道"，"陰陽不測之謂神"者，蓋謂至无爲道。陰陽兩渾，故曰"一陰一陽"也；自道而降，便入精神，常有於陰陽之表，非二儀所究，故曰"陰陽不測"耳。[注]《明佛論》。陰陽非不可測。陰陽之表即二儀[注]二儀猶陰陽、天地。所究者，此亦《易》名之由也。[注]易者，簡易也。陰陽之表映入眼簾即是陰陽之理，故謂之易。近取諸身，遠取諸物，取者皆陰陽之表，非其裏也。[注]西夷之理性主義取其裏終未得其中。理性之偏鋒所向披靡，更甚於洪水猛獸。陰陽之表可測，故而有華夏五千年燦爛文化，陰陽之裏不可測，故而科學終不能成正果。

儒與道生長於中土，傳千年而未與域外雜厝[注]雜厝猶混雜交錯。，且與雜家、農家、陰陽家、法家等融爲一體，蔚爲大觀，實世之罕見者。玄奘③ 西行取經乃欲取津梁之法。[注]玄奘：《謝皇帝自書大慈恩寺碑文表》"九

---

① 雅斯貝爾斯以爲，西方哲學出，神話時代寧靜之心境、真理之自明不復有矣！
② 宗炳（375～443）：南朝劉宋時之隱士。南陽涅陽（河南南陽鎮平）人。字少文。善于書、琴、繪畫，好遊觀。早年仕宦，義熙八年（412）以後，入廬山，從慧遠淨土。後辭慧遠，隱遁江陵，與慧堅道交。研學般若空觀，奉持觀音及彌陀信仰。晚年，有治城沙門慧琳者，著《白黑論》，主張形體澌弊心神亦隨之散滅；另有何承天者，著《達性論》批判佛教之報應說，且送《白黑論》予宗炳以挑釁。宗炳則著《明佛論》《難白黑論》，其中《明佛論》乃論述精神不滅，《難白黑論》則非難慧琳之說。又與何承天展開往復論難。此等論作皆收于弘明集卷三、卷四。
③ 玄奘：（602？～664）唐代高僧。洛州緱氏縣（河南偃師）人，俗姓陳，名褘。世稱唐三藏，意謂其精於經、律、論三藏，熟知所有佛教聖典。爲我國傑出之譯經家，法相宗之創始人。大業八年（612），洛陽度僧時，大卿鄭善果，見師年紀雖小，然對答出眾，賢其器宇，破格以沙彌身分錄入僧籍。師乃與兄共居淨土寺，就慧景聽涅槃經，從嚴法師受大乘論。至隋唐之際，天下大亂，師偕兄適巴隴、蜀、荊、趙諸地，參謁宿老，足跡及於半個中國。曾就道基、寶遷二師學攝論、毗曇，從震法師聽發智論。于唐武德五年（622）受具足戒，又學律部。後複從道深受成實論，就道嶽學俱舍論，聽法常、僧辯講攝大乘論。因慨歎眾師所論不一，驗之聖典亦隱顯有異，莫可適從，乃誓遊天竺，以問惑辨疑。於貞觀三年（629，一作貞觀元年）西行，孤身涉險，歷經艱難，經蘭涼高昌等地，抵天竺北境，即越過之新疆省北路，經西土耳其斯坦、阿富汗而進入印度境內，沿途瞻禮聖跡，迤邐南行，至摩揭陀國。時爲貞觀五年，師三十歲，遂留學那爛陀寺，入戒賢

域之內既沐仁風，四天之表亦沾玄化。然則津梁之法非至聖無足闡其源，幽贊之工非至人何以敷其跡？"大師以爲至聖、至人皆在西天，而華夏無津梁之法，［注］濟度眾生之法。非至人無以闡其源。

玄奘此說謬矣。人之命脈必在己身，豈可外尋？津梁之法，懷璧在身，外求安得？泱泱華夏，文教悠緬；伏羲畫卦，寓理於象；文王演繹，揭示大命：［注］大命猶自然直至理。瞻仰自然，陰陽五行；仰天俯地，天尊地卑；津梁之法，天人合一；幽贊之工，法于自然。且夫夫子作傳，篤學勵行；老子論道，微言大義；天人之際，惟道惟德；倫理秩序，遵從三禮；文學楷模，詩［注］《詩經》、騷［注］《離騷》、莊［注］《莊子》、子［注］《諸子集成》；人文修養，棋琴書畫；治國維綱，禮義廉恥；塾之四教文、行、忠、信……由是之故，華夏歷史源遠流長。與異族齟齬者，惟治學各走一途耳。譬如釋家主"推求說之爲見。"［注］《大乘義章》"作決定解，名之爲見。"［注］《止觀十上》釋家之見，一乃於身執實我之邪見曰身見，二乃偏於一邊之惡見余曰邊見。一言以蔽之，見者皆妄。

儒家不以爲然。見木爲親，［注］木入於目而生親情。見神［注］礻。曰視，［注］見神而善事之。見巫思神，［注］男爲覡，女爲巫。見學爲覺。［注］不學爲覺。道法自然，習與性成，眼見在先，而後入心，正所謂蘭章養于見識，高義蒙於天啓。

見而分別，性使然也，非著使然。非妄分別法，故有可貪著；是不分別，故有可貪著也。分別主賓，知自然爲主，人賓從之，自不以攫取自然寶藏爲務。玄奘法師生於盛唐，其時風不鳴條，海不揚波，加之唐之君主乃系夷族，不尊前矩，欲辟新徑，也在情理之中。玄奘功德在其歷險而不懼，失意而不餒，施辯才揚名於西土，植善根而成佛田。高僧大德，千古一人矣。

人間之事每始克靡終，與穆菲定律［注］造作之物難保其形色于長久，

論師門下，習瑜伽師地論等，又學顯揚、婆沙、俱舍、順正理、對法、因明、聲明、集量、中、百等論，鑽研諸部，凡經五年。其後，遍遊五天竺，厯謁名賢，叩詢請益，尋求梵本。遊學十二年，還那爛陀寺，依戒賢之命講《攝大乘論》《唯識抉擇論》。時有師子光講中、百二論，駁師之說，師乃會和中觀、瑜伽二宗作《會宗論》三千頌破斥之；後又制《破惡見論》一千六百頌破斥烏荼國小乘論師之《破大乘論》，因而名震五天竺。對日抗戰（1937～1945）時，日本人入南京，修路掘地得之，移奉其國。後以部分頂骨歸還我國，現奉安于臺灣省南投縣日月潭玄奘寺。

久則必壞。暗合。顏大師以"始或因順[注]因，依因；順，從順。終至裁殘之"。[注]顏延之《釋達性論》。裁者節制也，殘者殘缺也。其意壹。

初，華夏民人以乾爲父，以坤爲母，依因自然如乾之至健不二，從順天道如坤之德合無疆。民以食爲天。華夏民人以食爲神賜，恭恪受之。[注]《周易·說卦》："神也者，妙萬物而爲言者也。動萬物者莫疾乎雷，撓萬物者莫疾乎風，燥萬物者莫熯乎火，說萬物者莫說乎澤，潤萬物者莫潤乎水，終萬物者莫盛乎艮。"索物於天，以養生類，茲事體大，且拘檢[注]檢束。且慎獨，唯恐得罪於天，故損天利人之事絕不爲之。

工業革命以還，西夷不因自然，不順天道，恃邏輯理性欺天，靠堅船利炮淩弱，見山則掘寶，遇水則築壩，圈地而毀農田，燒掇[注]燒掇猶侵略焚燒。暗指英法聯軍火燒圓明園。而蓄資本。發舒[注]發舒猶放縱。惡欲，不懼惡報。祇曆二百年，天柱[注]正果古代神話中頂天之柱。動搖，地維[注]古人心中維繫大地之繩索。將絕，末日之象已露端倪。役物無度，物不養天，天必裁殘。[注]臭氧層破毀猶失怙恃，降災降禍不得不受；冬暖夏寒，不能守常；物種漸少，生氣頓失……天裁殘人必不能獨存。故余不揣冒昧試請一言：誠請天下諸君習誦顏延之大師眞率之言，若是，則天下甚幸，蒼生甚幸！

儒道釋比類篇

緣起·有生於無·易第一

"物物因於緣起"爲儒、釋所共主。釋家屬心于續因；〔注〕續因，連續之緣故也。所重者時序也，生死形態之變易也。儒家屬心于和因。〔注〕和因，和合之緣由也。所重者物所以稱爲物質緣故也。物物生於緣起則揆一。儒家與釋家誠可以連類矣。

世界至竟因何而有？佛家以因緣起耳。〔注〕一切有爲法，皆因種種因緣和合而成，此理稱爲緣起。任何事物皆因各種條件之互相依存而變化無常。此乃佛教各派之根本教理。爲佛教兩大理論之一。生爲老死之源；有爲生之源；具體言之，即指欲有、色有、無色有等三有；經由此三有之依報、正報，始有吾人之"生"。取爲執著妄心之源；愛爲執著之源；身爲受之源；觸爲受之所依。眼、耳、鼻、舌、身、意等六根爲一切愛欲緣起之條件。心、身爲生命組織之全體，亦爲五蘊之有機複合體。識則有統一心、身之認識作用。無無緣之物，無無緣之事，無無緣之合。〔注〕合乃是因明用語。爲古因明五支作法之第四支。即藉同喻（由正面說明之例證）與異喻（由反面說明之例證），將宗（命題）與因（理由）從正面和反面聯繫起來之作法。緣竟何以起？此佛亦不能道者。外道常以此詰難佛祖，佛祖則置答。〔注〕謂棄置而不答也。如外道或計世間常，世間無常，世間亦常亦無常，世間非常非無常；世間有邊，世間無邊，世間亦有邊亦無邊，世間非有邊非無邊。又計如來滅後有，如來滅後無，如來滅後亦有亦無，如來滅後非有非無。然如來實無此理，凡若此問，佛皆置而不答，是名置答。非佛祖置而不答，緣可道，緣之緣不可道，道則非緣也。

道家以有生於無，無是有之母，故崇敬無，尊尚無爲。轉爲佛語：緣之緣是緣起之母，故尊緣起者更尊緣之緣也。老子謂緣之緣爲自然，以區區二字而塞眾人之口，絕倒！

儒家以"易"表徵萬物之由趣，［注］由趣猶由來。已將緣之緣、由之由置於議題之外，直言有爲法之性體，明瞭於釋與道矣。易者一也，一中含二，［注］月與日，亦即陰與陽。緣起，二能合爲一；易者變也，變者日月也。［注］日月，又是二物，能够合二而一。易者簡易也，簡易言太極之性，變而複變，駁雜而多也。由是觀之，駁雜變多之欲乃是緣起之緣也。由是觀之，儒家真乃是駕馭有無之高手也。

釋家貴緣起之緣，［注］貴緣起之緣，故以緣括緣以及緣之緣。道家貴緣起之緣，［注］貴緣起之緣，故以自然名之。儒家亦貴緣起之緣，［注］貴緣起之緣，故不言之。此誠可合者。釋家究竟有爲法，［注］指因緣和合而生的一切理法。亦修無爲法。［注］無因緣造作的理法，也就是無生滅變化而寂然常住之法。道家究竟無爲法，儒家究竟有爲法，合，誠可以廣大其說矣。釋家常以惡行之害勸善。［注］《法句經·刀杖品》："一切懼刀杖，一切皆畏死，以自度他情，莫殺教他殺。一切懼刀杖，一切皆愛生，以自度他情，莫殺教他殺。"儒家常以善行益於身勸善。［注］諸如首禾、首丘等。道家則以無爲保真，亦不失爲一法。

郤超①云：四非常：一曰無常，二曰苦，三曰空，四曰非身。少長殊形，陵谷易處，謂之無常。盛衰相襲，欣極必悲，謂之爲苦。一切萬有，終歸於無，謂之爲空。神無常宅，遷化靡停，謂之非身②。［注］《奉法要》

① 郤超：大約生活于西元331—373年。代表作《奉法要》，乃是宣傳佛教基本教義之名篇。
② 參閱威廉巴拉：《禪對西方世界的意義》："就科學本身而言，現代的各種發展使我們所繼承的理性主義更加動搖。西方科學上最進步的兩門學問——物理學和數學，——在我們這個時代，已經演變爲彼此矛盾的了。就是說它們已達到一種爲理性本身帶來矛盾的地步。一百五十年前，哲學家康得曾想表示理性有著無可避免的限制，但是，祇有當這個結

余效此構,變"四非常"爲"四常"。四常:一曰有常,二曰樂,三曰有,四曰有方。少長殊形,陵谷易處,謂之常。〔注〕少長殊一人之形,不殊一切有情之形,一切有情皆由少而長,不容有殊,故曰有常;陵谷易處而不易尊卑之別,縱反復易處,陵仍爲陵,谷仍爲穀,故曰有常。衰盛相襲,悲極必欣,謂之爲樂。〔注〕衰而轉盛,悲而複喜,不亦樂乎。一切虛无,能化爲形,謂之爲有。〔注〕老子曰有生於無,與現代"宇宙大爆炸理論"暗合。神有常宅,遷化有序,謂之有方。〔注〕神,橫常宅乃在天氣與地氣之間,何言無常宅乎?中庸爲善,故而神居善宅也。

有常而後有序,樂而後生,有情而後有人間諸事,有方而後人間諸事可以分真假與善惡焉。生死相續,病老隨天,苦樂相伴。樂生則生不苦,順死則死無憂,至於病老,來于自然,肉身雖去,名檢猶存,更無嗔怨。教我如是觀者,儒家也,道家也。人之精舍必有一主。〔注〕貫穿天地人者爲王,眾皆聽受爲主。以儒家爲主則樂生,以道家爲主則無爲無樂無苦,以釋家爲主則生于苦海,想于極樂,樂不爲生主所知。生人皆有知,皆有樂欲,故理應有所爲。此所以以儒家統道家、釋家者。

或曰:儒家、道家、釋家所言皆非真理,欲得真理,不能不求西學。

此言差矣!自然宇宙之理與存于人腦之理性不能一一契合,西人強契合之,必生齟齬,害自然而殃及人類。

有無之爭旨趣竟何在?在于使天地長,在于使人壽長,在于使人和,在于使天人親;在于使天不間人,〔注〕間猶侵犯。人不間天,人不間人

論在科學本身表現出來時,才能希望那徹底屬于實證主義者的西方人重視這個結論。……本世紀的科學終于證實了康得的看法:差不多在同一個時候,海森堡在物理學方面,哥德爾在數學方面都指出人類理性的無可避免的限制。海森堡的不可原理表示人類在認知和預測物質狀態之能力方面的根本限制,並使我們看到一個根本不合理和混亂的自然。當我們回想一下西方傳統中自畢達哥拉斯和柏拉圖以來,數學曾產生過絕對的理性主義的要求時,我們就可以知道,哥德爾的成果似乎產生了更爲深遠的結果。現在,竟然表示從使在人類最精確的科學中——在理性似乎萬能的領域中——人類也無法逃避它的根本有限性:它所建立的一切數學系統註定都是不完全的。數學好像是海洋中的一條船,它所產生的漏洞(矛盾)雖然暫時塞住了,但我們的理性卻永遠無法保證這條船不會產生其他漏洞。人類的不安竟然表現于一向被認爲理性之要塞的數學中。這個事實象徵著西方思想中一個新的轉變。……承認理性本身的根本矛盾性。……海德格爾最後告訴我們,西方哲學根本是一個大錯誤,理智二分法的結果,把人與"存在"之間的結合切斷,也把人與自己的本來面目切斷。這個錯誤始于(柏拉圖主義)把真理置于理念之中,因此自然世界遂與心靈相對立的物件世界,最後這些物質物件都要借科學和實用的考慮加以操縱。二千五百年來的西方形而上學,從柏拉圖的主知主義到尼采的權力意志。同時,人在事實上變成整個世界之工藝的主人。但是,征服自然祗是使人類離開存在,也離開自己,並把人類帶到一個永遠上升以及更爲狂熱的權力意志上去。

亦不間於人。釋家告人者，諸法皆空也，［注］謂一切諸法皆非常住而系本來空寂。與"一切皆空"義同。一切現象由原因、條件之相關性與相對性而彼此依存，然其本身並無獨自之實體可得。若以現代語稱之，則爲"一切存在皆無任何實體可得"。大小乘對諸法皆空之義有異說。小乘以色、心諸法皆依因緣生起，故一一分析而至畢竟空，遂說諸法皆空。大乘則從因緣和合之立場而說明諸法皆無自性，亦即以'當體即空'之義來闡釋諸法皆空之理。大乘宗派中，專論諸法皆空之理者爲三論宗，故華嚴三祖法藏于其十宗判釋中，將之判爲'一切皆空宗'。複以其他宗派言之，如天臺宗所立空、假、中三諦中，空諦即依般若經而說諸法皆由因緣而生，無有實體可得，故謂諸法皆空。道家告于人者無爲與不累於物也，［注］不累於俗，不飾於物，不苟於人，不忮於眾，願天下之安寧以活民命，人我之養畢足而止。儒家告于人者富貴如浮雲也。［注］《論語·述而》："飯蔬食飲水，曲肱而枕之，樂亦在其中矣。不義而富且貴，於我如浮雲。"與捨生取義［注］《孟子·告子上》："魚，我所欲也，熊掌亦我所欲也。二者不可得兼，舍魚取熊掌者也。生，亦我所欲也，義，亦我所欲也。二者不可得兼，舍生而取者也。"懸空浮談百無一益也。

變易生死與名檢第二

釋家置生死於涅槃，涅槃容生死、福禍、吉凶於圓［注］圓者無始無終也。于寂［注］寂者無生無死，無有無無也。道家置生死于方［注］方乃是大地。外以求長生，儒家置生死于時［注］時者此時也。外以求名檢。三家誠可以互補矣。

爲道亦死，不爲道亦死，有何異哉？知生死之義亦死，不知生死之義亦死，有何異哉？

牟子曰：有道雖死，神歸福堂；爲惡既死，神當其殃。愚夫闇於成事，賢智預于未萌。道與不道，如金比草，善之與福，如白方黑，焉得不異，而言何異乎？［注］《理惑綸》。

儒道釋皆惡死樂生，所求之生有異：儒家欲令名銘於冥，身亡而名仍生；道家欲羽化登仙以得長生；釋家以變易生死爲至境，道家以真人［注］《莊子·列禦寇》："夫免乎內外之刑者，唯真人能之。"爲至聖；儒家以名檢爲永譽。儒道釋有分者，命［注］生命。不可言，名之價不可估也，運命不可測，強測則歧。雖然，不可不究生死之義也。

華人易於受教，難於見理，故儒家閉其累學，而開其一極；夷人易於見理，難於受教，故閉其頓了，而開其漸悟。理有大小之別。大理者，分天人之際、定主賓之序，謀人類長治久安之方略；小理者，分有無之際，定智慧之序，謀變易生死之術。大理乃是人類生全之方，小理乃是人解脫之術。頓悟悟人，不能悟人類，功德救人亦不能救人類。故曰：變易人類生死者上，變易生死其下矣。

方今之世，大理湮沒，天道不德[注]天不顯其德。，四時溷淆，異象頻仍，旱澇更事[注]更事猶交替發生。，冷暖無常。天罰[注]上天之懲罰。接踵，人禍不息。《周易·賁》曰："觀乎天文，以察時變。"不以大理不能察時變也。

方今之世，小理怠棄，德化靡敝。上則塵忝[注]玷污職位。以謀私，下則囂囂以混世。人心不古，等衰[注]等衰猶等級差別。日巨。縱有王者興，大理不彰又奈何乎？

問曰：佛道崇無爲，樂施予，持戒兢兢，如臨深淵者。今沙門耽好酒漿，或畜妻子，取賤賣貴，專行詐紿，此乃世之僞，而佛道謂之無爲邪？

牟子曰：工（公）輸能與人斧斤繩墨，而不能使人巧；聖人能授人道，不能使人履而行之也。皋陶能罪盜人，不能使貪夫爲夷齊；五刑能誅無狀，不能使惡人爲曾閔；堯不能化丹朱，周公不能訓管蔡，豈唐教之不著，周道之不備哉？然無如惡人何也。譬之世人學通七經，[注]謂淨土之七經。，而迷於財色，可謂六藝之邪婬乎！河伯雖神，不能溺陸地之人，飄風雖疾，不能使湛水揚塵。當患人不能行，豈可謂佛道有惡乎。[注]《理惑論》

牟子①高倪大談，雖語出於千八百年前，以之喻今不失其宜也。

天下之理萬端，佛乃是其一，因佛不能成全人願而謗之，偏辭邪。以實鑒理，不顧理自，不得理之全豹也。牟子所言，大德之正見，頗合於孔子之生死觀，[注]《論語·先進》：季路問事鬼神。子曰："未能事人，焉能事鬼？"曰："敢問死。"曰："未知生，焉知死？"《論語·里仁》："朝聞

---

① 牟子：姓牟，名融，漢末蒼梧郡人。初學經傳諸子，認爲神仙之書皆爲荒誕之虛構。東漢靈帝崩（189）後，天下擾亂，與母避難交趾（今越南北部）。年二十六始歸蒼梧。後因母喪，乃志歸佛道，兼研老子、五經，時人頗多非議者，牟子乃作"理惑論"一書答辯，廣引老子與儒家經書，論證佛、道、儒觀點一致，而推美釋氏。另據弘明集卷一之注文，謂理惑論作者爲蒼梧太守"牟子博"。然牟子博與牟融是否爲同一人，尚無定論。

道，夕死可矣。"《論語·子罕》："子畏于匡，曰：'文王既沒，文不在茲乎？天之將喪斯文也，後死者不得與於斯文也；天之未喪斯文也，匡人其如予何？'"《論語·爲政》："生，事之以禮；死，葬之以禮，祭之以禮。"孟子發明死義，[注]"魚，我所欲也，熊掌，亦我所欲也；二者不可得兼，舍魚而取熊掌者也。生，亦我所欲也，義，亦我所欲也；二者不可得兼，舍生而取義者也。"名檢備，其後取義者夥[注]此司馬遷所以以伯夷、叔齊開篇史記列傳者。而苟活者寡矣。

或詰：正史維二十四部，皇統貴胄、將相臣工、士農工商之傑出者而外，取義而留名青史者幾何？

余必曰："史"從口，從手。從口記言，從手記事也。[注]許慎《說文解字·史部》："史，記事者也。注：玉藻動則左史書之，言則右史書之。不言記言者，以記事包之也。"記言亦有兩途：記史于簡也，記史於碑也。[注]碑有石碑有口碑。記于石碑、傳於口碑者不限其數也。儒家之續命可見、可知，可證也。釋家自見、自知，自證續命之法與道家養生之法，克裨補儒家修身之闕漏。

周孔即佛第三

佛之本義乃是"覺悟"。漢字覺由"學"而來。覺與學所示者皆俾物映於心，所異者覺以見觀，[注]觀視、推度之義。指由眼所見或推想，而對某事產生一定之見解。意謂見解、思想、主義、主張。有正見、邪見之分。學以子[注]子猶師。教。覺者、學者皆爻也，[注]以爻喻卦。覺與學皆始於臼[注]臼猶臼齒，八歲出。出也。覺者爲佛，精於爻象者爲聖，佛與聖誠可以連類矣。

孫綽①云：或難曰：周、孔適時而教，佛欲頓去之，將何以懲暴止姦，統理群生者哉？答曰：不然。周、孔即佛，佛即周、孔，蓋外內名耳。故在皇爲皇，在王爲王。佛者梵語，晉訓覺也。覺之爲義，悟物之謂。猶孟軻以聖人爲先覺，其旨一也。應世軌物，蓋亦隨時。周、孔救極蔽，佛教明其本耳。共爲首尾，其致不殊者無往不一。[注]《道賢論》

周、孔適時而教，可行；佛欲頓去之，不可行。[注]儒家適時之教引領華夏三千年，不曾中輟；佛教則與時消息，不曾定型于一紀。儒教敦促人倫教化，佛教助人修身養性。非"周、孔救極蔽，佛教明其本"，是"佛教救極蔽，周、

---

① 孫綽：東晉中期之思想家。太原中都（位于山西）人，字興公。少有高志，博學善詩。初抱棲隱之志，居于會稽，廣遊山水。後入仕途，官至廷尉卿，喜與高僧交遊，篤信佛法。永和九年（353）參加蘭亭之會。好老莊之學，且精通佛、儒。其文章被評爲一時之冠。著有《論語集解》《老子贊》《喻道論》《道賢論》《天臺山賦》《遂初賦》等。

孔明其本"也。人類之本生全也，生全之要守真而不妄動也。周、孔之教，一言以蔽之，體天格物以達天人合一也。不如此人類不能久存。佛教者救人之極蔽也，無關人類；儒教者救人類之極蔽也，無關人。此所以周、孔非佛，佛非周、孔者。儒家之聖人其固先覺，然非覺本性，覺自然之性也。〔注〕《周易·繫辭上》：《易》之爲書也，廣大悉備，有天道焉，有人道焉，有地道焉。兼三才而兩之，故六。六者，非他也，三才之道也。道有變動，故曰爻。爻有等，故曰物。物相雜，故曰文。文不當，故吉凶生焉。自然之性畫于卦而知之，然後寓于教化，由先賢而民人，而華夏一族，不假不了義與方便說，雖隔千年，其理不易。今人不之信，天怒頻仍，災戾不息，是《周易》義理之反證也。故曰：儒家救人類者也，釋家、道家救人者也。

孔子十有五而志于學，五十方知天命。期間所曆磨難難以計數，史書未載者，儒家不以苦修爲能也。不似佛陀，貴爲太子，棄國修行，變其章服，全形以遁，身若寒灰，形猶枯木，打坐六年，道成號佛。

周孔之功成，或賴於事功或賴於學業，傳之者非菩薩，天地自然也。

中道與中庸第四①

諸法非有，諸法非無。[注]執有非無。執無非有。，非有非無斯爲中道[注]中道即是道。世間無安有我？世間有我安在？世間非有故有我，世間非無方有因緣和合，世間非有非無，遂有生生死死、悲歡離合矣。職是之故，執我或執無弗若持中道也。[注]此孔子所以主張中庸之道者。

以性而論，諸法皆空；以體[注]物之一定不變而爲差別支分之所依根本者，謂之體。而論，諸法可見可現。[注]參閱《大日經疏一》："（諸法）可見可現"。見空見實斯爲中道。[注]有性無體一切皆無；有體無性一切皆妄。中道可調禦②諸法，和合善因緣，使人不播惡種子。

世間有邊，世間無邊，唯有捨棄有無二邊，方能了知中道實相之理。[注]參閱《箭喻經》。不持有邊，不持無邊，斯爲中道。[注]持無邊論者不言有，持有邊論者不言無，言有者非真言有，言無者非真言無，皆妄說也。中國者，持中道之國度也。

---

① 中道：法相以唯識爲中道，三論以八不爲中道，天臺以實相爲中道，華嚴以法界爲中道。中者，不二之義。絕待之稱，雙非雙照之目也。《中論偈》曰："因緣所生法，我說即是空，亦名爲假名，亦是中道義。"
② 調禦：一切眾生，譬如狂象惡馬。佛譬如像馬師而調禦之也。無量義經曰："調禦大調禦，無諸放逸行。猶如像馬師，能調無不調。"《智度論二》曰："佛法爲車弟子馬，實法寶主佛調禦。若馬出道失正轍，如是當治令調伏。"又佛十號之一曰"調禦丈夫"。

有情之身心非斷，〔注〕即斷見，有情之身心，見爲限一期而斷絕，謂之斷見，反之而見身心皆常住不滅，謂之常見。①有情之身非常斷。〔注〕執斷非常，執常非斷。非斷非常，斯爲中道。〔注〕因果（相連）不可斷，和合（過程）不能常。行善而不求善報尚可，作惡而不受報應，天理安在乎？

固執事物而不離曰執心，疑惑之執念曰疑執。〔注〕《唯識樞要上本》：“遠離疑執，起處中行。”信仰而不執心，權變而不疑執，斯爲中道。〔注〕執心弗若不信，疑執同於執心。

無差別之平等是惡平等，無平等之差別是惡差別。識差別而不妄分別，〔注〕妄分別猶不知真如平等無差別爲一如，徒爲無明所驅而起善惡美醜等之差別妄見也。斯爲中道。〔注〕《五燈會元》：“天平等，故常覆。地平等，故常載。日月平等，故四時常明。涅槃平等，故聖凡不二。人心平等，故高低無諍。”

自能受持讀誦，聽聞思惟，如理修習，成就勝果，是名自利；〔注〕參閱《三藏法數》輾轉爲人演說，令其修習，斷惑證果，是名利他，〔注〕參閱《三藏法數》自利，利他斯爲中道。〔注〕佛法不宣不明，不講難悟。自利而不利他之高僧，吾未之聞也。

信正道及助道法，生一切無漏禪定解脫，是名信根；〔注〕參閱《三藏法數》妄想分別我與我所，是名我執。信根堅固而不我執，斯爲中道。〔注〕“執”非惡字，惡者“我執”也。

進退無礙，謂之自在。〔注〕又云心離煩惱之系縛，通達無礙。謂之自在。《法華經序品》曰：“盡諸有結，心得自在。”《唯識演秘四末》曰：“施爲無擁，名爲自在。”

出家謂不自在。〔注〕《中阿含經三十六梵志品》：“佛言：在家者以自在爲樂，出家學道者以不自在爲樂。”當不自在時不自在，當自在時自在，斯爲中道。〔注〕入佛門持戒，身不自在心自在。

儒家正名中而有中國，〔注〕華夏祖先建國黃河流域，以爲居天下之中，古曰中國。有中和，〔注〕中正和平。有中庸，〔注〕《中庸》：子曰：“道

---

① 常見，即外道自謂色受想行識今世雖滅，未來複生，相續不斷，是名常見。（五眾者，即色受想行識五陰也。）

之不行也，我知之矣：知者過之，愚者不及也。道之不明也，我知之矣：賢者過之，不肖者不及也。人莫不飲食也，鮮能知味也。"中庸者削智者之智補愚者之愚也。有中立［注］猶獨立。有中天［注］古史以堯舜時代爲中天，極言其盛。有中正，［注］屈原《離騷》：跪敷衽以陳詞兮，耿吾得此中正。有中醫。［注］諺曰：有病不治，常得中醫。中醫者，以不治爲醫也，醫未病也。

文人著文，勿多言，［注］陸雲《與兄平原書》：文章誠不用多，苟卷必佳，便謂此已多。勿不言，［注］惠能乃是白丁，亦著《壇經》。若是佳章，一篇足矣，［注］孫樵《寓居對》：古人取文，其責蓋輕，一篇跳出，至死馳名。不必張大其數。

季文子三思而行，孔子曰：再，斯可矣。［注］《論語·公冶長》：季文子三思而後行，子聞之，曰："再，斯可矣。"季文子反中庸而遭詬，孔子中庸而受譽。

古昔，荊人有遺弓者，而不肯索，曰："荊人得之，又何索焉！"孔子聞之曰："去其荊可矣。"老聃聞之曰："去其人可矣。"［注］《呂氏春秋·貴公》孔子，中庸者也；老聃頗矣！

人雖雙目，視前而不能睹後，雖雙手，持一而不能持二，類聚之物內必諧比，［注］諧比猶勾結，謂相同分子相勾結也。獨往之人性必偏介，［注］《荀子·天論篇》：萬物爲道一偏，一物爲萬物一偏，愚者爲一物一偏，而自以爲知道，無知也。慎子有見于後，無見于先；老子有見于詘，無見于信；墨子有見于齊，無見于畸；宋子有見于少，無見于多。擁其一家必偏也，故儒家中庸也。故儒家以"和"求天人之際，以"中"防偏衣［注］衣裳左右顔色不同謂之偏衣。之失。佛家亦反二邊①，倡以中道②，此乃儒與佛相容者。今之世也，不乏智慧，不乏財貨，不乏學問，不乏創制，［注］建立新制度。所乏者中庸耳。車能疾馳而不能令止，危乎哉！

---

① 二邊：乃指離中道之兩種極端。一種是誤以無常爲有常，另一種是誤認爲斷滅是斷見。佛教認爲世間一切的事物，必假衆緣和合而生，無有自性，雖無自性，但不能說是無，是名有邊；又世間一切的事物，即假衆緣和合而生，原無自性，無自性，則一切法皆空，不能說是有，是名無邊。

② 中道：不偏於空，也不偏於有，非空非有，亦空亦有，不落二邊，圓融無礙，謂之中道。法相以唯識爲中道，三論以八不爲中道，天臺以實相爲中道，華嚴以法界爲中道。

真理［注］邏輯實證主義以經科學實驗證明者爲真理。在端，［注］認知未知者（創新）曰端。，美與善在中。［注］認知已知者（守真）曰中。華族不欲創新者，以不變者爲大，以變者爲小也。［注］北極星不變，眾星變，故眾星共北辰。西夷求小，故常創新，華夏求大，故守真如一。人類處于端而不避其險，危難必不遠；反之，人類常居于中，災異何近我身耶？

　　有問：儒家中庸與釋家中道何以分？

　　曰：中庸者，美善在中；中道者，真諦在中。中庸者，行之方略也；中道者，識之方略也。中庸者德也；中道者智也。

　　有問：道家之中道與釋家之中道何以分？

　　曰：道家之中道方位也，釋家之中道事理也。［注］因緣生之有爲法謂爲事。不生不滅之無爲法謂爲理，即事者森羅萬象之相，理者真如之體也。然如大乘中三論宗謂理爲真空，非別有理之實體。如法相宗謂理雖有實體。然惟爲事之所依，依事之緣起而無何等之關係，即不障之能作因也。如華嚴宗謂真如之理。雖爲不生不滅之無爲法身，然依無明之染緣者，起九界之染法，依菩提之淨緣者，起佛界之淨法。如天臺宗真言宗謂一切之有爲法不論染淨，總爲具於真如之體之德相也。又日本真言宗東密謂理爲攝持之義，有爲之事法，一一攝持其體，名爲理，敢謂顯教所謂真如之體，實超過于華天等之所談者。然如華嚴者雖如其所言，而至於天臺之教，謂世間相常住，則假令無以理直爲事之釋，而其意以爲生滅之事相即不生不滅之理體勿論矣。《法華玄義五上》曰："念念開發一切法界，願行事理自然和融，回入平等法界法。"《法華文句八》曰："理是真如，真如本淨。有佛無佛常不變易，故名理爲實。事是心意識等，起淨不淨業改轉不定，故名事爲權。"

　　但空［注］知道一切事物有空理之一面，然不知其反面同時存有不空之意義，稱爲但空、偏空。知道空理，同時亦知不空之理，此稱爲不但空、不可得空。執著空，稱但空；知空亦不可得而不執空，稱不但空。三論宗吉藏以但空、不但空區別大乘、小乘之教義。天臺宗則分配之於二教，以但空爲藏教，以不但空爲通教；又對觀空之空觀，分爲但空觀與不但空觀。論者以空洞之身立于世間，了無意義，何者？若以永壽爲實，以不滅爲有，則處處生類，後生何以立錐？

"佛經繁顯，道經簡幽"〔注〕〔注〕謝鎮之《與顧道士書》確是不爭之事。所以然者，所究有差異也。佛教求無上正覺，故治心君，究變易生死之極致〔注〕最高之造詣。終示以果位。發心〔注〕發菩提心也。願求無上菩提之心。否，開悟〔注〕開智悟理。否，文字而外無所依憑，故惠能亦不能不借文字而示其功德。釋家各宗門之大德，不著書而能立說者不足百一。〔注〕縱律宗大德鑒真也曾著經三部。道經簡幽者，天自簡幽之故也，以繁顯之文字記簡幽之天道反不美也。至於儒家行中庸之道，故繁簡亦中。〔注〕儒家經典不過十三經外加《春秋》《荀子》《春秋繁露》《西銘》等而已。

劉勰云："夫孝理至極，道俗同貫，雖內外跡殊，而神用一揆。若命綴俗因，本修教於儒禮；運稟道果，固弘孝於梵業。"〔注〕《滅惑論》

大師之意合乎中道。人有命綴俗因者，有運稟道果者，不能強求。余以爲爲謀生計而入佛門者斷難修成正果，猶爲出人頭地而修儒禮者斷難成仁。儒禮體何其大，十人修教不爲少；梵業何其宏大，佛門擠破必成患。〔注〕《難神滅論》：夫棲形稟識，理定前業，入道隨俗，事擊因果。

《雜阿含經》以琴弦喻中道。〔注〕善調琴弦，不緩不急，然後發妙和雅音……精進太急，增其掉悔①；精進太緩，令人懈怠。是故汝當平等修習攝受②，莫著，莫放逸，莫取相。③弦崩則斷，弦弛則黯，弦不調和柔順終不成曲，萬事莫不如此也。

儒家亦如是，不乏曲解中庸本義者。縱歐陽修等大家亦出疑抱〔注〕疑抱猶懷疑之念頭。況凡目乎？所以不爲時人解者，孔子之見每每逆時風而順潮流也。④

---

① 掉悔：佛教用語，掉舉與追悔，都是不使心安靜之煩惱。
② 攝受：佛教術語，又叫攝取。佛以慈心攝取眾生也。《勝鬘經》曰："願佛常攝受。"《唐華嚴經》二十八曰："普能攝受一切眾生。"《止觀十》曰："夫佛有兩說：一攝，二折。"
③ 取相：被假相迷惑。
④ 海德堡定理（測不準定理）揭示：一個微觀粒子的某些物理量（如位置和動量，或方位角與動量矩，還有時間和能量等），不可能同時具有確定的數值，其中一個量越確定，另一個量的不確定程度就越大。測量一對共軛量的誤差（標準差）的乘積必然大於常數$h/4\pi$（h是普朗克常數）是海森堡在1927年首先提出的，它反映了微觀粒子運動的基本規律——以共軛量爲引數的概率函數（波函數）構成傅立葉變換對；以及量子力學的基本關係（$E=h/2\pi*\omega$, $p=h/2\pi*k$），是物理學中又一條重要原理。這個原理揭示：一、理性不能完全反映自然的原貌，《聖經·舊約》關於人是主格、自然是賓格的論斷因此而不成立；二、人類智慧認知真理的中間部分，兩端是不可知的。

人生方略第五

  人類生於天地之間，生計［注］生計猶謀生之計。唯有兩途：德［注］德猶感恩。與不德耳。［注］不德猶不感恩。上天有好生之德，養育民人，民人顧反［注］顧反猶反而。戡天，此華族所不忍爲者。或知德者問：天何以養我？人生方略順此思路而生焉。若無此問，必如西夷各國，心思集中於"我何以活"而已。

  釋家主諸行無常，［注］諸行無常謂世間一切現象與萬物經常轉變不息。此系佛法之根本大綱。與諸法無我、涅槃寂靜，同爲三法印，稱爲諸行無常印，或一切行無常印、一切有爲法無常印。所謂三法印，即得藉以判斷佛法的是否究竟之三種法門。道家主無爲，［注］天地之間，其猶橐籥乎？虛而不屈，動而愈出。多言數窮，不如守中。"執是之故，道家主無爲。儒家主君子以自強不息。［注］地逆天而行，非自強不息不可。儒、道、釋之人生方略各異，所依皆天之無常也。生於無常之識界，智者所見略同：釋迦牟尼曰："色不異空，空不異色；色即是空，空即是色。"［注］《心經》老子曰："天地不仁，以萬物爲芻狗，聖人不仁，以百姓爲芻狗。"［注］《道德經·第五章》，極言天地無常，人不能握之於一瞬。孔子曰："逝者如斯夫！不舍晝夜。"［注］《論語·子罕》

"天行健君子以自強不息。"〔注〕《周易·象》。儒、道、釋皆謂諸行無常。〔注〕世間一切現象與萬物經常轉變不息。此系佛法之根本大綱。釋家以三法印〔注〕三法印即諸行無常，諸法無我，涅槃靜寂。爲旨要。曰行無常，不開悟不得入法門。佛菩薩普度眾生，然眾生不一，故不能普度，惟一一度之。儒家者，正覺因教化而遷，非因人心而移。教化之用在濡染人心，使人棄惡從善，歸順天道。教化普照，無須緣對而授藥，一藥可治萬人之疾。若夫執寂以禦有，〔注〕執寂利于知，未必利于行。知而不行，不能禦有。一人則可行，萬人則不可行。若夫崇本以動末，以自然爲本則可行，以一人之心爲本則不可行。釋家與道家度一人者，儒家度萬人者，合則一人萬人皆可度，何不合耶？

儒家、道家、釋家皆歎人生短促，功德難造，義方難覓，物物億變〔注〕億變猶千變萬化。人之不知所從。儒家之建文教者，使有所知，有所覺，有所從也。釋家設教修行〔注〕釋家設教原非佛祖本意，然而欲實現生活上之統制、調節、規定等，則須藉修行以完成之，故而設教。者開智去愚，以令心明也。道家無爲之初心在於守雌保真，以防天人各走一途，不得善終。儒家設教〔注〕宋，儒教臻於完備。是效法釋教之構也。〔注〕唐宋排佛之風甚烈。雖然，亦發明釋教統制、調節其效。宋之理學已含釋家精華也。〔注〕二程、朱熹所主之"存天理，去人欲"乃爲釋家精神所化也。以釋家之戒行〔注〕戒之行爲。受持佛陀所制之律法，能隨順戒體，動作身、口、意三業而不違法，稱爲戒行。與道家之清靜無爲爲保，儒家之事功進取〔注〕進取猶有所作爲。與保任〔注〕保任猶保守。備具矣。

言與行第六

佛祖曰:"猶如鮮妙花,色美而無香,如是說善語,彼不行無果。"
[注]《法句經·花品第四》

佛祖又曰:

真如乃諸法之正體,體如而行,則是不行,不行之行,稱爲如實修行。

[注]《大日經疏卷一》

孔子曰:鄉愿,德之賊也。[注]《論語·陽貨》

孔子又曰:巧言令色,鮮矣仁。[注]。《論語·學而》

佛陀以語言乃是妄想,[注]《楞伽經》:"言說者,眾生妄想故……彼妄想者,施設眾名,顯示諸相,如此不異,象馬車步男女等名,是名妄想……彼相者,眼識所照名爲色,耳、鼻、舌、身、意識所照名爲聲、香、味、觸、法,是名爲相……正智者,彼名相①不可得,猶如過客。諸識不生,不斷不常,不墮一切外道聲聞緣覺之地。復次大慧,菩薩摩訶薩,以此正智,不立名相。非不立名相,舍離二

---

① 名相:五法之一。名,指事物之名稱,能詮顯事物之本體;相,指事物之相狀。以名能詮顯事物之相狀,故稱名相。蓋一切事物,皆有名有相,耳可聞者是爲名,眼可見者是爲相。然此名與相皆是虛假而非契於法之實性者,乃系一種方便教化之假立施設,而凡夫常有分別此虛假之名相,生起種種妄想執著。

見①，建立及誹謗，知名相不生，是名如如②……愚夫計著俗數名相，隨心流散。流散已，種種相像貌，墮我我所③見，希望計著妙色。計著已，無知覆障，故生染著。染著已，貪恚所生業積集。積集已，妄想自纏，如蠶作繭。墮生死海，諸趣曠野，如汲井輪。"又言："第一義者，聖智自覺所得，非言說妄想覺境界。是故言說妄想，不顯示第一義。言說者，生滅動搖輾轉因緣起。若輾轉因緣起者，彼不顯示第一義。大慧，自他相無性故，言說相不顯示第一義。複次大慧，隨入自心現量，故種種相外性非性，言說妄想不顯示第一義。是故大慧，當離言說諸妄想相。"行亦是忘性，故言不行而行。［注］體達真如之理而修行。真如之理平等無相，冥合此無相之理而修行，即無故行之心而自契於行，稱爲不行而行。言外之意，理性是妄想。［注］今日人類以理性戡天是妄爲也。此誠可以補儒家之不足矣。

無欲者不言，欲少者少言，欲多言必夥。昔許由、伯夷、叔齊無欲，故無言，史書留言，言之者有欲，非其有欲。孔子、老子、莊子、孟子、荀子欲少，故言不多。後學至二程、朱熹，欲較之多，言亦隨之夥。至於今人，欲已滿腹，縱報睚眥之怨，非萬言不能達也。故余嘗云：多乃是文學或學術衰敗之徵也。［注］故余曰：造化滅生，必先令其多。

佛教以爲多欲者因前世縱恣貪欲，心無止息，故感今生業習不忘，倍複增勝，而生貪心也。《圓覺經》曰："末世衆生，希望成道。無令求悟唯益多聞，增長我見。"不修行而求佛果，未入定而求涅槃，可乎？

禪宗欲不立文字，不能，遂求其次，終成佛教之中言簡意賅之流派。唯識宗非不好，繁華損枝，不能令讀者立見全樹，故傳不長久。

執心者，固執事物而不離心也。佛陀、菩薩亦感物亦生情，中心亦知物有、物無，但不固執耳。釋尊菩提樹下悟道，萬物在先，悟道在其後。悟道而後中心但有道而不復有物，去執心之故，非物之自沒也。入佛門而無心萬物，不知萬物皆由四大合和而成，道將安修？

---

① 二見：斷見與常見。
② 如如：楞伽經所說五法之一。法性之理體，不二平等，故雲如，彼此之諸法皆如，故雲如如，是正智所契之理體也。《智度論一》曰："人等世界故有，第一義故無。如如法性實際世界故有，第一義故有。"
③ 我我所：我，指自身；我所指身外之事物，執之爲我所有，故有此名。《大智度論》："我是一切諸煩惱根本，先著五眾爲我，然後著外物爲我所。"又執著有實我之妄情，稱爲我見；執著僮僕、住宅等爲我所屬之妄情，則稱我所見。五見中之薩迦耶見即包含此二見。

道家以爲"道不可言",而老子著《道德經》,莊子留內外篇者,老莊猶未達不言之境。孰達,後人不知也。〔注〕達者不言,後人安知?

儒道釋之求第七

儒家以仁義之心化成天下，〔注〕《周易》"昔者聖人之作《易》也，將以任性命之理，是立天之道曰陰與陽，立地之道曰柔與剛，立人之道曰仁與義。"求人不殘滅，〔注〕殘滅猶殘酷暴虐。海不揚波，天下太平。

道家以虛无爲標的，〔注〕《莊子·天道》：虛靜恬淡，寂寞無爲者，天地之平，而道德之至。此則道家以虛无爲道。求羽化登仙。

釋家上求菩提，下化眾生〔注〕以無上智慧普度眾生。《般舟經》："諸佛從心得解脫，心者清淨名無垢，五道鮮潔不受色，有解此者大道成。"以普度眾生爲己任。

儒教求諸人，求人之義，修身養性，以成事功；釋教求諸心，求心之淨，開悟成佛，以求解脫；道教無所求，虛中坐忘，超脫物外。

儒教對社會人，〔注〕下化眾生爲大乘佛教所獨有，此儒家可以借鑒者。釋教對宗教人，道教對真人，逾越身份則事倍功半。三家之中，唯儒家究天人之際，是天人之學也。

夫有，未必有形也；〔注〕"測不準定理"云：基本粒子無形，然是有，非是無。夫無未必無象也。〔注〕所謂高行無形，大象無象者。"色無者，但內止其心，不空外色。但內停其心，令不想外色。"——此高論也。儒家非不知色空，所以不言空者，未若言之有益於去民瘼、享天倫也。道家非不知色空，所以不言空者，未若言之有益於增益逃空之術也。儒家、道家、釋家合而一，空則實之，實則空之，苦則樂之，樂則苦之，無所事事則事之，疲於奔命則止之，庶幾可以人類之永永抗人生之匆遽矣。

禮佛之風，起於慧遠[①]。相傳慧遠與十八高僧結白蓮社，而成淨土宗初祖。淨土宗虔心禮佛，篤誠稱念，成外化佛教之代表。惠能以降之禪宗成內斂佛教之代表。惠能其人鄙夷禮佛稱念：

問：弟子常見僧俗念阿彌陀佛，願生西方，請和尚說，得生彼否？願為破疑。

師（指惠能——引用者）曰：……迷人念佛求生於彼，悟人自淨其心……東方人造罪，念佛求生西方；西方人造罪，念佛求生何國？凡愚不了自性，不識身中淨土，願東願西，悟人在處一般。……若悟無生頓法，見西方祇在剎那；不悟，念佛求生，路遙如何得達。[注]《壇經·釋功德·淨土第二》

禮佛之風雖屢被禪家詬病，其風至今不泯。造佛理者佛也，定奪致用廢止者人也。當今華夏信者以億萬計，其中十九熱衷於禮佛稱念，禪人[注]以禪為宗之人。百不足一，惠遠影響實甚於慧能之故也。百丈懷海[②]幼沖之

---

① 慧遠（334—416）：東晉僧。我國淨土宗初祖。廬山白蓮社創始者。雁門樓煩（山西崞縣）人，俗姓賈。十三歲，遊學許昌、洛陽，博通六經、老莊之學。二十一歲，偕弟慧持于太行恆山（河北曲陽西北）聽道安講般若經，頗有領悟，感歎"儒道九流皆糠秕"，遂與弟俱投道安座下，剃度出家。師精于般若性空之學，年二十四即登講席，時引莊子一書以說明佛教之實相義，使惑者曉然領悟，自是，道安乃聽其不廢俗書之議。於東晉太元六年（381）南下廬山，住東林寺傳法，弟子甚眾。師致力于經典之研究，常慨歎江東之地，經典未備，禪法不聞，律藏殘缺，遂命弟子法淨、法領等，遠尋眾經以傳譯之。每達西域三藏，輒懇惻咨訪。太元十六年，迎請罽賓沙門僧伽婆譯出阿毗曇心論、三法度論等。聞鳩摩羅什入關中，即遣弟子道生、慧觀、道溫、曇翼等赴長安師事之，學龍樹系之空觀大乘；又常以書信，與羅什往返研究義理。曇摩流支來華時，師曾遣弟子曇邕參與譯出十誦律。又自長安迎請佛陀跋陀羅至廬山譯出達磨多羅禪經。於宣揚大乘般若學之同時，亦提倡小乘禪數之學。對改革中國佛教問題，更有其深遠之見地，有關此一問題之各種問答、譯論序文等，今皆殘存。元興元年（402），師與劉遺民等百余同道創立白蓮社，專以淨土念佛為修行法門，共期往生西方淨土，三十餘年未嘗出山。元興二年，桓玄下令沙汰沙門，令沙門盡敬王者，師乃著沙門不敬王者論，闡論出家原對王權並無屈服之必要，針對當時王權統治下之佛教，主張保有佛教之傳統性。慧遠大師內通佛理，外善羣書，為當代所宗，亦為國外僧眾所欽敬。廬山之東林寺為當時南地佛教中心，與羅什所居止之長安中分天下。師于義熙十二年示寂，世壽八十三。後由唐、宋諸帝賜贈諡號"辨覺大師""正覺大師""圓悟大師""等遠正覺圓悟大師"。為別于隋代淨影寺之慧遠，後世多稱為"廬山慧遠"。著有廬山集十卷、問大乘中深義十八科（大乘大義章）三卷、明報應論、釋三報論、辯心識論、沙門祖服論各一卷及大智度論抄序等。弟子有慧觀、僧濟、法安、曇邕、道祖等人。

② 百丈懷海（720—814）：唐代僧。福州長樂人，俗姓王（一說姓黃）。自幼即喜遊訪寺院，年二十，從西山慧照出家，後從南嶽之法朝律師受具足戒，未久至廬江（位于四川）研讀經藏。適逢馬祖道一在南康弘法，乃傾心依附，遂得道一之印可。因與西堂智藏、南泉普願同入室，時稱三大士。後出主新吳（江西奉新）百丈山，自立禪院，制訂清規，率眾修持，

時已有慧根，隨母入佛寺禮拜，問母："此是何物？"母曰："是佛。"百丈懷海曰："形容似人無異，我後亦當作焉。"［注］言外之意，我即是佛，佛即是我也。此正佛教之功也，去之佛教不存焉。故余亦好稱念焉。

實行僧團之農禪生活。嘗曰："一日不作，一日不食"。元和九年入寂，世壽九十五。敕諡'大智禪師'，塔號"大寶勝輪"。座下以黃檗希運、溈山靈祐居首。其後，宋、元諸帝又諡號"覺照禪師"、"弘宗妙行禪師"。

因果律與禮義廉恥忠孝第八

釋家以一切果皆有業因。[注]業即因，以業爲招感未來果報之因。佛陀說：種一生十，種十善因[注]善因猶招感善果的業因。得百善報；種百善因，得千善報。如此可以生萬，生億，從而覺悟正道。[注]《佛典譬喻經全集》又言：此有故彼有，此起故彼起。[注]《雜阿含經》。

因果律乃是宇宙第一律，無此律則宇宙更無時間，更無空間；人間更無禮義，更無忠孝。渾沌如初，一如氤氳之太一。釋家之因果律與道家之"道"與儒家之"天命"逼肖之至。道家之無爲之境與儒家之禮、義、廉、恥、忠、孝皆恃因果律而生；[注]道家之修行、儒家之施教于胎，施教于蒙童，皆爲因。因星辰有序故人間有禮；因天地無私故人間有義；因宇宙以簡約爲則，故儒家主廉；因天欲變，以雲遮面，故人亦知恥；因北辰居中，眾星拱衛之，故人間有忠；因鳥獸皆孝，故人間有孝……

出家而不忘四恩、[注]父母恩（家庭）、眾生恩（社會）、國土恩（國家）、三寶恩（宗教）。三有，[注]有情一生之始終分爲生有、本有、死有。（一）生有，指託生之最初一刹那。（二）本有，指由生至死之間。（三）死有，指死之瞬間。是不忘因果之律，真的德也。

儒家主孝道，[注]儒者人之需也，孝者需之首也。，釋家亦主孝道[注]《佛說父母恩重難報經》佛教之《孝經》也。，道家亦主孝道。[注]世人謂《道德經》作者爲老子。老子者，孝也。孝是因果律之最著者。

儒教之設無不以因果律爲基兆：[注]基兆猶始因。自然形成於前，人類亦步亦趨。設若宇宙其有自有，無因無果則必然渾淪而無日、月、天、地，無陰陽而不生萬物。

曩者，盛傳老子轉生佛陀說，是說道與佛有因果之義也。[注]《正二教論》：神（佛）明其宗，老全其生。守生者蔽，明宗者通。論稱道經云：老子入關，之于天竺維衛國，國王夫人名曰清妙，老子因其晝寢，乘日之精，入清妙口中。後年四月八日夜半時，剖右腋而生。墜地即行七步，舉手指天曰："天上天下，唯我爲尊。三界皆苦，何可樂者？"於是佛道興焉。（此說）年事不符，詫異合說，稱非其有，誕議神化。秦、漢之妄，妖延魏、晉，言不經聖，何云真典乎？老子轉生佛陀之說"稱非其有"可，稱其"誕議神化"則過矣。佛教故事非皆神話也。合佛理則不爲誕議。佛陀之思想《道德經》庶幾有其源：

老子：天下萬物生于有，有生於無①。　　佛陀：（空）從無所有生②。

老子：有無相生③。　　佛陀：生者言有，死者言無，故說"或有或無"④。

老子：道可道非常道⑤。　　佛陀：未曾有一事不被無常吞⑥。

老子：致虛極，守靜篤⑦。　　佛陀：守護諸根⑧。

---

① 《道德經·第四十章》
② 《百喻經》
③ 《道德經·第二章》
④ 《百喻經》
⑤ 《道德經·第一章》
⑥ 《無常經》
⑦ 《道德經·第十四章》
⑧ 《佛陀紀事》

老子：眾人熙熙，如享太牢，如登春台，我獨泊兮，其未兆，如嬰兒之未孩②。

佛陀：天上地下，唯我獨尊①。

老子：善者果而已，不敢以取強③。

佛陀：因果報應④。

老子：爲學日益，爲道日損⑤。

佛陀：五戒⑥。

老子：知者不言，言者不知⑦。

佛陀：拈花微笑⑧。

老子：人之生業，柔弱，死也⑨。

佛陀：堅法堅強⑩。

老子：天道無親，常與善人⑪。

佛陀：善人行，善，從樂入樂從明⑫。

老子：善者不辯，辯者不善
真經無論念者誰何也。

佛陀：默不二⑬。

---

① 《道德經·第十六章》
② 《佛陀紀事》
③ 《道德經·第二十五章》
④ 佛教用語
⑤ 《道德經·第四十章》
⑥ 律宗用語
⑦ 《道德經·第四十八章》
⑧ 拈花微笑的典故系杜撰，然而符合禪宗的的精神。
⑨ 《道德經·第六十二章》
⑩ 《無量壽經下》
⑪ 《道德經·第六十五章》
⑫ 《無量壽經下》
⑬ 《道德經·第六十七章》

教化第九

釋家主無上行持,〔注〕無上行持指最上、最殊勝之修行。即于修行佛道時,日夜六時皆勤勤懇懇,精進無間,而無一刻之中斷。以修行爲樂業,頗與儒家合同。〔注〕合同猶志同道合。《論語·里仁》:朝聞道,夕死可矣。《周易·象》:"天行健,君子以自強不息。"《論語·學而》:"學而時習之,不亦說乎?"《論語·陽貨》:"飽食終日,無所用心,難矣哉!不有博弈者乎?爲之,猶賢乎已"。釋家以教化防我慢貢高,〔注〕我慢貢高謂人妄執我見,心懷貢高,嗔恚一切眾生,是以離于菩薩行也。儒家以教化防乖張不合。

釋家之教化〔注〕教即聖人垂訓,眾人效之;或謂聖人被澤于下者之言。亦即能詮之言教,爲始於佛陀一代所說之法與菩薩諸聖所垂教道之總稱教,以善法教導他人;化,令遠離惡法。爲教導感化之意,即說法引導眾生而令其受感化。如經上所言,轉無上法輪教化諸菩薩;教化安立無數眾生,令住無上正真之道。凡此皆屬轉惡爲善、轉凡化聖之教化。使人覺,〔注〕指心性遠離妄念而照用朗然。覺乃是一人之事。俾生人脫離苦海,免六道輪回,雖苦生而樂死。覺出於偽,〔注〕人爲曰偽。《荀子·性惡》:"人之性惡,善者偽也。"教化功莫大焉。

儒家之教化〔注〕教化,教育感化,猶斯文。在學〔注〕家有塾,黨有庠,術有序，國有學。有小成大成之分；［注］《禮記·學記》：一年視離經辨志，三年視敬業樂羣，五年視博習親師，七年視論學取友。謂之小成。九年知類通達，強力而不反，謂之大成。在朝有禮樂之別；［注］樂以科第，禮以端誠。在家則有男女之防、長幼之序；在野則人人遵從時令與風俗，廣布斯文。儒家之教化俾生民于生計之外有所求。善出於偽，功莫大焉。

儒家、道家、釋家皆主教化，然途徑有異：儒家教人以善良，道家教人以寡欲，釋家教人以懼思。［注］懼思猶因懼怕而有所忌憚。如設阿鼻地域以震懾欲作惡者。儒家教化之法誠可與釋家教化之法參互。儒取釋之嚴淨、［注］謂諸佛國土之莊嚴清淨。道之淡泊誠有利於明大命，［注］大命猶自然之大道理。近天之大義，［注］大義猶天之原則。俾使人與天永永和合。

儒、道、釋之教化各有其用。蕭琛①云：今悖逆之人，無賴之子，上罔君親，下虐儔類。或不忌明憲，而乍懼幽司，憚閻羅之猛，畏牛頭之酷，遂悔其穢惡，化而遷善，此佛之益也。又，罪福之理，不應殊於世教，背乎人情。若有事君以忠，奉親唯孝，與朋友信，如斯人者，猶以一眚掩德，蔑而棄之，裁犯蟲魚，陷於地獄，斯必不然矣［注］《難神滅論》。大師所言極是。不忌明憲而乍懼幽司者大有人在。佛家設地獄而令眾生畏懼，不得不顧其行檢；儒家設名檢而令眾生仰止，雖不加鞭而奮蹄也。

顏之推②云：內外兩教，本爲一體，漸極爲異，深淺不同。內典初門，設五種之禁，與外書仁義五常符同。仁者，不殺之禁也；義者，不盜之禁也；禮者，不邪之禁也；智者，不酒（淫）之禁也；信者，不妄之禁也。［注］《歸心篇》

儒與釋所戒無異，顏之推大師所言極是。雖然，方術有所不同，儒家之五常猶如化雨［注］《孟子·盡心上》："君子之所以教者五：有如時雨化之者，有成德者，有達財者，有答問者，有私淑艾者。"潤澤心靈；釋家之五戒猶如

---

① 蕭琛（476－512）：南朝齊、梁時代學者。一作蕭琛。蘭陵（山東）人。字彥瑜。諡號"平子"。雅愛音樂、詩書及醇酒，能文且富辯才。受梁武帝所重用，晚年任金紫光祿大夫。因範縝著神滅論，否定因果輪回，故引起論爭。而蕭琛亦作難神滅論批判之，並闡揚其所持之佛陀觀。另著有《漢書文符》《齊梁拾遺文集》。

② 顏之推（531－約595）：北朝北周文學家、教育家、佛學家。字介。琅邪臨沂人。博覽群書，詞情典麗。初仕梁。元帝時爲散騎侍郎。江陵爲周所破之後投奔北齊任黃門侍郎、平原太守。齊亡入周，爲禦史大夫。隋初，召偉學士。著有《顏氏家訓》《冤魂志》等。

緊箍，作意則自取。〔注〕自取猶自作自受。

又，釋家之數息念珠亦是作意則自取之法，道綽①曾於一日之內誦經七萬遍，稱堪念佛大師，乃中國念佛數珠〔注〕數珠，梵名缽塞莫。是念三寶名時記其數之具也。《牟黎曼陀咒經》曰："缽塞莫，云數珠。"《木槵子經》曰："佛告王（毗琉璃王）言：大王若欲滅煩惱障報障者，當貫木槵子一百八以常自隨。若行若坐若臥，恆常至心無分散意，稱佛陀達摩僧伽名。乃過一木槵子，如是漸次度木槵子，若十若二十若百若千乃至百千萬，若能滿二十萬遍，身心不亂，無諸諂曲者，得生第三焰天。（中略）若複能滿一百萬遍者，當得斷百八結業，始名背生死流趣向涅槃。"珠數之起原，有數說，皆恐自比丘爲逐次數布薩日所持之黑白三十珠起原也。之濫觴。今僧人念佛必思其源，憶其祖也。

---

① 道綽（562—645）：唐代淨土宗僧。爲我國淨土宗第二祖。並州汶水（山西太原）人，一說並州晉陽人，俗姓衛。又稱西河禪師。上承曇鸞之思想，爲唐代初期淨土教開拓者。日本真宗尊爲七高僧中之第四位。爲一涅槃經學者。十四歲出家，廣習經論，尤精大涅槃經，曾開講涅槃經凡二十四遍。後住于曇鸞所創建之玄中寺中，受寺內曇鸞和尚碑文所感，遂轉入淨土信仰，時爲大業五年（609），師年四十八。直至八十三歲爲止，每日念佛七萬遍。師一生講說觀無量壽經二百回以上，主張不論出家在家，均以念佛爲要。其于念佛時，必數小豆粒，稱爲"小豆念佛"，此系我國念佛數珠之濫觴。

朱昭之① 批判第十

朱昭之云："東國貴華，則爲袞冕之服，禮樂之容，屈伸俯仰之節，衣冠簪佩之飾，以弘其道，蓋引而近之也。夷俗重素，故教以極質，髡落微容，衣裳弗裁，閉情開照，期神曠劫，以長其心，推而遠之也。……夫道之極者，非華非素，不即不殊，無近無遠，誰舍誰居，不偏不黨，勿毀勿譽，圓通寂寞，假字曰無，妙境如此，何所異哉？但自皇、犧已來，各弘其方，師師相傳，不相關涉，良由彼此兩足，無複我外之求。故自漢代已來，淳風轉澆，仁義漸廢，大道至科莫傳。五經之學彌寡。大義既乖，微言又絕，眾妙之門莫遊，中庸之義弗覿。禮數既壞，禮樂又崩，風俗寢頓，君臣無章。正教陵遲，人倫失序，於是聖道彌綸，天運遠被，玄化東流，以慈系世。"
［注］《夷夏論》。

謬矣哉，高倪大論！夫俗生於思，思生於象，象又有二：其一曰天象，［注］自然之象。其二曰偽象。［注］人爲之象。天象可寓於偽象，而化爲人文，以成風教。華夏袞冕之服、簪佩之飾、屈伸俯仰之節皆是偽象，象必入於目，

---

① 朱昭之：南朝錢塘（浙江杭縣）人。生卒年不詳。曾批判顧歡之《夷夏論》而著《難顧道士夷夏論》一文，文中對顧歡重視道教、欲置道教于佛教之上等問題，予以批判問難。

目必傳於心君，心君思而教化生焉。非"夷俗重素，故教以極質"，是欲教以極質，故夷俗重素也。素極則無，故言夷無俗亦不爲過也。夫道之極者，非華非素。〔注〕道之極端華於善也。非不即〔注〕不捨。不殊，〔注〕不斷。非無近無遠，〔注〕無近無遠者虛无也。非誰捨〔注〕生。誰居，〔注〕死。，非不偏不黨，〔注〕人生而不等，故儒家以治不等爲務。非勿毀勿譽，〔注〕毀譽猶是非。人所究者無非是與非耳。非圓通寂寞也。〔注〕宇宙不守恆，不對稱，故不圓通。天行健，故不寂寞。

至於國風未必如大德所言。既"師師相傳"〔注〕法滅而道不泯也。又何言"不相關涉"？五經完璧，又何言微言又絕？漢之初，文景好黃老之術，武帝言"罷黜百家獨尊儒術"而未實行，何言"眾妙之門莫遊"？華夏民人祭天祭祖守一不移，何言"天運遠被，玄化東流"？

嗚呼！釋學東漸，非釋學妙好而儒學、道學不如，非取會〔注〕取會猶迎合。天竺人治學之法也，是儒家有海納百川之氣度，懷柔眾學之胸襟也。

跋

　　釋教東來，從無全教，［注］猶庖丁眼中無全牛。有者"籍教"也，諸如大乘、小乘也，空宗有宗也，顯教、密教也，法相宗、律宗也。律宗興于唐，未幾即衰。以律治教，干欲［注］謀求。教興，猶緣木求魚也。［注］今西夷之法律主義乃是效律宗，以律治國。以律治教，教不知有情；以律治國，國不知有禮。皆非正途也。

　　且夫三藏［注］系印度佛教聖典之三種分類，包括經、律、論。浩如煙海，又各各分析［注］分析猶離析、分割。實難通觀其大分。［注］大分猶要領。故所謂釋家疏觀者，疏觀"儒、道、釋"之釋家，非釋家之全牛，維與儒家互通互容者。［注］如合一與天人合一、中道與中庸之道、涅槃與名檢、緣起與陰陽和合生萬物等。今欲起衰救弊，以一家不幾，［注］不幾猶無希望、無成功之可能。必合眾家之力也。領禦者，非儒家莫辦也。

王文元

甲午歲末

　　近世以還，流議四起，言中華［注］中國古代多建都在黃河流域，故稱此地爲"中華"。中，指居天下之中；華，指具有文化之民族。其後各朝疆土逐漸擴大，凡所屬之地皆稱"中華"，於是"中華"乃成爲國號。文化氣數已盡，死抱儒學華夏必亡云云。余著此書之初衷，乃勸說悖祖考逆宗主［注］宗主猶眾人公仰者，此處指謂孔子。者反正，［注］反正猶回歸正道。認祖歸宗，王［注］王通旺，使……旺盛。國祚而揚國威。

　　亡秦者胡亥，時無"儒"而土崩；興儒者漢武，時有士而國治。清廢科舉，而光緒之祚未永，瀛［注］日本。弘儒教，而天皇年號未亡。致世道衰薄者，不能保抱［注］抱寶於懷。國粹也。今之保抱國粹猶英雄保衛國家也。

　　岳鵬舉［注］卒于1141年。《滿江紅》云：

　　怒髮衝冠，憑欄處，瀟瀟雨歇。抬望眼，仰天長嘯，壯懷激烈。三十功名塵與土，八千里路雲和月。莫等閒白了少年頭，空悲切。

　　靖康恥，猶未雪；臣子恨，何時滅？駕長車踏破賀蘭山缺。壯志饑餐胡虜肉，笑談渴飲匈奴血。待從頭收拾舊山河，朝天闕。

　　激昂文字，每讀每新。千吟萬誦，未嘗不流涕長歎，感英雄之文才武略，歎造化之有眼無珠。蓋世武功其用不過三紀，一紙英雄豪氣卻足流芳百世。字不滿百，心期直上雲天；願未能遂，英名永駐史冊。岳飛之名將與滿江紅永存。然未及千年世務［注］世務猶時局。丕變，百餘年前異族侵陵，朝廷不思效法岳鵬舉義舉，反顛覆禮教，［注］1745年乾隆公然棄儒學而倡百無一用之拓撲學，公然宣諭獨斷朝綱。改易前轍，［注］與文化傳統分道揚鑣。致使泱泱寰宇竟相戡天，以攫取地藏爲能事，不見揚厲天人合一者。職是之故，危行之於逾閾值者不知其幾矣，國之危，寰宇之危又甚宋遠矣。夫人與天地，連枝同氣，同根於上天好生之德。噫！今人不好天，天獨好生乎？

　　自乾隆以至於今，學人之中多自戕之宵小［注］以去中國化爲榮。寡華國之義士。［注］如辜鴻銘、梁啓超、錢穆者。生不能守悠悠之文化傳統，死不能保永永之檢操，［注］檢操猶節操。忝活人世，義方安在哉？於是余焚膏繼晷，鈎隱抉微，求索先哲之微言，發明倫理之大義，心慕手追，心畫不已，或詩或賦，或文或對，加之三疏（儒、道、釋），已合計七卷。

　　嘻乎！今之書客［注］書客.猶今之書商。大多在商言商，意在黃白，不屑余之稟定。［注］稟定猶定稿。殺青至今已曆三載，仍未見願刻板者。於是余疑雲滿腹：莫非所著濫惡而不堪入目乎？未若效法孟德，付之一炬也。［注］曹操著兵法十三篇，張松過目不忘，佯裝早能暗誦，曹信以爲真，遂焚之。

　　焚書之心起於旋踵之間，行則難矣。夜讀《戰國策·宋衛策》立改初衷："今有人捨其梁肉，鄰有糟糠而欲竊之。"文不能自評，然余能告于世人：余未從時風，未允應制，未謀於稻粱。糟糠況且有人欲奪，況余之文賦雖未必梁肉，亦未必糟糠也。

　　甲午仲秋，公門允納［注］接受。余之所求，援我刻板，如願以償。

　　古之著書者常得義士相助：惠施之助莊周而有內外篇，卓文君父女之助司馬相如而出賦聖，曹操之助蔡文姬詩史多一女傑，沈約之助劉勰而使《文心雕龍》傳世，元稹遺孀之助白居易而有香山居士美名，歐陽修之助蘇東坡而成就一代文豪，司馬光、呂公著之助邵雍而成其象數之學……［注］《皇極經世·觀物外篇》："太極不動，性也；發則神，神則數，數則象，象則器，器則變，複歸於神也。"今余得助，使余不枉邁德，［注］努力行德。邁化［注］傳佈教化。得以華國。［注］華國猶使國家榮耀。，分衣冠［注］衣冠猶文明禮教。

與禽獸，［注］禽獸猶無文明禮教狀。辨有道與無道，掃除人妖，光復中華五千年文化傳統也。萬一有譽，願與助我者共分之。

王文元

甲午年仲秋

於社科院哲學所